LA GRAMMAIRE
2 - SYNTAXE

JOËLLE GARDES TAMINE

5e édition

CURSUS LETTRES

ISBN 978-2-200-25003-4

Internet : http://www.armand-colin.com

Conception graphique : Vincent Huet

Armand Colin Éditeur • 21, rue du Montparnasse • 75006 Paris

SOMMAIRE

INTRODUCTION

Dans ce tome 2 de *La Grammaire*, consacré à la syntaxe, on s'est évidemment appuyé sur les mêmes principes que ceux qui commandent le tome 1. Il ne s'agit donc toujours pas d'une grammaire prescriptive, mais essentiellement descriptive. Pour la terminologie, on a dans l'ensemble suivi la nomenclature officielle sans pour autant s'interdire la perspective critique que ne peut s'empêcher d'avoir celui qui a longtemps pratiqué la linguistique. Lorsqu'une analyse et une terminologie différentes sont proposées, elles sont mises en perspective avec la présentation plus traditionnelle, de façon à ce que l'étudiant ne soit pas perdu, et puisse éventuellement choisir entre les approches. La syntaxe étant un domaine plus complexe que la phonologie, la morphologie et la lexicologie abordées précédemment, il a fallu procéder à bien des simplifications. Il est clair que l'on ne trouvera ici que l'analyse de questions jugées fondamentales et, surtout, un cadre général où replacer le cas échéant tel ou tel problème rencontré. Deux hypothèses sous-tendent ainsi ce travail. La première, c'est que, même si un grand nombre de phénomènes ne s'expliquent que si l'on sort de la syntaxe elle-même pour prendre en considération les conditions de production de l'énoncé (pragmatique et psycholinguistique) et l'insertion du locuteur dans tel ou tel groupe socioculturel (sociolinguistique), les phrases, indépendamment de la situation où elles ont été émises, sont dotées de propriétés et de régularités descriptibles sur lesquelles peuvent s'entendre tous les locuteurs d'un groupe linguistique donné. Ce sont ces régularités que l'on a cherché à mettre en évidence. Depuis la première édition de ce manuel, se sont multipliées les grammaires de texte, qui cherchent à déceler et à analyser les relations entre phrases à l'intérieur d'un texte. On a choisi de partir de la phrase, non que soient ignorés les apports de la grammaire de texte, mais ils n'ont d'intérêt que si l'on maîtrise d'abord la grammaire des phénomènes internes à la phrase. Dans ce jeu de construction qu'est la langue, on organise les sons en morphèmes, les morphèmes en mots, les mots en propositions, les propositions en phrases, et c'est alors seulement que l'on construit le texte. Un chapitre permet de montrer comment on passe de la phrase au texte, de la micro-grammaire à la macro-grammaire, mais la base de cette grammaire reste la phrase elle-même.

La deuxième hypothèse, c'est que tous les faits ne sont pas sur le même plan et qu'il existe entre eux des hiérarchies, particulièrement importantes pour qui s'intéresse à la pédagogie de la langue, car il ne sert à rien de présenter des faits mineurs et compliqués ou des exceptions si les linéaments essentiels n'ont pas été mis en place, et c'est précisément ce que l'on a voulu faire ici. Pour mettre en évidence cette ossature de la langue, on s'est généralement appuyé, comme dans le premier tome, sur des exemples fabriqués pour leur simplicité et leur valeur illustrative. Le recours à des énoncés relevés dans des textes écrits est rare, bien qu'on l'ait pratiqué chaque fois que cela permettait une meilleure approche, en particulier pour tout ce qui touche la liaison de la grammaire et de la stylistique. La position adoptée est en effet que le style se construit à partir du fait grammatical, qu'il ne constitue pas un écart mais une exploitation des possibilités offertes par la grammaire (voir *La Stylistique*, p. 6).

Les linguistes et les grammairiens oscillent dans l'analyse syntaxique entre deux positions opposées : selon la première, il convient de partir des notions pour examiner comment elles sont exprimées dans la langue. Selon la seconde, il convient de partir au contraire des faits d'expression. C'est plutôt cette seconde perspective qui a été adoptée ici, bien que l'on ne se soit pas à l'occasion interdit de recourir à la première. Elles sont en réalité complémentaires. On a tout simplement pensé que prendre appui sur la forme se justifiait pédagogiquement dans un manuel élémentaire. C'est également pour cela que l'on a adopté une terminologie simple, alors même que les études ne manquent pas qui en proposent de plus adéquates : elles sont également plus compliquées. On peut espérer que nul ne taxera d'ignorance ce qui correspond à une volonté délibérée de simplification.

Ce précis est organisé comme le tome précédent : exposés suivis d'exercices corrigés, et brève récapitulation à la fin de chaque chapitre. Les exercices ont un double but. D'une part, ils permettent de compléter l'information nécessairement lacunaire des exposés, étant donné les dimensions du livre. D'autre part, ils devraient permettre à qui se donne la peine de les faire de s'entraîner à l'analyse grammaticale et linguistique : observation et classement des données, mise en évidence de règles et de leur domaine d'application.

Les unités syntaxiques, à la différence de celles des domaines précédemment analysés, ne formant pas des ensembles clos et facilement délimitables, leur présentation se trouve répartie dans plusieurs chapitres : l'index devrait permettre de pallier cette inévitable dispersion.

Je remercie l'*Information grammaticale* qui a bien voulu me laisser reprendre et remanier les articles de syntaxe que j'ai publiés depuis 1983 dans la chronique *Initiation linguistique*.

CHAPITRE 1
PRINCIPES DE L'ANALYSE GRAMMATICALE

OBJECTIFS DE CONNAISSANCE

Après l'étude de ce chapitre, l'étudiant doit pouvoir :
- ▲ comprendre la démarche grammaticale, ses objectifs et ses principes ;
- ▲ connaître les notions fondamentales de l'analyse grammaticale (énoncé, énonciation, phrase, proposition, syntagme, mot) ;
- ▲ manier les opérations de l'analyse grammaticale (commutation, effacement, insertion, déplacement).

Le premier tome de ce précis traitait essentiellement du mot, à l'exception peut-être du chapitre sur les relations entre le lexique et la syntaxe : nous allons ici envisager la phrase et la façon dont les mots s'y enchaînent et s'y combinent. On peut envisager la syntaxe soit comme un procédé de **décomposition** de la phrase en mots, ou même en morphèmes, soit comme un procédé de **composition** des mots ou morphèmes en phrases. Nous ne choisirons pas entre ces deux façons de voir, et adopterons un va-et-vient entre le mot et la phrase.

1. LA GRAMMAIRE

Il s'agira ici de présenter la grammaire de la phrase : on cherchera à mettre en évidence les règles qui régissent la formation des phrases soumises à l'analyse. Elles seront en majorité empruntées au français standard, ce qui n'interdira pas le recours à d'autres niveaux de langue, car ici, comme en phonologie, la variation des usages est très largement représentée. L'analyse syntaxique doit comprendre deux démarches complémentaires : séparer les phrases jugées naturelles de celles qui ne le sont pas et proposer des règles qui rendent compte de la correction de ces phrases.

Sur le premier point, il convient de dire quelques mots des notions d'acceptabilité et de grammaticalité. Comparons les phrases suivantes :

1. Moi vouloir toi.
2. Le chat noir est noir, le chat blanc est blanc.
3. Pour Hélène se conjurent les sèves ornementales dans les ombres vierges et les clartés impossibles dans le silence astral. (Rimbaud)
4. À quelle propriété géométrique de sa courbe représentative correspond le fait que la fonction inverse est égale à sa fonction réciproque ?
5. L'équipe de France de volley-ball s'est qualifiée hier, pour la première fois de son histoire, pour les Jeux olympiques.

À l'exception de la première, elles sont toutes bien formées syntaxiquement et l'on dira donc qu'elles sont **grammaticales**. Cependant toutes ne sont pas également interprétables ou, en tout cas, ne le sont pas dans les mêmes conditions. 2 est tautologique et n'apporte aucune information, 4 est immédiatement compréhensible pour qui fait des mathématiques mais ne l'est pas autrement, 3 nécessite tout un travail d'analyse et ne se comprend pas en dehors de l'œuvre du poète. Seule 5, extraite d'un quotidien, s'interprète en dehors de toute référence à une situation ou à un type de discours particuliers. Si la grammaticalité est relativement facile à établir, il n'en va pas de même de l'**acceptabilité** qui, liée à l'énonciation, variera en fonction de chacun de nous. Nous aurons besoin de l'une et l'autre notion, mais pour pallier la difficulté liée à la relativité de l'acceptabilité, nous les utiliserons de façon différentielle : de deux phrases, quelle est la plus acceptable ? De toute façon, le recours à ces notions n'est pas un but en soi : les différences retenues permettront seulement de spécifier des fonctionnements.

Quant à la mise en évidence des règles, elle doit obéir à quelques impératifs. Les règles que l'on dégage doivent être **opératoires**, c'est-à-dire permettre de fabriquer des phrases autres que celles sur lesquelles a porté l'analyse et qui soient conformes à l'intuition grammaticale, ce qui suppose que ces règles soient explicites et ne laissent pas dans l'ombre d'éléments importants.

2. DÉFINITIONS

Avant d'entrer dans le détail des analyses, il convient de préciser la définition d'un certain nombre de notions fondamentales, d'autant qu'elles ne font pas toujours l'objet d'un consensus et qu'il est donc particulièrement important de préciser celles sur lesquelles on s'appuiera dans la suite de l'exposé.

2.1. ÉNONCÉ ET ÉNONCIATION

L'**énoncé** est un événement de parole concret et individuel. Il s'agit d'un discours (ou d'une partie de discours), tenu par une personne, qui est précédé et suivi d'un silence, et qui n'est pas nécessairement descriptible ou organisé. Un énoncé peut donc coïncider en étendue avec le discours lui-même comme avec une partie de mot, un son isolé, une onomatopée, une bribe de phrase interrompue, etc. À proprement parler, même si deux personnes prononcent la même phrase, il s'agira de deux événements différents car un énoncé est un **fragment de vécu**, enraciné dans une situation particulière. **Ce n'est pas une unité de langue**, abstraite, mais de parole, concrète, pour reprendre une opposition célèbre en linguistique. Les énoncés n'intéressent donc pas le grammairien, car, dans ce domaine comme ailleurs, il n'y a de science que du général. Ou, en tout cas, ils ne l'intéressent que dans la mesure où ils peuvent être ramenés à des unités linguistiques, c'est-à-dire où ils sont analysables en phrases.

L'énoncé ressortit à l'énonciation. Celle-ci est un acte de parole pris en charge par un sujet parlant, le locuteur, dans une situation précise, acte de parole qui aboutit à la production d'un énoncé. Ainsi l'énoncé de presque trois pages que constitue l'avant-propos des *Mémoires d'outre-tombe* est-il le résultat d'une énonciation de Chateaubriand, dans un temps, le 14 avril 1846, et dans un lieu, Paris, bien précis. Bien que l'énonciation soit individuelle, le grammairien doit en tenir compte car c'est elle seule qui permet d'expliquer un grand nombre de phénomènes situés pourtant à l'intérieur de la phrase. Il s'agit alors d'en tirer des considérations générales, et non plus individuelles.

On peut donc définir l'énonciation en disant que tout énoncé suppose un **ancrage pragmatique**, c'est-à-dire une insertion dans la réalité extralinguistique. Tout énoncé est produit par un sujet linguistique (celui qui dit *je*) à un moment particulier, qui constitue son présent, et dans un lieu donné, maintenant et ici. Cette situation, ces coordonnées spatio-temporelles, que l'on appelle ***deixis***, imposent parfois leur marque à l'énoncé. Par exemple, l'emploi des temps ne se comprend pas sans référence au présent du locuteur par rapport auquel il définit des époques passées et futures. Les éléments que l'on appelle déictiques sont précisément ceux qui renvoient aux circonstances de l'énonciation : certains démonstratifs, certains adverbes de lieu et de temps, etc. De plus, l'ancrage situationnel se marque par les appréciations que le locuteur porte sur les événements qu'il relate (*il viendra certainement, je souhaite que vous veniez*, etc.) et qui constituent les **modalités**. On ne peut donc dans une description syntaxique faire l'économie de considérations sur l'énonciation.

Cependant, il existe un noyau syntaxique, comme les fonctions sujet ou complément direct d'objet, l'existence de différents types de verbes, l'enchaînement des propositions, etc., qui se définissent indépendamment de l'énonciation, et c'est ce noyau que l'on s'attachera à décrire en priorité, sans pour autant s'interdire de recourir à l'énonciation, lorsque cela s'avérera indispensable. On prendra donc soin de distinguer le **contexte** de l'élément à analyser, qui constitue son entourage linguistique (certains linguistes parlent de co-texte), et la **situation**, qui est du domaine extralinguistique (certains parlent de contexte).

2.2. LA PHRASE

À la différence de l'énoncé, la **phrase** représente l'unité de description grammaticale. C'est, en l'état actuel des connaissances grammaticales, **la plus grande unité, celle qui inclut les autres, sans être elle-même incluse dans une unité supérieure.** Les phrases sont des unités textuelles autonomes qui s'enchaînent pour bâtir le discours, mais il n'existe aucune procédure linguistique assurée de segmentation d'un discours en phrases, ni de combinaison de phrases en discours. En particulier, entre les différentes phrases d'un texte ou d'un discours oral, s'il existe des contraintes, elles ne sont pas d'ordre syntaxique. Elles sont logico-sémantiques exclusivement, relations de succession, de causalité, d'implication. Par exemple, si le texte suivant :

> Le petit garçon se mit à pleurer. Il se fit mal au genou. Il tomba de vélo.

est peu cohérent au regard du suivant :

> Le petit garçon tomba de vélo. Il se fit mal au genou. Il se mit à pleurer.

il est pourtant formé de phrases parfaitement grammaticales.

On peut caractériser une phrase par un certain nombre de traits :

a. Des caractéristiques prosodiques, telles que l'intonation et la pause. Ainsi, une phrase affirmative se caractérise par une intonation montante suivie d'une intonation descendante conclusive, puis d'une pause. Ces facteurs correspondent sur le plan graphique à la présence d'une ponctuation forte comme le point.

b. Des caractéristiques sémantiques : on dit généralement qu'une phrase constitue une unité de sens. Ainsi l'énoncé :

> La mer, la mer…

ne formant pas une unité de sens immédiatement compréhensible sans recours à la situation extralinguistique, ne pourra pas être ramené à une phrase. Mais ce facteur est très difficile à manier. Par exemple, combien verra-t-on de phrases dans cette première strophe des *Colchiques* d'Apollinaire, poème sans ponctuation :

> Le pré est vénéneux mais joli en automne
> Les vaches y paissant
> Lentement s'empoisonnent
> Le colchique couleur de cerne et de lilas
> Y fleurit tes yeux sont comme cette fleur-là
> Violâtres comme leur cerne et comme cet automne
> Et ma vie pour tes yeux lentement s'empoisonne.

Et d'autre part, on hésitera à analyser comme une phrase l'énoncé :

> Zut !

qui forme bien pourtant une unité de sens.

c. Des caractéristiques purement syntaxiques : de ce point de vue, une phrase est une unité autonome, ce qui signifie qu'elle n'entretient pas de relation de dépendance avec son entourage. Ainsi dans :

> Le petit garçon qui pleure est tombé de vélo.

qui pleure ne saurait constituer une phrase, car il dépend de *le petit garçon*, tandis que l'ensemble forme un tout qui ne dépend de rien. Une phrase est ainsi la concaténation d'unités linguistiques d'un rang – ou d'un niveau – inférieur, liées entre elles par des contraintes, telles que l'accord ou l'ordre. Dans la phrase :

> L'enfant joue au ballon.

il existe des contraintes d'accord qui s'exercent entre *enfant* et l'article, entre *l'enfant* et *joue*, et des contraintes d'ordre qui font que l'article précède obligatoirement le substantif et le groupe sujet, le verbe. Les éléments qui composent une phrase se combinent en effet selon des schémas réglés, en nombre fini (phrase simple, phrase complexe formée de plusieurs propositions et classées selon la nature de ces propositions). Ces schémas sont des suites de places :

> Sujet Verbe
> Sujet Verbe Attribut
> Sujet Verbe Complément
> Sujet Verbe Que Sujet Verbe, etc.

qui sont ensuite remplies par des éléments du lexique qui permettent d'en faire des énoncés. C'est parce que ces schémas sont descriptibles et en nombre fini que la phrase peut être considérée comme une unité de la description linguistique.

Ces schémas relient des groupes, appelés syntagmes – syntagme verbal, syntagme nominal – qui y jouent le rôle d'un mot. Ainsi, dans :

> Mon ami lit le journal.

le syntagme *mon ami* joue le même rôle que *Paul*, et *lit le journal* que *lit*. Les éléments d'un syntagme sont liés entre eux par des relations syntaxiques descriptibles. Par conséquent, on ne peut appeler syntagme n'importe quelle partie de la proposition, comme *lit le*. Par ailleurs, un syntagme n'est pas équivalent à lui tout seul à une proposition. Il existe bien des propositions composées d'un seul syntagme comme celles qui présentent un verbe à l'impératif :

> Avance !

mais le statut de l'unité est différent. Et ceci est un cas très rare, car s'il existe de nombreux énoncés composés d'un seul syntagme, comme la réponse à une question :

> Qu'est-ce que tu lis ? – Un roman policier.

ou les titres :

> *Le Lys dans la vallée.*

même s'il s'agit d'unités complètes sémantiquement, rien n'autorise à leur donner le même statut sur le plan syntaxique. Ils représentent soit une séquence incomplète dérivée d'une autre, qui est complète :

> Qu'est-ce que tu lis ? – (Je lis) un roman policier.

soit des séquences particulières dont on ne peut rendre compte qu'en faisant intervenir des types de discours et des conditions d'énonciation.

Les syntagmes peuvent être plus ou moins complexes. La limite inférieure est représentée par les cas où le syntagme se confond avec un mot :

Nous partirons **demain**.

et la limite supérieure par ceux où il a la forme d'une proposition :

Nous partirons **dès que nous serons prêts**.

On distinguera le syntagme nominal (SN) et le groupe nominal (GN), qui en est un cas particulier, et qui comprend un nom propre (Npr) ou un nom commun (Nc) accompagné d'un déterminant et d'expansions éventuelles (voir p. 26). Le SN est défini par la fonction qu'il occupe par rapport au verbe ou dans la phrase, il peut consister, outre en un GN, en un pronom, une proposition conjonctive ou un infinitif :

Je veux ta réussite.
Je la veux.
Je veux que tu réussisses.
Je veux réussir.

2.3. DE LA PROPOSITION À LA PHRASE

Toutes les phrases ne se réduisent pas un schéma comme Sujet Verbe. On distingue celles qui ne comprennent qu'un verbe à un mode personnel, qui constitue le pivot de la proposition, et qu'on appelle phrases simples et celles qui en comprennent plusieurs, et qui représentent donc des phrases complexes.

2. 3. 1. LA PROPOSITION, UNITÉ GRAMMATICALE DE BASE

La proposition constitue une unité inférieure à la phrase, même si celle-ci peut parfois n'en comporter qu'une. On ne donnera pas de la proposition une définition logique, selon laquelle elle exprime un jugement associant à un **thème**, ce dont on parle, un **prédicat**, ce qu'on en dit. On adoptera une définition exclusivement syntaxique : une proposition est constituée d'un verbe à un mode personnel et des éléments de sa **valence**, c'est-à-dire des éléments faute desquels il ne constitue pas une unité syntaxique complète (on dit également saturée). Ainsi, en français, tout verbe possède-t-il un sujet, même si ce sujet est simplement le pronom *il* des verbes unipersonnels (*il pleut*) et est donc de valence 1, comme *marcher*. S'il a de surcroît un complément, comme *atteindre* (*Jean atteint la limite*), il est de valence 2, et s'il en a deux, comme *donner* (*L'enfant donne un bonbon à son camarade*), il est de valence 3. Réduite au verbe et à des groupes nominaux simples, la proposition peut aussi être appelée unité grammaticale minimale. On la considérera comme une unité de base, à partir de laquelle se construisent les unités du texte. Elle représente une unité sur laquelle ne pèsent pas de contraintes, qu'elles soient purement linguistiques ou relèvent du genre du texte ou de l'énoncé. Il est du coup nécessaire que le verbe soit conjugué. On observe en effet une différence entre deux énoncés comme : « Les grenouilles sautent » et « Grenouilles de sauter ». Seul le premier se rencontre dans n'importe quel contexte, alors que le second apparaît dans un récit. De plus, c'est seulement le premier qui peut être intégré dans une phrase complexe ou donner lieu à une modalité, comme la modalité interrogative :

> Je dis que les grenouilles sautent.
> Est-ce que les grenouilles sautent ?

Ce n'est pas possible dans le second cas :

> * Je dis que grenouilles de sauter
> * Est-ce que grenouilles de sauter ?

Des opérations particulières permettent de passer aux unités textuelles : ce sont l'**actualisation**, l'**intégration** d'éléments dans les groupes qui constituent ces unités et l'**insertion** entre ces groupes obligatoires de groupes aléatoires non nécessaires à la saturation de l'unité minimale.

Soit le schéma N0 V (Sujet Verbe), que l'on souhaite remplir par des unités lexicales, par exemple « enfant » et « jouer ». Pour constituer l'unité textuelle qui correspond strictement à l'unité grammaticale minimale, on doit actualiser par des déterminants le substantif « enfant » et par des morphèmes flexionnels le verbe « jouer ». Ce sont là des opérations morphosyntaxiques qui, en même temps, permettent d'indiquer la référence (voir p. 205) à tel ou tel objet ou individu ou événement du monde.

Les syntagmes ainsi constitués peuvent être développés, amplifiés. L'opération d'intégration consiste à ajouter dans les groupes des éléments qui les développent sans toucher à la structure globale de l'énoncé, sans lui ajouter de nouveau groupe. Elle comprend par exemple l'adjonction dans un groupe nominal, constitué d'un substantif et d'un déterminant, d'un adjectif, d'un groupe nominal prépositionnel ou d'une relative, elle-même constituée à partir d'une unité textuelle minimale plus ou moins développée :

> L'enfant joue.
> Le petit enfant joue.
> L'enfant des voisins joue.
> L'enfant qui a fini ses devoirs joue.

L'opération d'insertion consiste, elle, à ajouter entre les groupes, en début ou en fin de proposition ou de phrase, d'autres groupes, non nécessaires à la constitution de l'unité grammaticale complète, même s'ils sont importants sur le plan sémantique. Ces éléments ne se rattachent syntaxiquement à aucun groupe de l'unité textuelle, à la différence des groupes intégrés. Ce sont des constituants flottants, détachés, qui se caractérisent en particulier par leur mobilité, signe de cette absence de rattachement :

> L'année prochaine, j'achèterai un nouvel ordinateur.
> J'achèterai un nouvel ordinateur l'année prochaine.

Ces unités de base, développées ou non, s'enchaînent à leur tour pour construire la phrase complexe.

2. 3. 2. LA PHRASE COMPLEXE

Lorsque la phrase ne comprend qu'une proposition, on parle de **phrase simple** ; dans les autres cas, on parle de **phrase complexe**.

Une phrase peut en effet ne consister qu'en une proposition :

> L'enfant joue dans le jardin.

Elle peut aussi être le résultat de l'enchaînement de plusieurs propositions liées entre elles par des relations diverses :

juxtaposition :

> Il pleut, je ne sortirai pas.

coordination :

> Il pleut, donc je ne sortirai pas.

subordination :

> Comme il pleut, je ne sortirai pas.

corrélation :

> Il pleut si fort que je ne sortirai pas.
> Plus il pleut, moins j'ai envie de sortir.

incise ou parenthèse :

> Je ne sortirai pas, dit-il, puisqu'il pleut.
> Je ne sortirai pas (c'était la première fois qu'il prenait la parole) parce qu'il pleut.

3. LES OPÉRATIONS UTILISÉES DANS L'ANALYSE SYNTAXIQUE

Il s'agit des procédures, des manipulations utilisées pour segmenter les unités de la phrase et de la proposition, et pour les analyser. Ce sont des procédures de découverte (on parle de **procédures heuristiques**) extérieures à la syntaxe, dont certaines ont déjà été présentées en phonologie et en morphologie, et qui se retrouvent dans les différentes doctrines grammaticales.

3.1. LA SUBSTITUTION OU COMMUTATION

Rappelons que c'est l'opération qui permet de remplacer un élément par un autre :

Mon fils	lit une bande dessinée.
Jean	lit une bande dessinée.
Mon fils	dessine.

Elle permet la segmentation des unités : ainsi *mon fils* et *Jean*, qui commutent, peuvent être dissociés de *lit une bande dessinée*, ce que confirme la commutation de *lit une bande dessinée* avec *dessine.* Elle permet également de mettre en évidence des **classes d'équivalence**, c'est-à-dire des classes qui regroupent des éléments qui, si différents qu'ils puissent être formellement, n'en jouent pas moins un rôle identique dans la proposition. Ainsi dans la proposition suivante :

> Je viendrai demain.
> après le repas.
> quand j'aurai fini.

demain, après le repas, quand j'aurai fini, ont beau être différents de nature, ils n'en font pas moins partie d'une même classe d'équivalence, ici un SN.

La suppression, appelée plutôt en syntaxe l'**effacement**, n'est qu'un cas particulier de substitution. Ainsi, ce test fait apparaître que dans l'exemple suivant :

> Jean tient à son travail pour de multiples raisons.

les deux syntagmes *à son travail* et *pour de multiples raisons*, bien que prépositionnels l'un et l'autre, n'ont pas le même statut par rapport au verbe, le second seul pouvant être supprimé sans que le verbe change de sens :

> Jean tient à son travail.
> *Jean tient pour de multiples raisons.
> *Jean tient.

3.2. L'ADJONCTION D'ÉLÉMENTS

Ce test consiste à essayer d'introduire des éléments nouveaux à l'intérieur d'une phrase, d'une proposition ou d'un syntagme, ce qui permet de mesurer le degré de cohésion des groupes. De cette façon on pourra opposer :

> Il tient à son travail.
> Il tient vraiment à son travail.

à :

> *Il tient à vraiment son travail.
> *Il tient à son vraiment travail.

ce qui montre que *à son travail* forme un groupe cohésif, distinct du verbe.

3.3. LE DÉPLACEMENT

Ce test consiste à essayer de déplacer une unité dans la phrase ou la proposition. Ainsi, le complément effaçable *pour de multiples raisons* peut être déplacé :

> Pour de multiples raisons, Jean tient à son travail.

alors que le complément non effaçable *à son travail* ne le peut pas :

*À son travail, Jean tient pour de multiples raisons.

La permutation (qu'on distinguera bien de la commutation, située, elle, sur l'axe paradigmatique) est un cas particulier de déplacement sur l'axe syntagmatique où deux éléments échangent leur place :

Tu as fini ?
As-tu fini ?

Substitution, insertion et déplacement ont donc essentiellement pour effet de permettre d'apprécier le degré de cohésion des groupes et leur autonomie par rapport aux autres unités de la phrase, ainsi que leur équivalence avec des éléments qui n'y figurent pas, mais qui, dans le système, appartiennent à la même classe d'équivalence, au même **paradigme**.

4. LES PROPRIÉTÉS SYNTAXIQUES

On appelle ainsi les caractéristiques syntaxiques des éléments de la phrase. Ces propriétés peuvent être mises en évidence par la considération des relations que l'élément entretient avec le contexte dans lequel il est inséré. On parle alors de **propriétés distributionnelles**, puisque (voir t. 1, chap. 1) la distribution est précisément la place d'un élément et la nature de son entourage. On prend dans ce cas en considération les possibilités de combinatoire d'un élément dans un cadre donné. Par exemple, un verbe est partiellement défini par le nombre de compléments qu'il peut admettre :

parler : deux compléments : parler de quelque chose à quelqu'un
chanter : un complément : chanter quelque chose

par le type de sujet qu'il reçoit, animé ou non animé : *chanter* et *parler* admettent un sujet animé, mais *bruire* un sujet inanimé…

Certaines de ces propriétés, comme celle-ci, sont à la frontière entre la syntaxe et la sémantique. Mais, puisqu'elles se traduisent par des comportements syntaxiques (l'animé par exemple est repris par *lui* et *qui est-ce qui*, alors que l'inanimé l'est par *y* et *qu'est-ce que*), on en tient compte ici.

D'autres propriétés concernent la relation que l'élément entretient avec un autre élément dans une autre phrase ou proposition. On pourrait parler de **propriétés interphrastiques**, comme pour le passif :

Les voleurs ont mis la maison à sac.
La maison a été mise à sac par les voleurs.

ou la pronominalisation :

Jean est venu, il va mieux.

Outre qu'elles permettent de définir le profil syntaxique des éléments auxquels on s'intéresse, ces propriétés complètent les tests énumérés précédemment. La pronominalisation, par exemple, constitue un des tests syntaxiques auxquels on a recours le plus fréquemment. Elle permet, entre autres, de rapprocher des éléments alors même que leur nature diffère :

Je sais **qu'il est venu** } je **le** sais
Je sais **mon rôle** }

ou, au contraire, d'en séparer qui paraissaient pourtant semblables :

je pense **voir un ami**	je vais **voir un ami**
je **le** pense	*je **le** vais.

5. LES SYMBOLES UTILISÉS

On en utilisera relativement peu. Mais lorsque cela simplifiera la présentation, on y aura malgré tout recours. Les principaux sont les suivants :

V = verbe	Vpp = verbe au participe passé
SN = syntagme nominal	GN = groupe nominal
N = nom	Adj = adjectif
Dét = déterminant	Prép = préposition
Adv = adverbe	CV = complément de verbe
CP = complément de phrase	P = proposition.
Inf = infinitif.	

On utilisera éventuellement des indices numériques pour indiquer la position des éléments dans la proposition. Ainsi la séquence de symboles :

GN1 V GN2

est-elle constituée d'un premier groupe nominal – le sujet –, d'un verbe, et d'un second groupe nominal – le complément.

L'astérisque devant une phrase signale qu'elle n'est pas possible, et le point d'interrogation, qu'elle est douteuse.

6. ORGANISATION DE L'ÉTUDE

Faire une étude de syntaxe suppose un va-et-vient constant de l'analyse à la synthèse et la nécessité d'adopter tour à tour chacun de ces points de vue. Par exemple, si l'on s'intéresse aux compléments circonstanciels du verbe, on pourra tenter d'abord une analyse, qui, sur la base des commutations, fera apparaître que des éléments dont la nature est fort diverse peuvent jouer ce rôle :

Groupe nominal : Je partirai **après le repas**.
Adverbe : Je partirai **demain**.
Proposition : Je partirai **dès que j'aurai fini**.

Mais l'on peut aussi, s'intéressant à chacun de ces éléments, voir comment ils se combinent avec le verbe pour former une phrase. En d'autres termes, il convient de distinguer la nature et la fonction des éléments, des éléments de même nature pouvant avoir des fonctions différentes (un syntagme nominal peut par exemple être sujet, attribut, complément, etc.), et une même fonction pouvant être exercée par des éléments différents (un complément de phrase peut consister en un GN, un adverbe ou une proposition). Il est donc très difficile d'adopter un plan qui soit entièrement satisfaisant : peut-on parler d'emblée des composantes de la proposition sans l'avoir définie ? Mais peut-on, à l'inverse, analyser la proposition sans avoir au préalable étudié les éléments qui la composent ? On gardera ainsi en mémoire que les deux approches sont en réalité complémentaires, quel que soit le plan adopté.

On a choisi ici de partir de l'unité la plus large, la phrase, pour l'analyser en propositions, puis de décomposer à son tour la proposition minimale en ses composants fondamentaux. On a donc fondé le plan d'ensemble sur une procédure de décomposition.

ENTRAÎNEZ-VOUS

1. LE SUPERLATIF RELATIF*

But de l'exercice : réfléchir sur les conditions que doit remplir une règle de grammaire pour être efficace.

(* Le superlatif relatif est généralement opposé au superlatif absolu précédé de *très*, voir p. 165.)

On trouve dans une grammaire scolaire la description suivante du superlatif relatif :

« Le superlatif relatif est formé du comparatif de l'adjectif précédé de l'article défini.

Remarque 1. Le comparatif servant à former le superlatif relatif peut être placé avant le nom ;

Il peut également être placé après le mot auquel il se rapporte.

Remarque 2. Ce comparatif est toujours précédé de l'article défini sauf dans deux cas :

– Quand il est précédé de l'adjectif possessif.

– Quand il est précédé de la préposition *de.* »

À partir des phrases suivantes, dont certaines ne sont pas grammaticales, montrez :

1. Que ces règles ne sont pas opératoires.
2. Qu'elles sont incomplètes :

> 1. C'est l'ami le plus cher.
> 2. C'est le plus cher ami.
> 3. C'est un le plus familier écureuil.

4. C'est un écureuil le plus familier.
5. C'est l'ami mon plus cher.
6. C'est le mon plus cher ami.
7. C'est mon plus cher ami.
8. C'est le de plus cher ami.
9. C'est mon ami le plus cher.
10. Je n'ai jamais bu de plus mauvais vin.

CORRECTION

Il est évident que pour faire cet exercice il faut consentir à jouer le jeu et à ne pas faire intervenir de connaissances extérieures. Supposons que le lecteur de la règle soit naïf, car de deux choses l'une, ou bien il l'est, et il a alors effectivement besoin d'une règle qui ne permette pas l'erreur, ou bien il ne l'est pas, et il n'a sans doute pas besoin d'une quelconque règle. Si donc on accepte de se placer dans ce cas du lecteur naïf, on constate que la règle permet de fabriquer toutes les phrases du corpus, alors que seules 1, 7, 9 et 10 sont grammaticales.

Il est clair qu'il faut distinguer le cas où le superlatif précède le substantif et le cas où il le suit, et qu'il ne s'agit pas là d'une remarque secondaire. On constate en effet, que, dans le cas où **le superlatif précède le substantif**, il ne peut y avoir qu'un déterminant, lequel est *le*, comme le dit la règle, sauf si le substantif est déjà accompagné d'un possessif, comme en 7, ou de *de*, comme en 10. Par conséquent sont exclues les combinaisons avec un quelconque autre déterminant, comme l'article indéfini, ce que ne disait pas la règle qui, dès lors, autorisait 3. Ce que ne dit pas non plus la règle, c'est que le déterminant n'est pas la marque du superlatif, mais est en fait lié au substantif, si bien que, lorsque celui-ci en comporte déjà un qui est défini, on n'en utilise pas un deuxième comme en 2.

Lorsque **le superlatif suit le substantif**, le substantif est alors accompagné d'un déterminant, défini ou possessif, mais non indéfini, et l'adjectif est dans tous les cas, même si le substantif est accompagné de *mon*, accompagné de *le*. Faute de préciser cela, la règle autorise bien 1, qui est correct, mais aussi 4 (substantif accompagné d'un article indéfini), 5 (superlatif précédé de *mon*), 8 (superlatif précédé de *de*).

Si l'on voulait remplacer cette règle par une autre qui soit vraiment opératoire, il faudrait indiquer :

1. Quelle doit être la forme du superlatif, ce que d'ailleurs faisait la grammaire en question : c'est celle du comparatif (on n'a considéré que le comparatif de supériorité, mais la même analyse pourrait être faite avec le comparatif d'infériorité : *c'est mon ami le moins cher*).

2. Que, dans aucun cas, le superlatif n'est compatible avec un déterminant indéfini.

3. Que, dans les autres cas, si le superlatif précède le substantif, il est précédé du déterminant qu'exige le substantif et que, s'il le suit, il est précédé de *le*.

Ce n'est qu'à cette condition que la règle pourrait être précise et opératoire.

2. LES EMPLOIS DE *BEAUCOUP*

But de l'exercice : essayer de proposer une règle explicite.

Il est indiqué dans une grammaire du français :

« *Beaucoup* s'emploie comme adverbe de quantité avec des verbes ou des comparatifs d'adjectifs ou d'adverbes.

Remarque : *Beaucoup*, placé après un comparatif d'adjectif ou après un verbe d'excellence, ou employé avec un superlatif, doit être précédé de la préposition *de*. Placé avant un comparatif d'adjectif, il peut être précédé de la préposition *de*. »

À l'aide des exemples suivants, montrer que cette règle d'emploi n'est pas suffisamment explicite :

1. Il beaucoup souffre.
2. Il a admiré beaucoup le spectacle.
3. Il est beaucoup plus mauvais.
4. Il a beaucoup décidé de partir.
5. Il consent beaucoup à ce que vous partiez.
6. Il déclare beaucoup souffrir.
7. Il déclare beaucoup décider seul.
8. Je préfère beaucoup qu'il ne vienne pas.
9. Il l'emporte de beaucoup sur son rival.
10. Il est beaucoup meilleur que moi.

CORRECTION

On envisagera successivement le cas des verbes et celui des adjectifs. Pour **les verbes**, les phrases 1 et 2 posent le problème de la place de *beaucoup*, sur laquelle la règle ne dit rien et qui en fait n'est pas indifférente, puisqu'on peut dire seulement :

Il souffre beaucoup.
Il a beaucoup admiré le spectacle.

Il conviendrait donc d'ajouter dans la règle que *beaucoup* se place après la forme verbale conjuguée, ce qui implique qu'il se place après l'auxiliaire. De ce point de vue, 4 et 5 devraient être acceptables, or ce n'est pas le cas. Ce qui est en cause ici, c'est le lexique du verbe. *Décider* et *consentir* renvoient à un acte ponctuel, qui n'est pas susceptible de gradation, de plus ou de moins. Ils ne sont donc pas compatibles avec *beaucoup* qui marque un degré. La règle devrait donc préciser que *beaucoup* ne peut s'employer qu'avec des verbes susceptibles de degré. Cela va peut-être de soi, mais les règles de grammaire doivent expliciter même les évidences.

En 6, *beaucoup* est possible, non en raison du lexique de *déclarer*, qui n'est pas compatible avec *beaucoup*, mais parce que l'adverbe porte en fait sur *souffrir*. En pareil cas, portant sur l'infinitif, la place de l'adverbe est indifférente, puisque l'on pourrait également dire :

Il déclare souffrir beaucoup.

En 7, si *beaucoup* porte sur *déclarer*, la phrase est inacceptable. Elle devient à la rigueur possible s'il porte sur *décider seul* et peut être paraphrasé par *souvent*. Ceci n'est pas un contre-exemple à ce que l'on vient de dire sur le lexique de *décider*, car l'on précise ici de quel type de décision il s'agit, laquelle peut être plus ou moins fréquente, eu égard aux autres types de décisions.

L'emporter sur constitue sans doute ce que la grammaire appelle dans la remarque un verbe d'excellence et *de beaucoup* est parfaitement normal. Or en 6 qui ne présente pas un tel verbe, il faut pourtant dire :

Je préfère de beaucoup qu'il ne vienne pas.

Il faudrait donc ajouter aux verbes d'excellence les verbes qui impliquent une comparaison et le mieux serait encore de donner la liste de ces verbes.

En ce qui concerne **les adjectifs**, la règle est plus explicite puisqu'elle tient compte des emplois de *beaucoup* après le comparatif et indique qu'il doit être précédé de la préposition *de*, mais elle ajoute le cas du superlatif, dont on se demande pourquoi il figure seulement en remarque, et donne comme un libre choix *beaucoup* et *de beaucoup* devant un comparatif. En réalité, la forme en *de beaucoup* est peu naturelle avec les comparatifs dits analytiques, formés avec *plus* (ou *moins*) alors que *beaucoup* est très rare avec les comparatifs dits synthétiques, comme *meilleur* ou *pire*, qui sont de toute façon en pareil cas accompagnés de *bien*. 10 n'est donc pas acceptable et la répartition naturelle des formes est la suivante :

Jean est beaucoup plus intelligent
Jean est plus intelligent de beaucoup
Jean est meilleur de beaucoup
Jean est bien meilleur.

On voit ainsi les paramètres supplémentaires qu'il faudrait ajouter à la règle pour la rendre explicite et opératoire.

3. L'ACCEPTABILITÉ

But de l'exercice : réfléchir sur la diversité des conditions qui font qu'une phrase est possible ou non.

Dans le corpus suivant, séparez les phrases qui vous paraissent acceptables de celles qui ne le sont pas. Précisez sur quels critères se fondent vos distinctions :

1. Notre rosier est mort pendant les vacances.
2. Notre rosier est décédé pendant les vacances.
3. La souris mangeait un blé.
4. Le bois est fait de cette table.
5. Anatole, qui était le nom de mon voisin, ne bougeait plus.

6. Le chat dont la queue qui était d'un noir que je n'avais jamais vu auparavant dans ma vie qui, je l'espère, sera d'une durée propre à satisfaire tous mes désirs qui sont nombreux, balayait le sol, guettait une souris.
7. En m'apercevant, je me fis un grand sourire.
8. Je mange tous les jours des cailloux.
9. Je mangerais bien des cailloux.
10. J'ai l'estomac dans les talons.
11. J'ai l'estomac dans les orteils.
12. L'homme que je t'ai parlé est revenu.

CORRECTION

On décrira ici un système d'acceptabilité parmi d'autres.

Seules 1, 9 et 10 paraissent à la fois bien construites grammaticalement et acceptables sémantiquement. Il faut cependant préciser que 9 et 10 présentent un sens figuré que ne présente pas 1, et que ces phrases ne sont interprétables que pour qui connaît ces métaphores codées. Les 3, 5, 6 et 12 contreviennent aux règles grammaticales : 3 parce que *blé*, nom non comptable (cf. p. 155 et t. 1, chap. 3) doit s'employer avec *du* et non *un*, 5 parce que *Anatole* est pris comme un substantif en usage dans la proposition principale (*Anatole ne bougeait plus* renvoie à l'individu Anatole) et en mention, autonyme (voir t. 1, chap. 3), dans la relative (*Anatole* renvoie au signe). Or la langue n'autorise pas qu'un même signe soit à la fois pris en mention et en usage. 6 n'est pas mal formée, dans la mesure où chaque relative est tout à fait correcte, mais c'est leur succession et leur emboîtement qui sont impossibles, vu leur nombre. Une relative peut se trouver insérée dans une autre relative :

> Le chat dont la queue qui était d'un noir que je n'avais jamais vu auparavant, balayait le sol, guettait une souris.

mais les capacités psychologiques en interdisent davantage. Enfin, dans 12, c'est cette fois un mauvais emploi du relatif, *que* au lieu de *dont*, qui est en cause.

Quant aux autres phrases, elles sont bien formées, mais inacceptables pour des raisons diverses : 2 est interprétable, mais bizarre, en tout cas sans contexte particulier et par opposition avec 1, car si *mourir* s'emploie pour les humains, les animaux et les plantes, *décéder*, qui fait référence à un acte de la vie sociale, s'emploie ordinairement exclusivement pour les humains. 4 est impossible, étant donné la relation lexicale de type métonymique, qui joue entre *table* et *bois*, ce que dit l'expression *le bois* de la *table*. 7 est exclue, sauf contexte particulier (*en m'apercevant dans le miroir*), car, pour des raisons extralinguistiques, il est impossible de se dédoubler et de s'apercevoir. De même 8 et 11 ne sont-elles pas possibles dans un univers ordinaire. L'usage n'en a pas fait des figures codées, ce que montre l'opposition de 8 et de 9 et de 10 et de 11. D'un point de vue absolu, il est sans doute aussi étrange de dire qu'on a l'estomac dans les orteils ou dans les talons, mais l'usage a consacré la deuxième expression et non la première.

On voit donc intervenir des raisons syntaxiques, lexicales, mais aussi pragmatiques, et enfin des questions d'usage.

4. *CELUI, CELLE, CEUX*

But de l'exercice : s'entraîner à l'étude de la distribution des unités syntaxiques.

Parmi les phrases suivantes, celles qui sont agrammaticales sont précédées de deux astérisques, celles qui ne sont pas autorisées par les puristes le sont d'un astérisque. Quelles sont les règles d'emploi de *celui* (*celle*, *ceux*) en français ordinaire et en français soutenu ?

1. **Prends cette revue. Non, je préfère celle.
2. **Celui est mon frère.
3. Celui qui téléphonera à ma place est mon frère.
4. Prends celui-ci ou celui-là.
5. *De tous ces tableaux, c'est celui représentant Venise que je préfère.
6. *Il rôde dans les deux granges, celle pour l'avoine, celle pour le blé.
7. Un espoir l'habitait, celui qu'il réussirait enfin.
8. *As-tu reçu mon exposé ? celui sur l'article ?
9. *Je joins à ma lettre celle écrite par mon associé.
10. Pierre a rapporté le livre qu'il a acheté et celui qu'il a emprunté.
11. *Pierre a rapporté le livre acheté et celui emprunté.
12. *Il ne fait aucune dépense, pas même celle nécessaire à son entretien.
13. *Lisez les bons auteurs et non ceux médiocres.
14. *Les voyages par avion sont plus rapides que ceux par train.
15. *Celui capable d'une telle action doit être puni.
16. *Il se comporte comme ceux cachant un secret.
17. As-tu entendu le récit de Jacques et celui de Paul ?

CORRECTION

On commencera par l'examen des phrases que chacun de nous dit et même écrit spontanément et on n'en viendra qu'ensuite à l'examen de celles qui sont exclues par les puristes.

Le fait que seules les phrases 1 et 2 soient totalement exclues est d'un point de vue distributionnel facile à interpréter. Il s'agit en effet des seuls cas où *celui* ou *celle* constituent à eux seuls un syntagme nominal.

En 1, il s'agit d'un SN complément, en 2 d'un SN sujet et, à l'intérieur de ces syntagmes, le pronom démonstratif n'est suivi de rien. L'examen des autres phrases confirme l'hypothèse que l'on peut poser, à savoir que *celui (celle, ceux)* doit être suivi d'un élément dans le SN. C'est bien en effet ce qui se vérifie. Le démonstratif suivi d'une proposition relative (3) est ainsi possible. Précisons que, dans cette phrase, le SN sujet est bien *celui qui téléphonera à ma place*, puisque l'ensemble de ce groupe pourrait commuter avec un nom propre ou un pronom. C'est également ce qui se passe en 10. Il peut être suivi des particules de lieu *ci* ou *là* comme en 4. Il peut être suivi d'une proposition complétive comme en 7. Il peut être suivi d'un SN prépositionnel, comme en 6 : *celle pour l'avoine, celle pour le blé*, en 8 : *celui sur l'article*, en 14 : *ceux par* train, et en 17 : *celui de Paul*. Il peut être accompagné d'un participe, présent, *représentant* en 5, *cachant* en 16, passé, *écrite* en 9, *emprunté* en 11. Enfin, l'élément qui suit peut être un adjectif, *nécessaire* en 12, *médiocres* en 13, et *capable* en 15. Tous ces éléments ont pour caractéristique de déterminer le démonstratif et ils entrent tous dans une même classe d'équivalence.

Les puristes établissent une distinction entre eux. Les relatives, les complétives, les particules de lieu sont admises mais, en dépit de nombreux exemples rencontrés chez les meilleurs auteurs, ne sont admis ni les participes ni les adjectifs et, parmi les syntagmes prépositionnels, seuls sont autorisés ceux qui comportent la préposition *de*, comme en 17. On peut résumer ces observations dans les tableaux suivants :

Français standard

	+ rien	+ relative	+ complétive	+ Prép. SN	+ participe	+ Adj.
celui	–	+	+	+	+	+

Français soutenu

	+ rien	+ relative	+ complétive	+ Prép. SN de	+ Prép. SN ≠ de	+ participe	+ Adj.
celui	–	+	+	+	–	–	–

La confrontation des tableaux fait clairement apparaître les zones de convergence et de divergence entre les deux français : ils ont en commun l'impossibilité d'emploi du démonstratif s'il n'est suivi de rien, la possibilité s'il est suivi d'une relative, d'une complétive ou d'un SN introduit par la préposition *de*, mais diffèrent sur les autres points. Les restrictions posées par les puristes apparaissent arbitraires. En particulier, on comprend mal pourquoi il y a cette différence de traitement entre les prépositions. Après un substantif, les relatives, les adjectifs, les participes et les compléments prépositionnels entrent en effet dans la même classe d'équivalence, celle des expansions du nom :

> l'enfant blond
> l'enfant qui joue dans la cour
> l'enfant maltraité
> l'enfant de la voisine

si bien que l'on ne s'explique pas la différence qui est ici établie après *celui*. C'est la raison pour laquelle ces interdits des puristes sont de moins en moins respectés, l'analogie jouant en syntaxe comme dans les autres domaines de la linguistique (voir t. 1, chap. 2).

5. LE TEST D'ADJONCTION

But de l'exercice : s'entraîner à la manipulation d'un test et analyser les conclusions que l'on peut en tirer en ce qui concerne le classement d'unités qui, distributionnellement, entrent dans la même classe d'équivalence.

Soient les phrases suivantes :

1. Le bateau disparaît.
2. L'énorme bateau disparaît.
3. Le bateau des îles disparaît.
4. Il disparaît.
5. Tout disparaît.
6. Nous disparaissons.
7. Jean éloigne ses amis.
8. Il éloigne ses meilleurs amis.
9. Jean les éloigne.
10. Il les éloigne.
11. Nous éloignons nos amis de toujours.
12. Nous les éloignons.
13. Jean éloigne tout.

Vous porterez votre attention sur les éléments sujets et compléments du verbe. Vous essaierez de les séparer du verbe par un adverbe comme *lentement* (*peu à peu*). Sur la base de ce test, vous proposerez une classification de ces éléments.

CORRECTION

On envisagera successivement les unités sujets, toutes à gauche du verbe, et les unités compléments, à droite du verbe dans le cas d'un syntagme comprenant un substantif, et à gauche dans le cas d'un pronom personnel.

a. Les sujets :

Les commutations sont données par le corpus lui-même, si bien que l'on peut faire entrer dans la même classe d'équivalence *le bateau*, *l'énorme bateau*, *le bateau des îles*, *Jean*, *il*, *tout*, et *nous*. Si l'on essaie maintenant d'ajouter un adverbe après ces éléments, on constate les points suivants :

– l'adjonction est plus aisée si l'adverbe est inséré oralement entre deux pauses, c'est-à-dire dans l'écrit entre deux virgules :

Le bateau, lentement (peu à peu), disparaît.

– elle est possible après un groupe comprenant un substantif, nom commun ou nom propre avec ou sans détermination supplémentaire :

1. Le bateau, lentement (peu à peu), disparaît.
2. L'énorme bateau, lentement (peu à peu), disparaît.

3. Le bateau des îles, lentement (peu à peu), disparaît.
4. Jean, lentement (peu à peu), éloigne ses amis.

et lorsque le sujet est *tout*, c'est-à-dire un indéfini (voir p. 161) :

5. Tout, lentement (peu à peu), disparaît.

Avec un pronom personnel, *il*, *nous*, toute adjonction est au contraire impossible :

*Il, lentement (peu à peu), disparaît.
*Nous, lentement (peu à peu), disparaissons.

L'adjonction, si on la maintient, conduit à l'apparition d'une forme accentuée du pronom, dite forme disjointe (voir p. 168) :

Lui, lentement (peu à peu), disparaît.

Nous et *vous* (*elle* et *elles* également) sont possibles, mais ce sont alors des formes accentuées et disjointes.

b. Les compléments :

On peut refaire les mêmes constatations. Les groupes avec substantif peuvent être séparés du verbe :

Jean éloigne lentement (peu à peu) ses amis.
Jean éloigne lentement (peu à peu) ses meilleurs amis.

et si l'ajout de l'adverbe avec *tout* est moins naturelle :

Jean éloigne lentement (peu à peu) tout.

ce n'est pas pour des raisons syntaxiques, mais pour l'équilibre rythmique de la phrase, le français répugnant à faire succéder un élément ou un groupe rythmique bref à un groupe plus long.

Par contre, les pronoms personnels dont la place d'ailleurs diffère puisqu'ils sont employés à gauche du verbe, ne peuvent pas plus que les pronoms sujets être séparés du verbe. Ils continuent donc à constituer un groupe à part.

Signalons que, cette fois, l'adverbe n'a pas besoin, pour être possible, d'être placé entre deux pauses, ce qui introduit une dissymétrie entre les sujets et les compléments.

Le simple test d'adjonction fait apparaître la nécessité d'introduire des sous-classes à l'intérieur des classes d'équivalence auxquelles conduisaient la commutation et donc l'intérêt de pratiquer plusieurs tests.

6. QUELQUES ADVERBES DE DEGRÉ

But de l'exercice : s'entraîner à l'observation et au classement de données. Constater l'unité de la méthode en grammaire, en comparant l'étude de la distribution qui est ici faite avec le même type de travail en phonologie.

Soient les unités : *beaucoup, très, si, tellement, trop, peu, assez.*

Vous les insérerez dans les cadres suivants (il s'agit dans tous les cas de phrases assertives et non exclamatives et on exclura donc des phrases comme *il travaille tellement!*) :

1. Il travaille…
2. Il travaille… qu'il est épuisé.
3. … sont venus me voir.
4. … d'amis sont venus me voir.
5. … d'amis sont venus me voir que j'en ai perdu le compte.
6. Il est… bavard.
7. Il est… bavard que je ne le supporte plus.
8. Il marche… doucement.
9. Il marche… doucement qu'on ne l'entend pas.
10. J'ai eu… peur.
11. J'ai eu… peur que j'en avais la gorge sèche.

Sur la base des possibilités et impossibilités constatées, vous classerez ces unités.

CORRECTION

On récapitulera directement les observations sous forme de tableau :

	1	2	3	4	5	6	7	8	9	10	11
beaucoup	+	–	+	+	–	–	–	–	–	–	–
très	–	–	–	–	–	+	–	+	–	+	–
si	–	–	–	–	–	–	+	–	+	–	+
tellement	–	+	–	–	+	–	+	–	+	–	+
trop	+	–	+	+	–	+	–	+	–	+	–
peu	+	–	+	+	–	+	–	+	–	+	–
assez	+	–	+	+	–	+	–	+	–	+	–

À la lecture de ce tableau, un groupe se dégage : c'est celui que forment *trop*, *peu* et *assez*. Ils peuvent s'employer avec un verbe, comme en 1, avec un adjectif (6), un adverbe (8) et un substantif non précédé d'article, comme *peur* en 10. Dans ce dernier emploi, *avoir peur* forme en fait une locution verbale où *peur* n'a plus statut de substantif. Ils ne sont pas non plus corrélatifs d'une proposition de conséquence introduite par *que*. Ces emplois-là (modification d'un verbe, d'un adjectif ou d'un adverbe) constituent des emplois adverbiaux. Ces éléments s'emploient également en 3, comme sujet du verbe, et en 4, comme faisant partie d'un groupe sujet dans lequel ils sont suivis d'un SN prépositionnel. Ceci ne constitue pas la distribution ordinaire des adverbes, et il y a donc une difficulté, qui serait résolue par l'examen des groupes nominaux. Ils sont ici employés comme pronoms ou déterminants (voir p. 152).

On peut ensuite rapprocher *si* et *tellement*, puisqu'ils ont pour caractéristique commune de ne s'employer (en dehors des phrases exclamatives que l'on a exclues) qu'en corrélation avec une phrase consécutive. Ils diffèrent cependant en ce que *tellement* est susceptible de s'employer avec un verbe, une locution verbale, et également d'avoir un emploi nominal en 5. *Tellement* a donc une distribution plus large que *si*, restreint aux adjectifs et aux adverbes, dans des emplois corrélatifs. Si maintenant l'on compare la distribution de *tellement* avec celle de *trop*, *peu* et *assez*, on constate qu'il s'agit d'une distribution complémentaire, *tellement* excluant les emplois non corrélatifs qu'autorisent les autres. Il est par conséquent naturel de tous les regrouper dans une même classe.

Très et *si* peuvent également être regroupés, puisque, si l'un et l'autre excluent les emplois nominaux et les emplois avec verbe, pour les emplois devant adjectif, adverbe, et avec locution verbale, ils se répartissent, *très* n'étant pas corrélatif, alors que *si* l'est.

Beaucoup reste dans cet exercice seul de son espèce, car, s'il partage avec *trop*, *peu* et *assez* (comme eux, il est non corrélatif) les emplois avec un verbe et les emplois nominaux, il ne se rencontre pas (en tout cas en français standard, mais il est vrai qu'on entend en marseillais des formes comme *il est beaucoup malade*) devant un adjectif ou un adverbe. On notera enfin que le fait que *beaucoup* soit utilisé avec un verbe le laisserait attendre avec les locutions verbales, comme d'ailleurs *trop*, *peu* ou *assez*. Or, c'est *très* qui apparaît généralement, même si cette forme a longtemps été blâmée par les puristes qui réclamaient un adjectif : *j'ai grand peur*. Ici se manifeste une fois de plus l'arbitraire relatif de la langue, et le fait qu'il vaut mieux chercher le **comment plutôt** que le **pourquoi** des phénomènes.

7. L'ORGANISATION D'UN TEXTE EN PHRASES

But de l'exercice : À partir d'un texte sans ponctuation, s'interroger sur les facteurs qui permettent de définir la phrase.

Soit le texte suivant :

Vous y dansiez petite fille
Y danserez-vous mère-grand
C'est la maclotte* qui sautille
Toutes les cloches sonneront
Quand donc reviendrez-vous Marie

Les masques sont silencieux
Et la musique est si lointaine
Qu'elle semble venir des cieux
Oui je veux vous aimer mais vous aimer à peine
Et mon mal est délicieux

Les brebis s'en vont dans la neige
Flocons de laine et ceux d'argent

Des soldats passent et que n'ai-je
Un cœur à moi ce cœur changeant
Changeant et puis encor que sais-je

Sais-je où s'en iront tes cheveux
Crépus comme mer qui moutonne
Sais-je où s'en iront tes cheveux
Et tes mains feuilles de l'automne
Que jonchent aussi nos aveux

Je passais au bord de la Seine
Un livre ancien sous le bras
Le fleuve est pareil à ma peine
Il s'écoule et ne tarit pas
Quand donc finira la semaine

(Apollinaire, *Marie*)

*Le mot, ardennais, désigne une danse, la matelotte

Faites apparaître l'organisation en phrases de ce texte. Explicitez vos critères.

CORRECTION

Apollinaire décida en 1912 de supprimer la ponctuation de ses poèmes déjà publiés, comme celui-ci, et de ne plus ponctuer ceux qu'il publierait : « [...] le rythme même et la coupe des vers voilà la véritable ponctuation et il n'en est point besoin d'une autre. » D'une manière générale, pourtant, les poèmes d'Apollinaire restent très lisibles parce que les organisations syntaxique et métrique sont parallèles. Ainsi, dans la première strophe, chaque vers coïncide avec une proposition. Ce sont donc moins les limites des propositions qui posent problème que leur relation et leur regroupement en phrases. Avec quelques hésitations, il est cependant possible de les faire apparaître.

a. Critères syntaxiques.

La subordination (voir chapitre 2) est un de ces critères. C'est ainsi que l'on note dans le texte deux relatives, *qui moutonne*, et *que jonchent aussi nos aveux*, qui demandent à être rattachées à leur antécédent. On sait par conséquent qu'il faut grouper la première avec *mer*, et donc avec la proposition où *mer* est intégré, et la seconde avec *automne*, et donc avec la proposition à laquelle le mot appartient.

À côté des propositions relatives, on relève d'autres propositions subordonnées. Apparaît ainsi une complétive interrogative introduite par un adverbe interrogatif, *où* : *Sais-je où s'en iront tes cheveux et tes mains feuilles de l'automne que jonchent aussi nos aveux*. Les propositions sont imbriquées l'une dans l'autre et les constituants dits immédiats de la phrase sont les suivants :

Sais-je
[où s'en iront tes cheveux et tes mains feuilles de l'automne
(que jonchent aussi nos aveux)].

Dans les deux vers précédents, que l'on considère *comme mer…* comme un complément ou comme une proposition comparative elliptique (*comme est la mer*), c'est de toute façon à *crépus* qu'il faut rattacher le groupe. Il convient ainsi de l'intégrer, avec la relative qui suit *mer*, à la proposition interrogative indirecte.

Enfin, on relève deux propositions corrélées (sur la corrélation, voir chapitre 2) qui ne peuvent être séparées, et dont la seconde marque la conséquence : *Et la musique est si lointaine qu'elle semble venir des cieux.* La corrélation est marquée par la présence de *si* dans la première proposition, ce à quoi répond le *que* introducteur de la seconde.

Dans les autres cas, les propositions sont juxtaposées ou coordonnées, et peuvent constituer elles-mêmes des phrases autonomes, ou n'être que des parties d'une phrase qui les englobe. Si dans *Il s'écoule et ne tarit pas*, le fait que le sujet n'est pas repris devant le second verbe indique clairement qu'il faut coordonner les deux propositions dans un même ensemble, cet ensemble est-il autonome ou doit-il lui-même être relié à la proposition précédente ? On peut donc se demander s'il faudrait ponctuer :

Le fleuve est pareil à ma peine : il s'écoule et ne tarit pas. = une phrase

ou

Le fleuve est pareil à ma peine. Il s'écoule et ne tarit pas. = deux phrases.

Comment organiser les trois premiers vers de la deuxième strophe ? La présence de *et* devant la seconde proposition laisserait penser que ces trois vers constituent une seule phrase, mais la conjonction peut également coordonner des phrases, si bien qu'avec la coordination, l'on ne peut avoir la même certitude qu'avec une subordination. On doit par conséquent faire appel à d'autres critères, comme le lien sémantique entre *silencieux* et *musique*.

b. Critères sémantiques.

On peut faire entrer dans ces critères l'examen des modalités de la phrase, qui, naturellement, sont décelables à partir des configurations syntaxiques, mais qui font intervenir des considérations sémantiques. C'est ainsi qu'à côté de la majorité des propositions qui sont assertives, on rencontre dans le poème plusieurs interrogations directes. Le changement de modalité peut laisser supposer le passage à une nouvelle phrase. C'est de cette façon que l'on traitera le dernier vers de la première strophe, *Quand donc reviendrez-vous, Marie ?* et le dernier vers du poème qui lui fait écho, *Quand donc finira la semaine ?* La présence de *donc*, conclusif, confère à l'interrogation une autonomie sémantique, qui fait partie des critères habituels de définition de la phrase.

Dans la deuxième strophe, l'affirmation du quatrième vers, appuyée sur le vigoureux *Oui* du début, et repérable au nombre de syllabes (alexandrin, alors que partout ailleurs les vers sont des octosyllabes), suppose une phrase nouvelle, faite de deux propositions coordonnées par *et* : *je veux vous aimer* [...] *et mon mal est délicieux.*

C'est également sur la base de considérations de sens que l'on regroupera dans une seule phrase les deux premiers vers. Certes, le changement de modalité avec l'apparition de l'interrogation pourrait, comme dans les cas précédents, faire conclure à une phrase autonome, mais les deux propositions sont fortement liées, par la double antithèse, lexicale, *petite fille / mère-grand*, et syntaxique, *dansiez / danserez.* Ceci conduit à préférer l'analyse en deux propositions juxtaposées, séparées par une virgule, et regroupées dans une même phrase. À l'inverse, on posera deux phrases différentes pour les vers 3 et 4 de cette même strophe en raison du changement de thème.

c. Hésitations.

Reste un certain nombre de propositions sur lesquelles il est difficile de se prononcer. Dans la dernière strophe, par exemple, si le changement de sujet *je*, puis *le fleuve*, permet de séparer les deux premiers vers du troisième, il est impossible, on l'a dit, de savoir que faire des vers 3 et 4.

Des conflits de critères peuvent apparaître. C'est ainsi que dans la troisième strophe, la coordination conduirait à ne mettre qu'une seule phrase pour toute la strophe, mais le changement de modalité et de sujet pourrait laisser penser qu'une nouvelle phrase commence avec *et que n'ai-je*, nouvelle phrase faite de deux propositions interrogatives coordonnées.

C'est précisément pour laisser la place à ce type d'indétermination, adaptée à la souplesse que demandent le rythme et la poésie, qu'Apollinaire avait supprimé la ponctuation. Ces hésitations montrent donc que la phrase, unité textuelle supérieure de l'analyse grammaticale, parce qu'elle est liée à l'interprétation et à des phénomènes stylistiques, déborde largement les considérations purement linguistiques.

À retenir

- ▲ La distinction entre phrase et énoncé.
- ▲ La distinction entre grammaticalité et acceptabilité.
- ▲ La nécessité pour une règle de grammaire d'être explicite et de permettre des prévisions.

CHAPITRE 2
LA PHRASE

OBJECTIFS DE CONNAISSANCE

Après l'étude de ce chapitre, l'étudiant doit pouvoir :

▲ repérer et analyser les différentes modalités (ou constructions) de la phrase (assertion, interrogation, ordre, exclamation) ;

▲ avoir une vue d'ensemble des mécanismes qui permettent de passer de la proposition à la phrase (coordination, juxtaposition, subordination, corrélation, parenthèse) et analyser leurs différences ;

▲ analyser les différents types de propositions subordonnées, leur mode de construction et leur rôle syntaxique dans la phrase ;

▲ distinguer les différents types de discours rapporté.

1. LES MODALITÉS DE LA PHRASE

Ce chapitre porte sur la phrase et la proposition, puisque l'on a choisi de partir des unités intégrantes pour y segmenter les unités qui les composent. Indépendamment même de sa composition, toute phrase, qu'elle soit simple ou complexe, peut être affectée par un certain nombre de **modalités** qui **traduisent l'attitude du locuteur vis-à-vis des événements qu'il relate**, selon qu'ils font l'objet d'un simple **constat** ou d'**appréciations particulières**. Ces modalités, liées à l'énonciation, s'incarnent dans plusieurs phénomènes : lexique, mode des verbes…, mais d'abord dans la construction de la phrase :

> Il fait beau (dès que mars arrive). = simple constat
>
> *vs*
>
> Comme il fait beau (dès que mars arrive) ! = appréciations particulières

Pour des raisons de clarté, et parce que les subordonnées ne sont pas affectées par ces modalités, on s'en tiendra à des exemples de phrases simples.

On peut distinguer **l'assertion**, par laquelle on se borne à l'énoncé d'un fait, et qui en constitue une sorte de degré zéro de la modalité, **l'interrogation**, qui vise à demander des informations sur un fait ou à le mettre en cause, **l'ordre**, qui exprime la volonté qu'un fait se produise, et **l'exclamation** qui exprime les réactions du locuteur face à un fait. Chacune de ces modalités est susceptible d'être présentée à la forme affirmative ou à la forme négative :

> Doit-il venir ?
>
> Ne doit-il pas venir ?

La négation n'est donc pas une modalité spécifique et l'on en traitera à l'intérieur même de ces quatre catégories.

La majorité des phrases présentent un verbe, mais il convient de signaler l'existence de phrases nominales.

1.1. LES PHRASES NOMINALES

On donne ce nom à des phrases qui ne présentent pas de verbe, mais on ne doit pas leur assimiler tous les énoncés sans verbe, comme les titres de livres, de recettes, les indications portées sur des écriteaux, etc. :

canard à l'orange
sortie

Tous ces éléments-là ne peuvent en effet se comprendre en dehors de la situation d'énonciation et ils ne peuvent fonctionner dans des énoncés non marqués :

Que prépares-tu pour déjeuner ? – * canard à l'orange.

Ils constituent des énoncés parfaitement acceptables pour la communication, mais aux marges de la syntaxe. On n'en fera donc pas des phrases nominales, réservant ce terme à des unités indépendantes d'une situation d'énonciation particulière, interprétables sans recourir à la situation, c'est-à-dire uniquement grâce au contexte linguistique :

Les livres, tous à mettre au feu.

On distinguera des phrases nominales les **phrases elliptiques**, où l'on peut reconstituer un verbe, comme dans les réponses à une question :

Que prépares-tu pour déjeuner ? – (Je prépare) du canard à l'orange.

(Rappelons qu'on ne parle d'ellipse que lorsqu'on peut, à coup sûr, reconstruire l'élément absent. L'ellipse n'est pas un sous-entendu).

Dans les phrases nominales, seul le verbe *être* peut éventuellement être reconstruit :

Les livres **sont** tous à mettre au feu.

Ces phrases, sur le plan logique, comprennent généralement deux éléments, l'un qui est le **thème** du propos, constituant ce dont on parle *(ces livres)*, l'autre, le **prédicat**, ce que l'on en dit *(tous à mettre au feu)*. Ces deux éléments sont séparés par une pause, transcrite dans l'écrit par une ponctuation, virgule ou point d'interrogation :

Jean ? Fou à lier.

qui correspond à l'intonation particulière qu'elles présentent avec une montée sur le premier membre lorsqu'il s'agit d'un SN. Il est très rare que ces propositions soient négatives. Il semble que la présence en tête de phrase du prédicat facilite cet emploi :

? Jean, pas vraiment gentil.
Pas vraiment gentil, Jean.

et que les emplois soient plus ou moins stéréotypés :

Pas folle, la guêpe.

Ces phrases nominales sont plus employées à l'oral qu'à l'écrit et elles ont fréquemment une charge affective qui les rend souvent exclamatives.

1.2. LES PHRASES VERBALES

▲ **L'assertion.** Elle consiste dans l'énoncé d'un fait affirmé ou nié :

Il pleut *vs* Il ne pleut pas.

Elles sont très généralement à l'indicatif, qui est le mode de l'expression du fait brut. L'**ordre des mots** (voir p. 217) est à noter : il faut y distinguer des éléments mobiles et des éléments fixes. Parmi les premiers, on trouve entre autres les compléments de phrase, les apostrophes, les appositions, c'est-à-dire tous les éléments que l'on peut supprimer sans attenter à la cohérence syntaxique de la proposition minimale et qui permettent souvent d'ancrer la proposition dans la situation d'énonciation. Les seconds sont les éléments indispensables à la définition de la proposition, successivement : le sujet, le verbe, et le ou les compléments du verbe, le complément non prépositionnel précédant le complément prépositionnel :

L'enfant offre un bouquet à sa mère.

Des facteurs d'emphase ou de style peuvent néanmoins modifier cet ordre (voir p. 219). Dans le premier cas, un élément est mis en relief et repris par un pronom, ce qui le met hors du noyau de la proposition minimale et lui permet d'être aussi mobile que les compléments de phrase :

Mon fils ne peut pas supporter son professeur d'anglais.
Son professeur d'anglais, mon fils ne peut pas **le** supporter.
Mon fils ne peut pas **le** supporter, son professeur d'anglais.
Mon fils, **il** ne peut pas **le** supporter, son professeur d'anglais.
Mon fils, son professeur d'anglais, **il** ne peut pas **le** supporter.

Dans le deuxième, la présence d'un élément en tête de phrase permet l'inversion du sujet, qu'il s'agisse d'un adverbe comme *peut-être*, *ainsi*, *aussi*, *de même*… ou d'un complément circonstanciel :

Il viendra peut-être.
Peut-être viendra-t-il.
Un convoi s'avance dans la plaine.
Dans la plaine s'avance un convoi.

Il faut ajouter que, même dans ces conditions, l'inversion n'est possible que si le verbe est intransitif et on opposera :

Dans la nuit retentit un cri.

et : *Dans la nuit pousse un cri un enfant.
*Dans la nuit pousse un enfant un cri.
*Dans la nuit un cri pousse un enfant.

Enfin, les pronoms personnels ne se comportent pas de la même façon que les GN (et les autres pronoms) car s'ils peuvent être inversés avec les adverbes, ils ne le peuvent pas avec un complément circonstanciel :

*Dans la nuit s'avance-t-il.

L'ordre des mots n'est pas affecté par la présence d'une négation :

Peut-être ne viendra-t-il pas.
Dans cette nuit profonde ne s'entend aucun bruit.

Les phrases assertives peuvent donc être affirmatives ou négatives.

Dans les **phrases négatives**, la portée de la **négation** peut être **totale** et s'exercer sur l'ensemble de la proposition :

Jean ne veut pas partir.

ou **partielle** et ne s'exercer alors que sur un élément, comme cela est particulièrement clair en cas de contraste :

Jean ne sort pas le dimanche, mais le lundi.

C'est souvent seulement le contexte qui permet de faire la distinction, les moyens utilisés pouvant être les mêmes :

Je n'ai pas fait trois sorties :
portée restreinte : je suis sorti, sauf trois fois.
portée totale : je ne suis pas sorti, même pas trois fois.

Lorsque la négation a une portée restreinte, on peut paraphraser la phrase par une mise en relief :

Il y a trois sorties que je n'ai pas faites.

La négation se marque par des adverbes négatifs, seuls ou employés avec d'autres éléments. Un certain nombre est réservé à la négation partielle, comme *non* :

Je veux des devoirs rédigés, et **non** des brouillons.

ou *pas* :

Je veux des devoirs rédigés, **pas** des brouillons.

non (pas), en cas de contraste :

Je veux **non (pas)** des brouillons, mais des devoirs rédigés.

La négation totale (et la négation partielle lorsqu'on ne fait pas explicitement porter l'adverbe négatif sur le terme concerné) se marque par ***ne*** **utilisé avec un autre élément adverbial**, *pas* (*point* ou *mie* dans l'ancienne langue, tous éléments indiquant une quantité infime), *plus*, *jamais*, ou **avec un pronom ou déterminant de sens négatif** tel que *personne*, *rien*, *aucun*, *nul*, etc. :

Cette montre ne marche **pas**.
Personne n'a téléphoné.

Lorsque la négation comprend deux éléments adverbiaux, ils entourent la forme conjuguée du verbe :

Il **n'**a **pas** plu depuis longtemps.

Dans la langue parlée, *ne*, qui pourtant est étymologiquement négatif, alors que *pas* ne l'est pas, est fréquemment omis :

C'est pas de la tarte !

Inversement, il est parfois seul utilisé dans des proverbes :

Il n'est pire eau que l'eau qui dort.

avec certains verbes modaux ou aspectuels (voir p. 58) :

Il ne cesse de se plaindre.
Je ne le peux ni le veux.

et dans quelques autres emplois figés.

Dans un certain nombre de cas, *ne* n'a pas de sens négatif. On parle de ***ne*** **explétif** et il peut généralement être omis, à la différence des cas précédents. C'est ce qui se produit par exemple dans les propositions comparatives :

Il est moins grand que je ne le pensais / que je le pensais.

après les verbes de crainte où l'on peut opposer :

Je crains qu'il ne vienne / je crains qu'il vienne.

à

Je crains qu'il ne vienne pas.

après *à moins que* ou *sans* :

à moins qu'il ne vienne / à moins qu'il vienne.

etc. Les emplois de *ne* apparaissent ainsi complexes et difficiles, ce qui explique sans doute son absence fréquente dans la langue parlée.

À côté de la négation, il faut enfin faire une place à la **restriction** ou **exception**, où *ne* est associé à *que* :

Je **ne** souhaite **que** la tranquillité.

Ne et *que* encadrent le verbe, et pas seulement la forme conjuguée :

Il **n'**a **pas** plu.
vs
Il **n'**a plu **qu'**une heure.

Ces restrictions combinent un sens positif *(je souhaite la tranquillité)* et un sens négatif *(je ne souhaite rien d'autre)*. Elles ont une portée restreinte et ne peuvent porter sur le verbe lui-même. Pour cela, il faut employer *seulement*, *ne faire que*, *ou ne rien faire d'autre que* :

Il ne travaille pas, il bavarde seulement.
Il ne fait que bavarder.

Par ailleurs, la restriction en *ne… que*, encadrant le verbe, ne peut porter sur un groupe qui le précède. C'est le cas du sujet : il faut alors avoir recours à *seul* ou à il *n'y a que… qui* :

Il n'y a que Jean qui soit venu.
Seul Jean est venu.

Et c'est aussi le cas d'un complément de phrase déplacé en tête de phrase :

La nuit, il travaille.
La nuit seulement, il travaille.
Il n'y a que la nuit qu'il travaille.
Ce n'est que la nuit qu'il travaille.

Si, en revanche, le sujet a été postposé, ou si le complément de phrase suit le verbe, la restriction est possible :

Au loin s'avance une voiture.
Au loin ne s'avance qu'une voiture.
Il travaille la nuit.
Il ne travaille que la nuit.

On voit ici que les positions des unités linguistiques peuvent jouer un rôle aussi important que leurs fonctions. De fait, il convient de distinguer la zone préverbale et la zone postverbale. La première, dans l'assertion, ne peut rester vide, ce qui explique que l'inversion du sujet ne se produise que si un élément a été mis en tête de phrase. La seconde, elle, le peut, comme on le voit dans la construction des verbes sans complément.

▲ **L'ordre.** Les phrases exprimant un ordre (modalité **jussive**) sont à **l'impératif** (voir p. 98), lorsque l'ordre porte sur les personnes 2, 4 et 5 et au **subjonctif** (voir p. 100) pour les autres :

Viens !
Qu'il vienne !

Elles sont caractérisées par une intonation spéciale (voir t. 1, chap. 1) qui se traduit dans l'écrit par la présence du point d'exclamation. L'ordre négatif, c'est-à-dire la **défense**, se marque simplement par la négation *ne... pas* :

Ne viens pas !

Diverses interjections, *allons, eh! bien*, y compris *donc* dans un emploi non coordonnant, peuvent souligner cette modalité :

Viens un peu ici !

Enfin, on signalera que la modalité jussive peut également être indirectement exprimée par le futur :

Tu ne me parleras plus jamais sur ce ton !

par la présence d'un verbe marquant l'obligation :

Tu ne dois plus te comporter ainsi.

ou par un infinitif dans certaines situations :

agiter avant usage.

▲ **L'interrogation.** On envisagera ici seulement l'**interrogation directe** (sur les subordonnées interrogatives indirectes, voir p. 62). Comme pour la négation, on distingue deux types d'interrogation : selon qu'elles portent sur l'ensemble de la phrase, ce sont les **interrogations totales** auxquelles on répond par *oui* ou par *non* :

Viendras-tu demain ? – Oui.

ou selon qu'elles ne portent que sur un élément, et ce sont les **interrogations partielles** auxquelles on répond par une unité lexicale :

Quand viendras-tu ? – Demain.

– Les interrogations totales

Dans tous les cas, même si elles ne présentent pas d'autre marque, elles sont caractérisées à l'oral par une intonation montante spécifique (voir t. 1, chap. 1) et à l'écrit, par le point d'interrogation. Certaines n'ont pas de marque supplémentaire, en particulier dans la langue parlée, où la construction utilisée est généralement la même que pour l'assertion :

Tu viens au cinéma avec moi ?

D'autres, dans un niveau de langue plus soutenu, présentent une inversion du sujet. Comme pour l'inversion dans les phrases assertives, on note une différence entre les pronoms personnels et les autres sujets : cette fois, ce sont les premiers qui peuvent se placer après le verbe :

Viendras-tu demain ?

et, en cas de forme composée, après la forme fléchie :

Est-il venu hier ?

Cette inversion se produit sans élément en tête de phrase, et quelle que soit la construction du verbe :

As-tu acheté la robe dont tu avais envie ?

Avec des GN sujets ou des pronoms autres que personnels, l'inversion, dite **complexe**, fait intervenir une reprise pronominale, et c'est ce pronom qui apparaît après le verbe :

Jeanne a-t-elle acheté la robe dont elle avait envie ?
Quelqu'un s'est-il servi de mon stylo ?

si bien que la phrase interrogative peut être mise en relation, à la pause près, avec une phrase assertive comportant une forme d'emphase :

Jeanne, elle a acheté la robe dont elle avait envie.

comme si l'interrogation s'appuyait sur une mise en relief préalable. On remarque donc que cette interrogation n'est pas particulièrement complexe puisqu'elle place simplement un pronom sujet après le verbe.

Enfin, l'interrogation totale peut se marquer par la présence en tête de proposition de la **particule interrogative** *est-ce que* suivie d'une proposition avec ordre normal, et très fréquente dans l'usage parlé :

Est-ce que vous devez aller à Paris ?

On peut remarquer que cette particule correspond au présentatif *c'est que*, et donc encore à une forme de mise en relief.

– Les interrogations partielles

Elles permettent d'interroger sur l'identité d'un des éléments de l'énoncé :

Qui devez-vous rencontrer ? – Monsieur Durand.

Où allez-vous ? – Au cinéma.

représenté en tête de phrase par un pronom, un déterminant ou un adverbe interrogatif.

En ce qui concerne les pronoms, les formes sont les mêmes que celles du pronom relatif (voir p. 65), mais la répartition n'est pas la même. En premier lieu, on peut opposer les formes de l'**interrogatif simple**, *qui*, *que*, *quoi*, aux formes **composées**, *lequel*, *laquelle*, *lesquels*. Ces dernières ne sont utilisées que lorsqu'on offre un choix entre des éléments déjà présentés :

J'ai apporté des gâteaux. Lequel veux-tu ?

Pour les formes simples, la répartition se fait en premier lieu selon la distinction animé / inanimé : pour l'**animé** on utilise *qui*, quelle que soit la fonction :

sujet : Qui est venu ?
attribut : Qui es-tu donc ?
complément : Qui as-tu rencontré aujourd'hui ?
À qui penses-tu ?

Ces formes peuvent se renforcer par *qui est-ce qui*, *qui est-ce que*. Pour l'**inanimé**, il n'y a pas de forme de sujet et l'on est obligé de recourir à *qu'est-ce qui* :

Qu'est-ce qui s'est passé ?

Pour l'attribut et le complément direct d'objet, c'est *que (qu'est-ce que)* qui apparaît :

Que veux-tu ?

et *quoi* (prép. *quoi est-ce que*) en cas de complément prépositionnel :

À quoi penses-tu ?

ainsi que les adverbes *où*, *quand*, *comment*, *pourquoi*, *combien*. Avec un substantif, on utilise le déterminant *quel*.

Si l'interrogation est renforcée par *est-ce que (qui)*, l'ordre du sujet et du verbe est sans changement :

Qui est-ce que tu as rencontré ?

Dans les autres cas, l'inversion est très fréquente, sauf évidemment si le pronom interrogatif est sujet. Elle est nécessairement simple si le sujet est un pronom personnel :

Quand partez-vous ?

elle peut être simple pour les autres sujets si le verbe est intransitif :

Quand partent tes parents ?

ou complexe dans tous les cas, ce qui est la seule solution possible avec une construction transitive :

Quand tes parents partent-ils ?
Quand tes parents visiteront-ils la région ?

Il faut néanmoins signaler qu'avec l'interrogatif *que* l'inversion simple est la seule possible :

Que veulent tes parents ?
*Que tes parents veulent-ils ?

mais que, bien sûr, on peut dire, en utilisant une mise en relief :

Tes parents, que veulent-ils ?

Les modes et les temps dans les interrogatives sont les mêmes que dans les assertives. L'infinitif est parfois utilisé : *Pourquoi partir ?*

La négation peut également être utilisée. Elle appelle quelques remarques. En cas d'inversion mettant en jeu un pronom, elle ne doit pas séparer ce pronom du verbe :

Quand donc **ne** diras-tu **plus** de sottises ?

Elle est très fréquente dans les **fausses questions** ou **questions dites rhétoriques**, qui ne visent pas à une demande d'information, mais correspondent à une affirmation :

Qui ne serait ravi d'une telle aubaine ?

(tout le monde doit être ravi) ou permettent de repousser un fait jugé scandaleux :

N'y a-t-il donc plus de morale en ce monde ?

– Valeur des interrogations

Elles sont loin de se réduire à une demande d'information, qui n'est qu'un cas particulier d'une valeur très générale : la mise en question, la mise en débat d'un fait dont on ne connaît pas tous les paramètres ou que l'on conteste, que l'on refuse, devant lequel on s'impatiente, etc. Ceci explique justement la fréquence des interrogations rhétoriques, qui sont en fait tout à fait banales.

▲ L'exclamation. La modalité exclamative exprime les réactions d'étonnement, de plaisir, de colère, etc. du sujet parlant devant l'événement. Elle se caractérise par une intonation spécifique, par une portée de voix plus forte que dans le débit normal et par la présence éventuelle d'accents d'emphase (voir t. 1, chap. 1).

Signalons qu'un grand nombre d'énoncés exclamatifs ne sont pas propositionnels, mais consistent dans des groupes de mots :

Oh, la belle voiture !

que seule la mise en relation avec la situation permet d'interpréter.

Lorsqu'on a affaire à des phrases, elles ne se distinguent parfois des assertives que par l'intonation :

Il est bête !

On peut observer une utilisation particulière des articles indéfinis (voir p. 161) :

Il est d'une bêtise !

Les exclamatives sont souvent proches des interrogatives, lorsque, dans un style littéraire, elles utilisent l'inversion :

Est-il bête !

ou lorsqu'elles s'appuient sur des pronoms ou déterminants, qui sont les mêmes que les interrogatifs :

Quelles bêtises il a pu nous dire !

Elles peuvent enfin utiliser des adverbes, *comme*, *que*, qui lui sont spécifiques, et *combien* qui apparaît également dans les interrogatives :

Qu'il est bête !

Par ailleurs, les exclamations utilisent fréquemment des outils lexicaux particuliers, les interjections :

Mince alors, j'ai oublié mon parapluie !

Les modes sont les mêmes que dans les propositions assertives, mais l'infinitif est d'emploi assez fréquent :

Moi, mentir !

en particulier lorsque l'on veut exprimer l'indignation.

La négation, comme dans les interrogations rhétoriques, sert parfois à renforcer un fait :

Qu'est-ce qu'il ne nous a pas dit, comme bêtises !

Avec un infinitif, elle a sa valeur ordinaire :

Moi, ne pas venir pour ton anniversaire ! Tu n'y penses pas.

Si l'exclamation constitue bien, sur le plan sémantique et psychologique, une modalité affective, on peut se demander si elle mérite bien le nom de modalité de la phrase. L'exclamation en effet n'a pas de marque spécifique et elle se combine avec les autres modalités de la phrase, qui s'excluent entre elles. Ainsi, dans :

Il fait encore du vent !

la construction est celle d'une assertion qu'accompagne une modalité affective, qui pourrait être marquée par d'autres moyens, comme un adverbe :

Malheureusement, il fait encore du vent.

L'essentiel est de repérer et la construction de la phrase et la valeur affective qu'elle présente.

1.3. LES PROCÉDÉS DE MISE EN RELIEF

Bien que cela ne concerne pas les modalités fondamentales de la phrase, on dira un mot des **présentatifs** et des **procédés de mise en relief** :

a. Les présentatifs, accompagnés d'un SN, permettent d'obtenir une proposition complète sans qu'il y ait besoin d'un verbe :

Il y a un problème ; c'est un problème ; voici le problème.

tandis que les procédés de mise en relief isolent un élément dans une proposition par ailleurs complète :

C'est **Jacques** qui **est venu**.

Les présentatifs comprennent *voici (voilà)*, *il y a* et *c'est*. ***Voici*** et ***voilà*** sont à l'origine formés de l'impératif de *voir* et d'un adverbe de lieu mais ils sont actuellement perçus comme un tout. De leur origine verbale, ils conservent néanmoins le pouvoir de servir de centre à la proposition et la construction du groupe nominal qui les suit est celle d'un complément, comme on peut le voir dans la pronominalisation :

Voici Jean / **le** voici.

Si *voici* et *voilà* se construisent sans difficulté avec les différents types de SN, l'infinitif est tout de même rare, en dehors de quelques emplois : *Voici venir l'hiver*. Autrement, il est littéraire :

Voici s'enchevêtrer les vignes.
(Rimbaud, *Bannières de mai*)

Sur le plan sémantique, *voici* et *voilà*, à cause du déictique qu'ils comprennent, sont les plus démonstratifs des présentatifs. Ils sont liés à l'énonciateur, qui détermine l'opposition théorique entre *ci*, indiquant la proximité, et *là*, l'éloignement. En fait, cette distinction tend à s'effacer au profit de *là*, qui est de plus en plus utilisé. *Voici* et *voilà*, enracinés dans l'énonciation, sont rivés au lieu et à l'instant présents.

Les emplois de ***il y a*** sont plus divers, selon qu'il constitue un vrai nœud verbal, ou que, lexicalisé, il est très proche d'une préposition temporelle :

Il y avait beaucoup de monde dans le train.
Il est parti il y a deux heures.

Dans le premier cas, *il y a* peut être fléchi en temps, mais ne varie pas en personne. De ce point de vue, ce n'est rien d'autre qu'un verbe unipersonnel comme *il faut*, *il existe...* (voir p. 119). À la différence de *voici* et *voilà*, qui peuvent être suivis d'un GN comprenant pratiquement n'importe quel déterminant, *il y a* s'emploie surtout avec un article indéfini ou un déterminant indiquant une quantité :

Il y a une voiture qui arrive.
Il y a trois livres sur la table.

C'est que, du point de vue sémantique, *il y a* est moins un présentatif, attirant l'attention sur un élément de la situation, qu'un actualisateur d'existence, marquant la présence d'un élément qui s'impose à nous. C'est ce qui explique son affinité pour *un*, qui sert à poser l'existence d'un objet, et le fait qu'il doive être accompagné d'un minimum de détermination, soit situationnelle, soit contextuelle, par une proposition relative ou un complément de phrase indiquant le lieu.

À la différence des deux présentatifs précédents, ***c'est*** a un double rôle. Comme eux, il sert à introduire un élément, mais il a de surcroît un rôle de pivot avec ce qui précède, puisque c'est un anaphorique qui reprend un élément du contexte antérieur. Par conséquent, il ne sert pas à poser l'existence d'un objet ou d'un individu, mais suppose qu'on s'interroge, implicitement ou explicitement, sur l'identité de quelqu'un ou de quelque chose, dont la présence a déjà été dûment constatée :

Qui est là ? – C'est votre voisine.

Même lorsque le terme représenté se trouve dans la même proposition que *c'est* :

Votre frère, c'est un très gentil garçon.

une question implicite est posée sur son référent, ce que manifeste l'intonation montante de *votre frère*, à laquelle répond l'intonation descendante du membre de phrase introduit par *c'est*.

Comme *il y a*, *c'est* peut subir la flexion temporelle. Il peut également varier en nombre et s'accorder avec le SN qui le suit, accord qui n'est jamais obligatoire et est même impossible devant *nous* et *vous* :

C'est nous et non *ce sont nous.

b. Les procédés de mise en relief comprennent ce que l'on appelle souvent **l'extraction** et **le détachement**. Ils utilisent le présentatif *c'est* ou la représentation pronominale.

L'extraction, également appelée construction clivée, consiste dans l'insertion entre *c'est... qui* ou *c'est... que* selon sa fonction de l'élément que l'on veut mettre en relief :

> **C'est** Jean **qui** est venu.
> **C'est** Jean **que** j'ai rencontré.
> **C'est** de Jean **que** je t'ai parlé.

Qui et *que* sont originellement des relatifs, mais le paradigme de flexion est plus réduit que pour les autres relatifs si bien que l'on peut parler pour eux de « relatif étendu ». L'extraction s'utilise essentiellement pour marquer un contraste ou apporter des précisions :

> C'est Jean que j'ai rencontré, et non Pierre.

Le détachement reprend par un pronom un élément détaché par une pause du reste de la proposition :

> Jean, il est gentil.
> Jean, c'est un gentil garçon.
> Ce que j'aime, c'est aller au cinéma.

Il introduit une segmentation dans l'énoncé et permet à l'élément détaché d'être mobile :

> Il est gentil, Jacques.

2. DE LA PHRASE SIMPLE À LA PHRASE COMPLEXE : JUXTAPOSITION, COORDINATION, SUBORDINATION, CORRÉLATION, PARENTHÈSE ET INCISE

Quelles que soient ses modalités, une phrase peut être dite **simple**, c'est-à-dire ne consister qu'en une proposition, ou être dite **complexe**, c'est-à-dire comprendre plusieurs propositions. Pour passer de la proposition à la phrase complexe, on dispose de trois modes principaux d'enchaînement : **la juxtaposition**, **la coordination** et **la subordination**, auxquels il faut ajouter la **corrélation**, qui prend tantôt la forme d'une juxtaposition, tantôt celle d'une subordination, et la **parenthèse**, en particulier sous forme d'**incise**. Les difficultés de distinction tiennent au fait qu'en ce domaine comme en beaucoup d'autres secteurs de l'analyse syntaxique, il n'y a pas nécessairement accord entre le sens et la forme. Par exemple, une relation de conséquence entre propositions peut se traduire par tous les types d'enchaînement :

> **juxtaposition** : Il a plu, Jean n'est pas sorti.
> **coordination** : Il a plu et Jean n'est pas sorti.
> **subordination** : Puisqu'il a plu, Jean n'est pas sorti.
> **corrélation** : Il a plus si fort que Jean n'est pas sorti.
> **parenthèse** : Jean – il a plu – n'est pas sorti.

On essaiera de montrer en quoi ils se différencient, et en quoi ils se rejoignent.

2.1. LES DIFFÉRENCES : LES EXEMPLES CLAIRS

La juxtaposition, comme son nom l'indique, consiste dans le fait que sont posées côte à côte, séparées par une pause que l'écrit transcrit par une virgule, plusieurs propositions :

Le vent souffle, la pluie tombe, le tonnerre gronde.

Les meilleurs exemples sont ceux des structures énumératives, où n'existe pas d'autre relation entre les propositions que l'addition, si bien que l'ordre des propositions pourrait être modifié sans danger ni pour la cohésion syntaxique ni pour la cohérence sémantique, ce qui n'est pas le cas de toutes les juxtapositions.

La coordination est la mise en relation de deux propositions dans un tout où l'une et l'autre ont le même rôle, et sans que l'une soit plus importante que l'autre. Elle est donc proche de la juxtaposition à laquelle elle est souvent associée :

Le vent souffle, la pluie tombe et le tonnerre gronde.

Rappelons que la juxtaposition et la coordination, à la différence de la subordination qui ne joue qu'entre propositions, peuvent s'établir, à l'intérieur d'une proposition, entre mots ou syntagmes :

Il travaille lundi, mercredi, jeudi.
Il travaille lundi, mercredi et jeudi.

La **parenthèse** n'implique pas d'outil syntaxique : elle est ajoutée à la phrase, à la frontière entre groupes. Elle constitue une **insertion** (voir J. Gardes Tamine, 2004, p. 92 sq.), c'est-à-dire l'adjonction dans une phrase d'éléments sans lien syntaxique avec les unités de cette phrase. Comme les autres insertions : apostrophes, appositions, compléments circonstanciels, les parenthèses constituent des éléments qui sont certes importants sur le plan sémantique et informatif, mais qui ne sont pas nécessaires à la structure de la phrase :

Un soir, **t'en souvient-il**, nous voguions en silence. (Lamartine)

Ce sont des constituants flottants ou satellites. Même si elle a l'apparence d'une juxtaposition, la **parenthèse** s'en distingue en ce que les éléments reliés ne sont pas sur le même plan : elle introduit une rupture énonciative avec le reste de l'énoncé.

Quant à la **subordination**, qui, elle, est rattachée par un lien syntaxique visible au reste de la phrase, elle a par rapport à elle, le même fonctionnement qu'un GN :

Je sors { quand il ne pleut pas.
        { en cas de beau temps

La tradition rattache une proposition subordonnée à une proposition dite **principale**, dans l'exemple précédent *Je sors*. Ceci ne signifie rien d'autre que le fait que la subordonnée y a une fonction et qu'elle représente donc un cas particulier de SN. En réalité, la subordonnée fait partie de la principale à laquelle elle est parfois aussi essentielle qu'un groupe nominal complément de verbe :

Je prévois { son prochain départ
qu'il partira prochainement.

Quelques critères formels permettent de différencier la coordination et la subordination qui, toutes les deux, impliquent la présence d'une conjonction. En premier lieu, une proposition coordonnée ne peut s'antéposer par rapport à la proposition à laquelle elle est liée :

*Car il pleut, je ne sortirai pas.

alors qu'une subordonnée le peut :

Parce qu'il pleut, je ne sortirai pas.

Par ailleurs, une coordonnée ne peut s'employer comme réponse à une question alors qu'une subordonnée le peut :

Pourquoi ne sortez-vous pas ? – *Car il pleut.
Pourquoi ne sortez-vous pas ? – Parce qu'il pleut.

Elle ne peut pas non plus, à la différence des subordonnées, être mise en relief par *c'est... que* :

C'est parce qu'il est malade qu'il n'est pas venu.
*C'est car il est malade qu'il n'est pas venu.

Tous ces phénomènes prouvent simplement que la subordonnée, à la différence de la coordonnée, n'est qu'un SN dont elle peut occuper les différentes fonctions :

Pourquoi ne sortez-vous pas ? – à cause de la pluie.

Enfin, la subordination peut entraîner un fonctionnement particulier des modes et des temps (voir p. 57) qui n'existe ni avec la juxtaposition ni avec la coordination.

2.2. LES DIFFICULTÉS DE DISTINCTION

Bien souvent, le lien sémantique entre les propositions est le même dans différentes constructions, comme l'ont montré les exemples ci-dessus. Mais la distinction est surtout obscurcie par l'existence, à côté de relations claires d'indépendance ou de dépendance, de liens de solidarité, ou de **corrélation** entre propositions. Par exemple, dans les propositions consécutives :

Il est tellement fatigué qu'il s'endort sur place.

il est impossible de supprimer la deuxième proposition :

*Il est tellement fatigué.

Une telle unité ne serait possible qu'avec une valeur exclamative, ce qui, évidemment, change les conditions d'emploi. Dans deux propositions juxtaposées comme :

Plus il grandit, plus il est bête.

outre la solidarité sémantique entre elles, les deux *plus* sont liés au point que l'un appelle l'autre.

Un exemple particulièrement net de contradiction entre relation sémantique et relation formelle se rencontre dans ce que l'on a appelé la **subordination inverse**. Ainsi dans la phrase :

À peine arrive-t-il qu'il s'affale dans un fauteuil.

l'élément subordonné sur le plan sémantique est à *peine arrive-t-il*, comme le montre le fait que l'on pourrait avoir :

Dès qu'il arrive, il s'affale dans un fauteuil.

mais l'outil de subordination *que* précède l'autre proposition. On peut d'ailleurs se demander si *que*, en pareil cas, constitue bien une conjonction, et s'il ne vaudrait pas mieux en faire une sorte d'élément tampon, qui apparaît dans plusieurs autres emplois :

C'est une véritable plaie **que** travailler !

En réalité, la proposition introduite par *que* dans la dite subordination inverse n'est pas une subordonnée, puisqu'elle ne peut commuter avec un SN et n'a donc pas de fonction dans la phrase.

3. JUXTAPOSITION ET COORDINATION

On rapproche souvent la coordination et la juxtaposition, et l'on parle même parfois de coordination par juxtaposition. De fait, elles sont souvent associées, essentiellement dans les structures énumératives :

Voici des fruits, des fleurs, des feuilles et des branches (Verlaine).

On choisira pourtant ici de les séparer sur la base des trois arguments suivants : l'ordre des éléments juxtaposés est généralement interchangeable, du moins sur le plan syntaxique, alors que la proposition introduite par une conjonction a une place fixe. Les rapports sémantiques dans la juxtaposition sont implicites alors qu'ils sont explicites dans la coordination. Enfin, les deux propositions sont vraiment **indépendantes** dans la juxtaposition alors qu'elles ne le sont pas complètement dans la coordination puisqu'elles s'insèrent dans un ensemble où elles sont sur un pied d'égalité.

3.1. LA JUXTAPOSITION

Elle s'établit entre éléments semblables, propositions, mots ou groupes de mots ayant une même fonction par rapport au verbe ou à la phrase :

Il restera mardi, mercredi, jeudi.

et ayant normalement aussi la même nature :

*Il restera mardi, longtemps.
* ? Il veut partir, que tu l'accompagnes.

Elle suppose une pause transcrite à l'écrit par une virgule et une intonation particulière, montante sur le premier élément ou chacun des premiers, descendante sur le dernier.

L'ordre des éléments est en théorie interchangeable, bien que parfois, en particulier lorsque sont en jeu des relations de succession temporelle, qui peuvent s'associer à des relations de cause à effet, ce soit pratiquement impossible. Quant aux valeurs sémantiques, elles sont multiples : addition, opposition, conséquence, etc.

3.2. LA COORDINATION

Elle unit deux membres identiques dans un ensemble, à la différence de la juxtaposition qui ne crée pas un tout. Les membres liés ne sont donc pas tout à fait indépendants, mais plutôt solidaires de l'ensemble. Elle est marquée formellement par la présence en tête de la deuxième proposition d'un outil de jonction, qui reprend en même temps la proposition précédente. La coordination implique ainsi un lien de type anaphorique :

Il est malade mais il ne se soigne pas.

Le *mais* résume la proposition qui précède, *il est malade*, et introduit la mention du fait en opposition.

Traditionnellement, la liste des conjonctions de coordination se limite à *mais*, *ou*, *et*, *donc*, *ni*, *car*, *or*. On dit que les conjonctions ne sont pas mobiles et ne se combinent pas entre elles. Il faut alors en exclure *donc*, qui peut apparaître ailleurs qu'en tête :

Il était malade, il n'est donc pas venu.

et qui peut se combiner avec *et* :

Il était malade, et donc il n'est pas venu.

Il convient plutôt d'adopter une position souple et de définir les conjonctions de coordination comme des éléments n'ayant pas de rôle par rapport au verbe ou à tout autre élément de la phrase, à la différence des adverbes (voir p. 174), impliquant la présence d'une unité antérieure et servant d'éléments de jonction. On peut donc y intégrer *puis*, *ensuite*, *pourtant*, *cependant*, *toutefois*, *enfin*, etc., l'hésitation étant possible pour plusieurs termes.

En ce qui concerne sa valeur logique, la coordination s'inscrit entre les deux pôles offerts par la juxtaposition et la subordination. Dans certains cas en effet, par exemple dans l'énumération, elle n'est rien d'autre qu'une juxtaposition agrémentée d'un élément de jonction et l'on pourra avoir :

asyndète : Il s'est levé, il s'est habillé, il a bu son café.
coordination ordinaire : Il s'est levé, il s'est habillé et il a bu son café.
polysyndète : Il s'est levé **et** il s'est habillé **et** il a bu son café.

Dans d'autres cas, par exemple lorsqu'elle exprime la causalité ou la conséquence, elle traduit des liens logiques particuliers, que l'on retrouve avec certaines subordonnées.

Sur le plan sémantique, elle peut exprimer **l'addition** :

Il est bête et il est méchant.

et cette forme particulière d'addition qu'est la succession :

Il est venu et il est reparti aussitôt.

Dans le dialogue, *et* est souvent utilisé pour indiquer l'addition ou la succession non pas de procès relatés dans l'énoncé, mais d'actes d'énonciation. Il est alors paraphrasable par *je dirai même plus*, en particulier dans l'enchaînement de répliques du dialogue :

X : Un petit verre de temps en temps, ça ne fait pas de mal !
Y : Et ça chasse les idées noires !

Ici, *et* sert à la fois à ajouter les procès relatés (*ne pas faire de mal* et *chasser les idées noires*) et les énonciations successives *(tu as dit cela, moi j'ajouterai que…)*.

Ensuite et *puis* entrent dans cette première catégorie et indiquent essentiellement la succession.

Mais, *pourtant*, *cependant*, *toutefois*, etc., marquent un rapport d'**opposition** :

Il a travaillé mais il n'a pas réussi.

La coordination peut indiquer la **cause**, avec *car*, la **conséquence** avec *par conséquent*, *donc*… Elle peut marquer une étape dans un raisonnement avec *or*. Enfin, elle peut marquer l'**alternative** avec *ou*, qui a deux sens, *ou* inclusif (l'un ou l'autre ou les deux) paraphrasable par *et/ou* :

Il mange de la viande ou du poisson.

et exclusif (l'un ou l'autre, mais pas les deux) :

Au menu, il faut choisir entre la viande ou le poisson.

Ou s'utilise dans un contexte positif. Dans un contexte négatif, c'est *ni* qui est utilisé :

Il ne sourit ni ne rit jamais.

Ni suppose la présence d'éléments communs dans les deux propositions, ce qui explique qu'il s'accompagne souvent d'ellipses, comme celle du sujet dans l'exemple précédent ou du verbe dans celui-ci :

Il n'est pas venu, ni non plus Marie.

Ajoutons que la coordination, surtout avec *et*, peut, sur le plan stylistique, avoir une valeur **rythmique** :

Au loin, des bestiaux marchaient, on n'entendait ni leurs pas, ni leurs mugissements ; **et** la cloche, sonnant toujours, continuait dans les airs sa lamentation pacifique. (Flaubert)

Dans ce dernier exemple, le *et* constitue ce que l'on peut appeler un *et* de relance rythmique.

4. LA SUBORDINATION

4.1. DÉFINITION ET TYPOLOGIE

La subordination est définie traditionnellement comme la **relation d'une proposition non autonome à une proposition principale**. Ce n'est pourtant pas cela qui est essentiel, d'autant que la subordonnée est parfois essentielle à la proposition principale, comme lorsqu'elle est sujet ou complément d'objet de son verbe :

Qu'il pleuve ferait du bien à la terre.
J'aimerais bien qu'il pleuve.

En réalité, la subordonnée fait le plus souvent partie intégrante de la principale. Ce qui définit fondamentalement la subordination, à la différence des autres modes de construction de la phrase complexe, c'est le fait qu'une proposition est transformée en SN par un outil translateur qui la nominalise, si bien qu'elle peut alors occuper toutes les fonctions d'un GN. Le translateur le plus répandu est *que*, seul, ou dans une locution, *tandis que*, *dès que*, mais on rencontre d'autres unités où il est intégré, comme *quoique*, ou d'autres encore où il n'apparaît pas, telles que *quand* ou *comme* au sens temporel :

Comme le soleil se couche, le vent tombe.

Certaines propositions sont transformées en adjectifs par un pronom qui joue également le rôle de translateur. C'est ainsi que les propositions relatives sont des expansions du nom au même titre que les adjectifs, dont elles ont la construction, généralement épithètes :

Jeanne porte un manteau { gris.
qui a des boutons dorés.

Cette définition de la subordination exclut de la liste des propositions subordonnées les infinitives et les participiales, qui, appartenant déjà à la catégorie du nom (ou de l'adjectif pour le participe) n'ont pas besoin d'être transformées en SN (ou en adjectif). D'ailleurs, n'étant pas centrés autour d'un verbe à un mode personnel, ces groupes ne méritent même pas d'être appelés propositions et sont des compléments du verbe ou de la phrase d'un type particulier (voir exercice nº 9).

Les subordonnées, enfin, n'étant plus véritablement des propositions, ne sont plus soumises aux éventuelles modalités de la phrase, suspendues par la nominalisation ou la transformation en adjectif.

Plusieurs classements des subordonnées peuvent être proposés, selon leur fonction ou leur construction par rapport à tel ou tel élément de la principale, selon le terme introducteur, ou selon leur sens. Aucun n'est entièrement satisfaisant. On adoptera un classement mixte, évidemment discutable, et on distinguera :

– les propositions conjonctives, introduites par une conjonction (ou une locution conjonctive), c'est-à-dire par **un élément invariable qui n'a aucune fonction dans la proposition subordonnée** (alors que la proposition subordonnée a, elle, une fonction dans la phrase).

On distingue les conjonctives pures et les conjonctives circonstancielles : elles s'opposent selon la fonction qu'elles ont dans la phrase. Les premières ont généralement une fonction par rapport au verbe (sujet ou CV), les secondes par rapport à la phrase (CP). Il s'agit là d'une distinction analogue à celle qui existe pour les GN (voir p. 140) avec lesquels les propositions conjonctives commutent le plus souvent.

▲ Avec les conjonctives pures, ou **complétives**, la conjonction introductrice n'a pas de sens. Les conjonctives pures occupent par rapport au verbe les fonctions sujets, compléments ou attributs :

Que tu réussisses est mon vœu le plus cher.
Je voudrais que tu réussisses
L'essentiel est que tu réussisses.

Elles peuvent aussi se construire avec un substantif ou un adjectif :

L'affirmation que la terre est ronde a longtemps été contestée.
Galilée était sûr que la terre est ronde.

Les verbes, substantifs et adjectifs qui se construisent avec une conjonctive pure sont dits **opérateurs**. Un opérateur se définit par sa possibilité de se combiner avec une proposition et parfois avec un infinitif :

Je souhaite { son départ. / qu'il parte. / partir.

▲ Les **conjonctives circonstancielles** ou **adverbiales** sont compléments de phrase :

Dans ces conditions, / Puisqu'il en est ainsi, { je souhaite son départ.

Outre son rôle de translateur, la conjonction ou locution conjonctive a ici un sens plein qui permet d'opposer les circonstancielles de temps, de concession, de but…

– les propositions interrogatives indirectes, qui représentent un cas particulier de complétives, dont les unes commencent par *si* et sont des conjonctives pures, et dont les autres sont introduites par un **pronom**, **déterminant** ou **adverbe interrogatif** à la manière des relatives. Toutefois elles ne sont pas liées à un substantif, mais partagent avec les conjonctives pures le fait d'être généralement compléments du verbe :

je te demande **qui** est venu.
si tu viendras.

– les propositions relatives qui ne sont pas introduites par une conjonction, mais par un **pronom** ou un **déterminant relatif**, et s'articulent généralement non pas sur un verbe mais, à la manière d'un adjectif, sur un substantif dont le relatif est anaphorique. De plus, le relatif a une fonction dans la proposition qu'il introduit, sujet dans l'exemple suivant :

L'homme **qui** est venu portait un chapeau de feutre.

On trouvera dans le tableau suivant la liste des traits impliqués pour l'analyse de chacun de ces types de subordonnées, ce qui permettra de faire apparaître la diversité des classements que l'on peut en proposer, ainsi que celle de la terminologie utilisée :

	Terme introducteur		Proposition	
	nature	fonction	fonction	autre nom
conjonctives	conjonction	nulle	CV attribut sujet	{ complétives conj. pures
			CP	{ circonstancielles adverbiales
int. indirectes	conjonction	nulle		
	pronom	oui	CV	{ complétives
	déterminant	oui	attribut	
	adverbe	oui	sujet	
relatives	Pronom déterminant	oui oui	Adjectivales (le plus souvent épithètes)	{ propositions adjectives

On examinera successivement chacune de ces propositions.

4.2. LES CONJONCTIVES

▲ Les conjonctives pures ou complétives

Elles sont introduites par la conjonction *que*, qui, comme toutes les conjonctions, n'a évidemment aucune fonction grammaticale dans la subordonnée, mais qui, de surcroît, n'a aucune valeur sémantique. Elle a comme seul rôle de transformer une proposition en SN appelé proposition subordonnée. Comme leur fonction la plus fréquente est d'être complément :

Je pense qu'il viendra.

on les appelle souvent propositions complétives, bien qu'elles puissent avoir d'autres fonctions, comme la fonction sujet :

Qu'il vienne maintenant ne me conviendrait guère.

ou attribut :

L'important est qu'il a réussi.

Lorsque la complétive doit suivre une préposition, comme avec les verbes *tenir à* ou *déduire de*, *que* est précédé de *ce*, qui n'a aucune valeur : on a affaire à une distribution complémentaire où *que* est non précédé de préposition, et *ce que* précédé de préposition :

je tiens **à ce qu'**il vienne

vs

je veux **qu'**il vienne.

Les complétives peuvent aussi compléter un substantif :

Je formule le vœu que cette année vous soit prospère.

ou un adjectif :

Il est hostile à ce que nous prenions une telle décision.

Les modes sont l'indicatif et le subjonctif, selon le sens de l'élément dont dépend la complétive.

Deux problèmes doivent être soulevés à propos des complétives. Le premier concerne leur **rapport avec les compléments GN du verbe**. On observe en effet généralement un parallélisme de construction :

Je veux ce livre.
Je veux que tu me prêtes ce livre.

ce qui se traduit par le fait que la pronominalisation est la même :

Je **le** veux.

Mais parfois, la construction peut différer :

Je songe à l'avenir.
Je songe que l'avenir est plein d'incertitudes.

Or, la pronominalisation du GN et celle de la complétive continuent à être identiques :

J'y songe.

Rien ne permet d'expliquer cette disparition de la préposition devant la complétive.

L'autre problème concerne **la relation entre les complétives et la construction avec infinitif** :

Je te promets { que je partirai.
de partir.

l'infinitif étant un type particulier de complément. On peut observer tantôt l'absence d'une construction infinitive :

j'annonce { que je partirai
*partir

tantôt, au contraire, sa présence :

je promets { que je partirai
de partir.

Deux cas sont alors à distinguer, selon que l'agent de l'infinitif est le même ou non que le sujet du verbe principal :

Je veux partir.
vs
Je te demande de partir.

Il peut enfin arriver que l'infinitif soit seul possible, et que la complétive n'apparaisse pas. C'est ce qui se produit avec des verbes opérateurs que l'on appelle **modaux-aspectuels** et qui sont les seuls à pouvoir se combiner avec un unipersonnel : *il doit pleuvoir*. Ils expriment soit un aspect de l'action, *commencer à courir*, soit une de ses modalités, *devoir travailler* :

Il doit partir.
*Il doit qu'il parte.

Il faut faire une dernière remarque, c'est que l'infinitif, en particulier lorsqu'il est sujet ou attribut, est souvent précédé de *de* (parfois même de *que de*) qui ne constitue pas vraiment une préposition, puisqu'il n'est pas lié à l'élément qui commande l'infinitif, mais seulement un élément tampon :

Je promets **de** partir	Je promets que je partirai
C'est agréable (**que**) **de** partir	C'est agréable que nous partions

▲ **Les conjonctives circonstancielles ou adverbiales**

Elles jouent généralement le rôle de complément de phrase, ce qui se marque par le fait qu'elles sont mobiles, à la différence des coordonnées de sens voisin :

{ Je ne sors pas quand il pleut.
Quand il pleut, je ne sors pas.

{ Je ne viendrai pas s'il pleut.
S'il pleut, je ne viendrai pas.

et peuvent être supprimées sans attenter à la cohérence syntaxique de la phrase, à la différence des complétives :

Je te demande s'il pleut.
*Je te demande.
vs
Je ne viendrai pas s'il pleut.
Je ne viendrai pas.

Les éléments qui les introduisent sont invariables et n'ont pas de fonction dans la subordonnée. Ce sont des translateurs comme *que*, qui ont, de surcroît, une valeur sémantique. Les uns sont spécifiques, comme *lorsque*, *bien que*, les autres apparaissent pour introduire d'autres types de subordonnées, comme *si*. À la différence de *que*, ces conjonctions offrent une valeur sémantique : temps, concession, hypothèse, etc. Certaines sont simples : *si*, *quand*..., d'autres, et c'est la majorité, sont composées d'un élément porteur du sens et de *que*, intégré ou non dans la conjonction : *lorsque*, *quoique*, *bien que*, etc. Lorsque *que* n'est pas intégré, on parle de **locution conjonctive**.

On distingue plusieurs types de conjonctives circonstancielles sur la base de la conjonction (ou de la locution conjonctive) qui les introduit et de leur valeur sémantique qui conduit à regrouper plusieurs conjonctions. Cette valeur sémantique étant susceptible de plus ou moins de nuances, la liste des circonstancielles et la terminologie sont aussi variables que celles des compléments circonstanciels substantivaux. Celles qui sont retenues ici n'ont donc aucune valeur absolue.

a. Les temporelles : elles sont introduites par une conjonction simple, *quand*, par des adverbes suivis de *que*, *alors que*, par des prépositions suivies par *que*, *dès que*, *avant que* (ces prépositions introduisent alors en fait toute la conjonctive qui peut commuter avec un GN) :

Il s'en va dès { que l'aube pointe.
l'aube.

Ces conjonctions ou locutions marquent la simultanéité (*quand*, *lorsque*, *dès que*, *aussitôt*, etc.), l'antériorité (*avant que*) ou la postériorité (*après que*).

Le mode verbal est généralement l'indicatif sauf dans les propositions qui marquent l'antériorité et où l'événement est donc seulement envisagé. L'analogie entraîne cependant le subjonctif avec *après que*, anciennement suivi de l'indicatif :

Il s'est arrêté de pleurnicher après que nous lui avons cédé.

ce qui est un pur emploi syntaxique, non conforme à la valeur du subjonctif, puisque le fait a été dûment constaté :

Il s'est arrêté de pleurnicher après que nous lui ayons cédé.

b. Les causales : elles sont introduites par *parce que*, *puisque*, *comme* (qui est aussi une conjonction temporelle) pour proposer une cause, *non que*, *sous prétexte que* pour en repousser une, et *soit que... soit que*, pour présenter une alternative. La répartition entre l'indicatif et le subjonctif est ici conforme à la valeur des modes, puisque l'indicatif insiste sur la réalité d'une cause, et le subjonctif sur sa fausseté ou son incertitude :

Il n'est pas venu, non qu'il soit malade, mais parce qu'il est paresseux.

c. Les finales : elles sont introduites par *pour que*, *afin que*, *de manière (à ce) que*, *de peur que*, qui équivaut à *pour que ne pas*. Le mode est très normalement le subjonctif, qui a ici sa valeur modale de volonté :

Il m'a téléphoné, pour que je lui rende ses livres.

Il ne m'a pas téléphoné, de peur que je (ne) lui réclame ses livres.

d. Les concessives : elles sont introduites par *bien que*, *quoique*, *sans que*, *même si*, *quand bien même*, et expriment une réserve (voir exercice n° 11). Avec les trois premières, le mode est le subjonctif, bien qu'il soit parfois incompatible avec le fait que l'événement soit bien réel. L'indicatif tend donc à se répandre avec *bien que* et *quoique* pour indiquer en particulier un futur :

Il n'en parlera plus, bien qu'il y pensera toujours.

Avec *même si ou quand bien même*, c'est l'indicatif qui est généralement employé :

Même s'il le voulait, il n'y arriverait pas.
Il n'y arriverait pas, quand bien même il le voudrait.

et les temps utilisés avec *même si* sont ceux que l'on utilise dans les hypothétiques.

e. Les hypothétiques : elles sont essentiellement introduites par *si*, bien que *quand* (qui exprime en même temps une réserve) puisse être utilisé, et que l'on rencontre également *à condition que*, suivi du subjonctif. L'emploi des modes et des temps dans les systèmes conditionnels, autant dans la subordonnée que dans la principale, demande quelques précisions supplémentaires.

Dans ce type de subordination, principale et subordonnée sont parallèles, et constituent un système, si bien que l'on pourrait se demander si l'on n'a pas plutôt affaire à une corrélation (voir p. 73). Le fait que les hypothétiques puissent commuter avec un GN qui occupe une fonction dans la phrase fait toutefois plutôt adopter l'hypothèse de la subordination :

S'il pleut, je ne sortirai pas
En cas de pluie, je ne sortirai pas.

Il faut distinguer plusieurs cas, la seule constante étant que l'emploi du futur et du conditionnel est proscrit après *si* :

1. *si* est suivi du présent de l'indicatif :
La principale peut prendre les formes suivantes :

indicatif présent : Si tu parles, tu es un homme mort.
indicatif futur : Si tu parles, tu mourras.
impératif : Si tu parles, subis-en les conséquences.

Ajoutons que l'on peut dans ce système trouver après *si* un passé composé qui est la forme composée corrélative du présent (voir p. 111) :

Si votre signature n'a pas été légalisée, l'attestation n'est pas valable.

Dans tous les cas, la conditionnelle envisage les faits dans leur réalité.

2. *si* est suivi de l'imparfait de l'indicatif :

La principale présente un conditionnel dont on sait que, morphologiquement, il présente un morphème d'imparfait (voir t. 1, chap. 2) si bien qu'il y a une concordance entre les morphèmes flexionnels des verbes de la principale et de la subordonnée :

Si la pluie s'arrêtait, nous sortirions.

Les faits rapportés, en raison de la valeur modale de l'imparfait et du conditionnel, paraissent plus incertains qu'avec le système présent/futur. En l'absence de contexte, il est impossible de savoir si l'on a affaire à une éventualité qui se réalisera ou si elle est exclue. Empruntant les catégories de la grammaire latine, on parle parfois de potentiel pour la première interprétation, d'irréel du présent dans la seconde, ce qui n'est pas justifié, car si le latin marque morphologiquement la différence, il n'en est pas de même en français, dont le système est indifférent à cette opposition, qui est simplement contextuelle.

On peut également rencontrer dans la principale un imparfait de l'indicatif, avec lequel la concordance est encore plus nette :

Si la pluie continuait, nous étions inondés.

et qui a pour conséquence de situer clairement cette fois l'éventualité dans le passé, et ainsi de l'écarter.

3. *si* est suivi du plus-que-parfait de l'indicatif :

On trouve encore une concordance avec la principale qui présente un conditionnel passé :

Si la pluie avait continué, nous aurions été inondés.

Les faits sont seulement envisagés, et la condition comme sa conséquence sont écartées.

Ces trois systèmes sont les plus fréquents. On rencontre plus rarement, dans la langue parlée, un système avec présent de l'indicatif dans les deux propositions :

Si la voiture avance, elle m'écrase.

pour évoquer non une éventualité future, mais une éventualité passée qui ne s'est pas réalisée. Le français standard dirait ici :

Si la voiture avait avancé, elle m'aurait écrasé.

Dans la langue soutenue, surtout écrite, on peut noter dans une des deux propositions ou dans les deux le subjonctif plus-que-parfait pour évoquer une éventualité non réalisée :

S'il eût vécu, il eût créé de grandes choses.
S'il avait vécu, il eût créé de grandes choses.
S'il eût vécu, il aurait créé de grandes choses.

À côté de ces propositions avec *si*, on peut rencontrer d'autres outils, comme *au cas où*, *pour le cas où*, *à supposer que*, *en supposant que*, *pour peu que*, *pourvu que*, *à condition que*. La liaison entre les deux propositions n'est alors pas aussi forte qu'avec *si*. Les modes et les temps varient selon l'outil utilisé. Avec *au cas où* et ses variantes, *dans l'hypothèse où*, c'est l'indicatif conditionnel avec sa valeur modale d'éventualité qui apparaît :

Dans l'hypothèse où vous changeriez d'avis, faites-le moi savoir.

Au contraire avec les locutions qui comportent *que*, c'est généralement le subjonctif qui est employé avec sa valeur d'éventualité ou de souhait :

Tout ira bien pourvu que vous soyez prudents.

On constate donc l'absence de correspondance stricte entre modalités et modes.

Certains termes servent à introduire une alternative, *selon que… ou selon que…*, *soit que… soit que…*, *que… ou que…* C'est le subjonctif qui est employé :

Qu'il ait raison ou qu'il ait tort, il s'obstine.

sauf avec *selon que* et *suivant que*, où les temps de l'indicatif sont en accord avec le temps principal :

Suivant qu'il arrivera lundi ou dimanche, nous fixerons notre départ au mardi ou au mercredi.

Enfin, lorsque l'on veut indiquer à la fois l'hypothèse et l'opposition, c'est *quand*, *même quand*, *quand bien même* suivis du conditionnel ou *même si*, suivi des mêmes modes et temps que *si*, qui sont utilisés :

Même s'il ne vient pas, nous ne changerons pas nos projets.
Quand bien même il ne viendrait pas, nous ne changerions pas nos projets.

4.3. LES INTERROGATIVES INDIRECTES

Elles doivent être regroupées pour leur unité sémantique et leur identité de fonction (ce sont des compléments du verbe, plus rarement des sujets), bien qu'elles appartiennent à deux catégories différentes en ce qui concerne les éléments qui les introduisent : les unes sont des conjonctives introduites par la conjonction *si*, et l'interrogation est alors **totale**, les autres sont introduites par un pronom, déterminant ou adverbe, qui joue un rôle dans la proposition, si bien que l'interrogation, portant sur ce seul élément est **partielle** :

totale : Je te demande si tu viendras. / – Oui.
partielle : Je te demande quand tu viendras. / – Demain.
Je te demande qui viendra. / – Jacques.

En réalité, la terminologie d'interrogative indirecte est trompeuse, puisque les subordonnées, on l'a dit, ne peuvent indiquer une modalité de phrase. Elles ne se marquent par aucune intonation particulière dans l'oral ni par un point d'interrogation dans l'écrit. C'est avant tout le verbe dont elles sont compléments – dans les deux exemples précédents *demander* – qui peut indiquer une demande d'information. Et de fait, avec un verbe principal exprimant une certitude :

Je sais si tu viendras.
Je sais quand tu viendras.

la proposition subordonnée, qui ne saurait indiquer une interrogation, est exactement de même nature que celle qui suit *demander*. Dans les deux cas, il s'agit de complétives.

▲ Les éléments introducteurs

Dans l'interrogation totale, la seule conjonction utilisée est *si*.

Pour les interrogations partielles, les termes interrogatifs employés sont les mêmes que ceux de l'interrogation directe (voir p. 42) à l'exception des formes *ce qui* et *ce que*, en réalité formes de relatifs avec antécédent *ce*, utilisées respectivement pour renvoyer à l'inanimé sujet et objet au lieu de *que* :

Que se passe-t-il ? Je te demande ce qui se passe.
Que veux-tu ? Je te demande ce que tu veux.

Ce dont est employé en concurrence avec *de quoi* :

Précise-moi de quoi tu as besoin.
Précise-moi ce dont tu as besoin.

et *ce à quoi* avec *à quoi* :

Dis-moi ce à quoi tu penses.
Dis-moi à quoi tu penses.

Les interrogatives indirectes introduites par des pronoms ne se distinguent donc pas toujours des relatives sans antécédent ou de celles dont l'antécédent est *ce*. C'est alors le sens du verbe introducteur qui permet généralement de décider à quel type de proposition on a affaire :

Demande-lui ce qu'il a fait aujourd'hui (interrogative indirecte)
vs
Admire ce qu'il a fait aujourd'hui (relative).

ainsi que la commutation possible ou non avec une interrogative totale introduite par *si* :

Demande-lui si le film était bien.
*Admire si le film était bien.

▲ Construction et fonction des interrogatives indirectes

Contrairement à ce qui se passe dans certaines interrogatives directes (voir p. 41), mais conformément à l'usage dans toutes les subordonnées, on ne trouve pas dans les interrogatives indirectes d'inversion du sujet :

Où vas-tu ? *vs* Je te demande où tu vas.

L'inversion n'apparaît qu'avec un pronom interrogatif attribut lorsque le sujet est un GN :

Je me demande qui est ce garçon.
vs
Je me demande qui il est.

Les interrogatives indirectes sont le plus souvent compléments, mais peuvent également s'employer comme sujets :

S'il doit ou non partir a fait l'objet d'une discussion.

Enfin, en ce qui concerne les modes, temps et pronoms, on observe les mêmes différences avec l'interrogation directe que dans toute autre proposition du discours indirect (voir p. 70) :

Il me demanda : « Qu'as-tu lu ? »
Il me demanda ce que j'avais lu.

À côté des interrogatives indirectes, on peut faire une place aux exclamatives indirectes :

Je suis remplie d'admiration : comme elle est sage !
J'admire comme elle est sage.

4.4. LES RELATIVES

Elles partagent avec les interrogatives indirectes partielles le fait qu'elles ne sont pas introduites par une conjonction, mais par un élément, pronom, ou déterminant, qui a une fonction ou un rôle dans la proposition qu'il introduit. De plus, elles sont généralement liées à un groupe nominal de la proposition principale, dit **antécédent** du relatif. Le relatif, qui le reprend, est un **anaphorique** :

La vie qu'il mène est sans intérêt.

Le pronom relatif cumule ainsi plusieurs valeurs : 1. comme *que*, c'est un translateur, qui transforme une proposition, cette fois en adjectif; 2. c'est un anaphorique; 3. il a une fonction syntaxique dans la proposition translatée. Ce cumul de rôles explique les difficultés rencontrées dans son emploi par certains locuteurs.

▲ **Les éléments introducteurs**

– **Les pronoms** : Comme les interrogatifs, ils comprennent une série simple, *qui*, *que*, *quoi*, *dont*, *où* et une série complexe, formée sur *lequel*.

a. Les formes qui comportent l'élément *qu–* : plusieurs principes de répartition interviennent. Lorsque le relatif est précédé d'un antécédent, le critère le plus important est celui de la **fonction** et l'on doit distinguer les pronoms sujets, *qui*, ou *lequel*, compléments directs ou attributs, *que* ou *lequel* et compléments prépositionnels. Dans ce dernier cas, il faut prendre en considération deux autres critères, et d'abord la distinction entre antécédent **animé** et **inanimé**. Pour un antécédent animé, on a le choix entre *qui* et *lequel* :

> Jacques est un garçon sur qui on peut compter.
> Jacques est un garçon sur lequel on peut compter.

Pour un inanimé, il faut de plus distinguer les antécédents **sans marque de nombre et de genre** pour lesquels *quoi* intervient nécessairement :

> Voilà ce sur quoi je compte.
> Il n'a rien à quoi se raccrocher.

et les autres antécédents inanimés, pour lesquels *quoi* apparaît comme un archaïsme et qui demandent *lequel* :

> La chaise sur laquelle il est assis est branlante.

La distinction entre les formes simples et composées est alors automatique et n'est pas liée à l'interprétation et à la relation de l'ensemble de la relative à l'antécédent.

Il n'en va pas de même pour les fonctions sujet et objet direct. *Qui* et *que* sont dans tous les cas possibles alors que *lequel* ne l'est que dans une relative détachée de l'antécédent par une pause (une virgule dans l'écrit) :

> J'ai écrit aux amis qui m'avaient envoyé leurs vœux.
> J'ai écrit à Jeanne, laquelle m'avait envoyé ses vœux.

Lorsqu'il est possible, *lequel* est employé (sans qu'il soit obligatoire) de préférence à *qui* dans la langue littéraire pour lever une ambiguïté lorsqu'on peut hésiter entre deux antécédents :

> Le fils de la voisine, laquelle est malade, est très inquiet.

soit encore pour indiquer le nombre après *entre* et *parmi*.

Lorsqu'il s'agit d'un **relatif sans antécédent**, ce sont obligatoirement les formes simples qui sont utilisées, avec la même répartition que celle des pronoms interrogatifs (voir p. 42), c'est-à-dire *qui* pour toutes les fonctions de l'animé :

Qui m'aime me suive.
J'interroge qui je veux.

et que pour l'inanimé non prépositionnel. Mais ces derniers emplois sont rarissimes :

Advienne que pourra !

sauf comme complément d'infinitif :

Je n'ai que faire de vos excuses.

Enfin *quoi* est utilisé pour l'inanimé prépositionnel :

J'ai de quoi m'occuper.

Il faut noter l'existence d'un pronom **relatif indéfini**, *quiconque*, qui ne s'utilise que comme sujet animé dans une relative sans antécédent :

Je répondrai à quiconque joindra une enveloppe timbrée.

On remarque enfin des emplois où apparaît un *que* difficile à analyser :

Le jour que les poules auront des dents est encore loin.
C'est à lui que je pense.

Il alterne avec d'autres formes plus claires :

Le jour où les poules auront des dents est encore loin.
C'est lui à qui je pense.

On peut convenir de l'appeler **relatif étendu**.

b. dont : ce relatif s'emploie souvent à la place de *de + relatif* et ce, quelle que soit la fonction de ce groupe, complément de verbe, de substantif ou d'adjectif :

Il s'est offert le voyage dont il rêvait depuis toujours.
Voici la voisine dont il dénonce le bruit.
Je vais vous relater les attaques dont il a été victime.

Dont ne peut être rappelé dans la relative ni par un pronom personnel ni par un déterminant possessif, et des phrases comme :

*Il a épousé une femme **dont** il déteste **sa** façon de s'habiller.

sont à proscrire. Enfin, *dont* est exclu lorsqu'il devrait compléter un complément prépositionnel. On ne dira pas :

*Je redoute une intrigue dont je ne suis pas dans le secret.

mais :

Je redoute une intrigue dans le secret de laquelle je ne suis pas.

c. où : dans la langue classique, *où* s'employait même pour renvoyer à un animé :

ce fils où je place toutes mes espérances.

Actuellement, il n'est possible qu'avec un antécédent inanimé complément de lieu :

Je ne connais pas la ville où il habite *vs* la ville à laquelle il pense.

ou de temps : *au moment où* en alternance avec *au moment que*. Il peut être précédé d'une préposition :

l'endroit d'où je reviens.

On peut ainsi dresser le tableau suivant :

	fonction			antécédent	animé	inanimé
	sujet	comp.	prép. comp.			
qui	+			+	+	+
			+	+	+	–
	+	+	+	–	+	–
que		+		+	+	+
	+	+		–	–	+
quoi	–	–	+	+/–	–	+ (neutre)
lequel	+	+	+	+	+	+
dont	–	–	de	+	+	+
où	–	–	lieu (temps)	+/–	–	+

– Les déterminants : Il s'agit de *lequel*, morphologiquement composé de deux autres déterminants, *le* et *quel*. Il ne s'emploie guère que dans la langue juridique ou littéraire :

Le non-respect de la priorité, laquelle infraction sera sévèrement punie…

ou pour lever une ambiguïté :

Le fils de la voisine, laquelle voisine était absente, m'a apporté le courrier.

▲ **Fonctionnement des propositions relatives**

On distingue parmi les propositions relatives celles qui fonctionnent à la manière d'un adjectif et qu'on peut appeler **relatives adjectives**, et celles qui, n'ayant pas d'antécédent, fonctionnent comme des substantifs et que l'on peut appeler **relatives substantives**.

Les relatives adjectives sont les plus fréquentes. Elles ont avec l'antécédent la même relation qu'un adjectif avec un substantif (voir p. 163) :
épithète (liée) :

Tu vois l'enfant qui porte un cache-nez rouge ?

apposition (épithète détachée) :

L'enfant, qui porte un cache-nez rouge, n'attrapera pas froid.

attribut :

Je vois l'enfant qui court.

En fait, cette dernière phrase est ambiguë car elle peut signifier aussi bien, avec relative épithète : *je vois celui des enfants qui court*, que, avec relative attribut : *je vois courir l'enfant*. Dans le premier cas, la pronominalisation conduit à :

Je le vois.

et dans le second, à :

Je le vois qui court.

On distingue souvent par ailleurs les **relatives déterminatives** et les **relatives explicatives**. Les premières permettent de préciser ou d'identifier les éléments visés dans un groupe alors que les secondes apportent seulement une caractérisation à des éléments déjà identifiés. On opposera ainsi :

Les enfants qui portent un cache-nez n'attraperont pas froid.

(tous dans le groupe n'en portent pas si bien que certains attraperont froid) à :

Les enfants, qui portent un cache-nez, n'attraperont pas froid.

(aucun enfant n'attrapera froid, puisqu'ils portent tous un cache-nez). Cette distinction recoupe partiellement la distinction entre les épithètes, souvent déterminatives, et les appositives, toujours explicatives.

Malheureusement, un certain nombre d'épithètes sont également explicatives. Il faut alors recourir à d'autres critères que la présence d'une pause ou d'une ponctuation, comme la possibilité pour les explicatives d'être supprimées ou remplacées par une coordination :

Les enfants qui jouaient dans l'eau ont attrapé froid.
Les enfants ont attrapé froid car ils jouaient dans l'eau.

Le problème est qu'en réalité, avec une relative épithète, un grand nombre de cas ambigus existe, et que pour savoir si le test de la coordination s'applique il faut déjà avoir déterminé à quel type de relative on a affaire.

De surcroît, ces questions d'interprétation ne concernent pas seulement les relatives, mais aussi l'adjectif. Si l'on dit :

Les enfants malades ne sortiront pas.

s'agit-il de tous les enfants, qui sont malades et demandent à être soignés, ou, parmi les enfants, seulement de ceux qui sont malades ? Au contraire, avec l'apposition :

Les enfants, malades, ne sortiront pas.

aucune hésitation n'est possible : il s'agit de tous les enfants. Dans tous les cas, l'interprétation dépend en fait du GN. Avec un nom propre, seules l'apposition et l'interprétation explicative sont possibles ; avec un nom commun, il faut prendre en considération le déterminant de N. Avec *tout*, par exemple, seule l'interprétation déterminative est possible :

Toute parole qui s'élèverait serait mal accueillie.
Toute parole un peu vive serait mal accueillie.

Avec les articles, les deux le sont. Ces difficultés d'interprétation, ainsi que l'absence de spécificité de ces deux fonctionnements qui ne concernent pas seulement les relatives, font que l'on peut en faire l'économie et s'en tenir à la distinction des relatives épithètes, appositions et attributs.

Les relatives substantives sont formellement proches des interrogatives indirectes avec lesquelles elles partagent le fonctionnement des éléments relatifs :

Embrassez **qui** vous voulez. Dites-moi **qui** vous voulez.
vs
Embrassez ceux **que** vous voulez.

Ces relatives peuvent être :

sujet : Qui m'aime me suive.
objet : Il aime qui lui résiste.
attribut : Ce sera qui vous voulez.
complément prépositionnel : Pensez à qui vous voulez.
complément circonstanciel : Promenez-vous où vous voulez.

On ne considérera pas comme relative sans antécédent les relatives en *ce* (*celui*, *celle*) *qui* (*que*, etc.) où la forme et le fonctionnement du relatif sont les mêmes qu'après n'importe quel autre antécédent, même si le démonstratif n'est qu'une marque syntaxique à laquelle il est difficile d'attribuer un sens. Il convient en effet dans l'analyse de bien séparer les niveaux morphosyntaxique et sémantique : *ce* (*celui*, *celle*), sur le plan syntaxique, est un antécédent comme un autre.

Enfin, en ce qui concerne les modes, c'est généralement l'indicatif qui est utilisé, sauf après un antécédent indéterminé ou qui marque l'exception :

Il n'y a que Jean qui sache aussi bien la calmer.
Connaissez-vous quelqu'un qui puisse s'occuper du jardin ?

4.5. LE DISCOURS RAPPORTÉ

Un cas particulier de subordination est offert par le **discours rapporté**. Il s'agit de la façon dont les paroles d'autrui peuvent être citées par un autre locuteur :

Il m'a dit : « Comment vas-tu ? »
Il m'a demandé comment j'allais.

On distingue trois types de discours rapporté, dont l'un seulement implique la subordination. Ce sont le **discours direct**, sans subordination, le discours **indirect** avec subordination, et le **discours indirect libre** qui est un type mixte et qui sera envisagé dans l'exercice n° 15.

Le discours direct est censé rapporter fidèlement les paroles (pensées) d'autrui, ou de soi-même, lorsqu'elles ont été (ou seront) prononcées à un moment autre que celui de l'énonciation :

Je lui ai dit textuellement ceci : « Tu n'es qu'un crétin. »

Il est introduit par un verbe de parole (ou un substantif), comme *dire*, *demander*, *annoncer*, etc. Les paroles citées le sont après une pause, généralement marquée dans l'écrit par deux points. La présence des guillemets souligne le statut particulier des mots qu'ils encadrent. Il se produit en effet un phénomène tout à fait particulier dans ces citations directes, c'est que le repère énonciatif change en cours d'énoncé. Ainsi, dans :

Il m'a annoncé son mariage en ces termes : « Je me range. »

les pronoms de rang 1 désignent successivement l'énonciateur principal qui prend en charge l'ensemble de l'énoncé (*m'*) et l'énonciateur secondaire dont sont relatées les paroles (*je*). On a alors affaire à deux chronologies distinctes, définies à partir du présent constitué par chacune de ces énonciations successives. De même, c'est à partir de chacun de ces *je* que se met en place la répartition des pronoms :

Il m'a dit textuellement ceci : « Je ne veux plus te voir. »

si bien que celui qui disait *je* dans la première partie de l'énoncé est désigné par *te* dans la citation, et celui qui était désigné par *il* dit maintenant *je*. Le discours direct, plus que par la vivacité qu'on lui attribue généralement, est ainsi caractérisé par un souci d'authenticité, de fidélité aux paroles rapportées, même s'il ne s'agit là que d'une fiction. C'est donc un des rares cas, en dehors de l'autonymie (voir t. 1, chap. 3), où il est possible de mêler deux langues :

Il m'a dit : « I won't stand it. »

Il lui est également possible de rapporter des modalités, interrogations, ordres, exclamations et interjections :

Il m'a dit : « Sors »
Il m'a dit « Mince alors ! »

Le discours indirect rétablit une énonciation unique, en plaçant tout l'énoncé sous la responsabilité d'un seul énonciateur grâce à la subordination. Il se caractérise en effet par la présence d'un terme de parole, suivi de *que*, lorsqu'il s'agit d'une déclaration, de *si* ou d'un adverbe, pronom ou déterminant interrogatif, ou exclamatif, s'il s'agit d'une interrogative ou d'une exclamative. On a alors affaire à l'emploi de complétives dont la construction ne peut plus indiquer une modalité, laquelle sera marquée autrement, par exemple par le lexique :

Il m'a dit qu'il n'était plus sorti depuis plus d'une semaine.
Il m'a demandé si j'aimais Brahms.
Il m'a avoué combien il détestait les huîtres.
Il m'a dit que je devais sortir.

Par conséquent, tous les pronoms se définissent par rapport au seul *je* énonciateur, et c'est lui qui constitue le repère fondamental. L'événement auquel correspond le verbe de parole constitue le repère second par rapport auquel se situent les verbes de l'énoncé rapporté (voir p. 104). Pronoms, modes et temps sont donc différents de ceux du discours direct, comme on le voit dans les tableaux suivants :

Modes :

DD	DI
indicatif	indicatif
impératif	subjonctif ou infinitif

Temps :

verbe introducteur	DD	DI
présent	mêmes temps	
futur	mêmes temps	
temps du passé	présent	imparfait
	passé	plus-que-parfait
	futur	conditionnel

Pronoms :

sujet de dire	Pronom dans le discours rapporté	
	direct	**indirect**
je	je tu (= interlocuteur) tu (≠ interlocuteur) il (interlocuteur) il (≠ interlocuteur)	je tu il tu il
tu	je tu (= je énonciateur) tu (≠ je énonciateur) il (= je énonciateur) il (≠ je énonciateur)	tu je il je il
il	je tu (= je énonciateur) tu (= interlocuteur du je énonciateur) tu (≠ des deux) il (= je énonciateur) il (= interlocuteur du je énonciateur) il (≠ des deux)	il je tu il je tu il

Ainsi, on peut opposer :

> Tu lui as dit (en parlant de moi) : « Elle est complètement folle. »

et

> Tu lui as dit (en parlant de moi) que j'étais complètement folle.
> Il m'a dit (en parlant de toi) : « Il viendra demain. »

et

> Il m'a dit (en parlant de toi) que tu viendrais demain.

À ces différences formelles, on ajoutera une **différence d'emploi** : c'est que le discours indirect n'implique pas une fidélité totale aux paroles d'autrui, puisqu'il suppose une **modification** au moins de la forme de ces paroles, même si la signification est censée rester inchangée. Ainsi, les propos en langue étrangère devront être traduits :

> Il m'a dit en anglais qu'il ne le supporterait pas.

et les interjections sont impossibles : **Il m'a dit que mince alors.*

Là où le discours direct présente donc deux points de vue successifs, le discours indirect aligne tout dans l'unité d'un seul, responsable en définitive de l'interprétation et de l'éventuelle transposition des paroles rapportées.

5. LA CORRÉLATION

Dans la juxtaposition et la coordination, les deux propositions reliées sont sur un plan d'égalité, dans la subordination, l'une des deux, transformée en SN, a une fonction par rapport à l'autre. Dans la corrélation, les deux propositions sont interdépendantes, l'une n'est pas possible sur le plan syntaxique sans l'autre :

> Plus il grandit, plus il est bête.

Aucune des deux ne peut être supprimée. La difficulté d'analyse de la corrélation tient au fait qu'elle n'a pas de forme spécifique, puisqu'elle emprunte tantôt la construction d'une juxtaposition, comme dans l'exemple précédent, ou d'une coordination :

> Plus il grandit et plus il est bête.

tantôt celle d'une subordination :

> Il est si calme que ses parents s'inquiètent.

La corrélation est généralement repérable au fait qu'existent dans les deux propositions des éléments reliés. Ils peuvent être identiques, comme *plus*, ou différents, comme *si* et *que* dans le dernier exemple. On évoquera les cas principaux de corrélation.

a. Les consécutives : elles sont introduites par *de sorte que*, *de manière (à ce) que*, et sont généralement annoncées dans la principale par un élément corrélatif, *tellement*, *si*, *tel*, etc. :

> Il est d'une telle paresse qu'il ne téléphone même plus.

Cet élément est un intensif, **cataphorique** de la proposition corrélée. Il indique un mouvement sur une échelle de valeur en direction d'un terme fixé par cette proposition. Sur l'échelle de la paresse, il existe différents degrés qui correspondent à des comportements particuliers. L'un d'eux, particulièrement scandaleux, est le fait de ne plus téléphoner à ses proches.

Le mode dans les consécutives est tantôt l'indicatif, tantôt le subjonctif, selon que la conséquence est présentée comme effectivement réalisée, ou seulement envisagée :

> Il agit de manière à ce que personne n'est mécontenté.
>
> *vs*
>
> Il agit de manière à ce que personne ne soit mécontenté.

b. Les comparatives

On élargira l'examen de la corrélation comparative en envisageant l'**expression de la comparaison**.

La relation de comparaison s'exprime de façon implicite par la **juxtaposition** et la **coordination**, constituant ce que la rhétorique appelle **parallèle** :

La rose ne dure qu'un matin, (et) nous ne durons que l'espace d'une vie.

avec souvent ellipse du second verbe lorsqu'il serait identique au premier :

Le peuple a sa colère et le volcan sa lave (Hugo).

Elle est souvent explicitée par des éléments comme *ainsi*, *pareillement*, *de même*, où il est permis de voir des conjonctions de coordination :

La rose ne dure qu'un matin, ainsi nous ne durons que l'espace d'une vie.

Elle utilise fréquemment la corrélation. Cette corrélation a l'apparence d'une juxtaposition (coordination) avec pour éléments corrélatifs, *plus…*, *plus…*, *tel…*, *tel…*, etc. :

Plus il a tort, (et) plus il s'obstine.
Tel était le comportement du père, tel est le comportement du fils.

L'élément comparé apparaît dans la seconde proposition.

La corrélation peut également avoir l'apparence d'une subordination où l'élément comparé apparaît cette fois le premier. On peut alors distinguer deux types de systèmes :

– les systèmes en *que*, reprenant un comparatif dans la principale :

Le jardin est **plus** beau **qu'**il ne l'a jamais été.

avec ellipse des éléments identiques :

Notre jardin est plus beau que celui de Paul.

Faire accompagné d'un pronom est souvent utilisé pour reprendre un verbe d'action à un temps différent :

Il va plus souvent au cinéma maintenant qu'il ne **le faisait** autrefois.

– les systèmes en *comme*. *Comme* à lui seul porte le poids de la comparaison :

Il est sage comme une image.

Dans la mesure où aucun terme corrélatif n'apparaît dans la première proposition, qui peut exister seule, à la différence d'une comparative de sens identique telle que *Il est aussi sage qu'une image*, on pourrait voir dans ces constructions une véritable subordination. Néanmoins, de même que les autres corrélatives, la proposition en *comme* a une place fixe et il est difficile de lui attribuer une fonction. Elle constitue donc un cas particulier. L'ellipse y apparaît dans les conditions ordinaires.

6. LA PARENTHÈSE

Le cours de l'énoncé peut être interrompu par des propositions insérées aux frontières des groupes, sans outil syntaxique : elles ne se relient pas aux autres propositions et manifestent une rupture énonciative. Certains grammairiens les appellent insertions, sauf qu'on a déjà donné à ce terme une plus large extension, et désigné ainsi tout constituant flottant introduit dans l'énoncé, qu'il s'agisse d'une proposition, d'une apostrophe, d'une apposition ou d'un complément de phrase. On emploiera donc pour ce type d'insertion le terme de **parenthèse**. Certaines utilisent des verbes de parole, et elles accompagnent le discours rapporté :

> La fille entrouvrit les yeux et me regarda.
> – Oh ! soupira-t-elle, je rêve… (Henri Bosco, *L'Enfant et la rivière*)

On parle souvent en pareil cas d'**incises**. Les incises présentent une inversion du sujet, qu'il soit pronominal ou non : *Oh! soupira la fille, je rêve*. Sans inversion, en français populaire, on voit apparaître un *que*, qui n'est pas une conjonction, mais un simple élément tampon (voir p. 91) :

> Ça va ! que je lui fais !… Ça va ! On remettra ça demain ! (Céline, *Le Pont de Londres*)

D'autres parenthèses, que certains appellent incidentes, proposent des commentaires sur les événements relatés. On n'y relève pas de construction particulière, toute phrase, de la simple interjection à la phrase développée, pouvant s'insérer dans l'énoncé :

> En ce moment, je ne sais encore si c'est une réalité ou une illusion, je crus voir glisser sur la terrasse une forme svelte et blanche. (Théophile Gautier, *La Morte amoureuse*)

Le changement de tiroir verbal : présent dans le commentaire, passé simple dans le récit, montre bien le décalage énonciatif.

Dans tous les cas, incise ou non, la parenthèse est séparée par une pause initiale et une pause finale du reste de l'énoncé, ce que marquent à l'écrit les virgules, et souvent, en dehors des incises, des parenthèses typographiques ou des tirets.

ENTRAÎNEZ-VOUS

8. LA RÉPARTITION ENTRE *C'EST* ET *IL EST*

But de l'exercice : étudier la distribution d'unités presque semblables.

Soit le corpus :

1. C'est une mère admirable.
2. Elle est mère avant d'être épouse.
3. Il est malin.
4. C'est malin.
5. Cet enfant, il est vraiment difficile à supporter.
6. Un enfant, c'est vraiment difficile à supporter.
7. C'est professeur, et ça a autant de pédagogie qu'un moule à gaufres.

8. Il est facile de ne rien faire et de critiquer.
9. Il est bien triste de passer les vacances au lit avec la grippe.
10. C'est facile, de ne rien faire et de critiquer.
11. C'est bien triste, de passer les vacances au lit avec la grippe.

Dans chacune de ces phrases vous essaierez de remplacer le présentatif qui figure par l'autre, *c'est* ou *il est*, selon le cas. Sur la base des possibilités et impossibilités constatées, vous préciserez quelle est leur répartition.

CORRECTION

Les deux présentatifs ne sont nulle part substituables, sauf en 8 et 9 :

C'est facile de ne rien faire et de critiquer.
C'est bien triste de passer les vacances au lit avec la grippe.

En 7, on peut remplacer *c'est* par *il est*, mais alors il faut également remplacer dans la deuxième proposition *ça* par *il* :

Il est professeur, et il a autant de pédagogie qu'un moule à gaufres.

En 3 et 4, contrairement à ce que laisse penser le corpus lui-même, ils ne sont pas substituables car le sens n'est pas le même.

Plusieurs critères permettent de prévoir la répartition entre les deux présentatifs. En premier lieu, on peut mettre à part les constructions où *c'* ou *il* renvoient à un **infinitif** (8, 9, 10, 11). En pareil cas, les deux sont interchangeables sauf dans la construction segmentée, où l'infinitif est précédé d'une pause, et où *c'est* est seul possible (10 et 11).

Ailleurs, la répartition est plus stricte. Lorsque le présentatif est construit avec un adjectif, *il* renvoie à un **animé** (3), et *c'* à un **inanimé** (4).

Les phrases 5 et 6 mettent en jeu un autre principe, l'opposition entre emploi **spécifique** (5 : on parle de tel enfant bien particulier) et **générique** (6 : on parle des enfants en général). C'est *il* qui est utilisé pour l'emploi spécifique, et *c'* pour l'emploi générique.

Les phrases 1 et 2 font suivre le présentatif d'un **substantif**, employé comme tel en 1, avec un déterminant, et employé adjectivalement en 2. En 1, *c'est* est utilisé, bien que *elle est* ne soit pas complètement impossible :

?Elle est une mère admirable.

En 2, avec l'emploi **adjectival**, on est renvoyé au cas de *il est malin*, et c'est *elle est* qui est employé.

La phrase 7 présente alors un effet stylistique : en effet, selon le principe avancé, puisque le substantif est employé adjectivalement et qu'il s'applique à un animé, on devrait avoir *il est professeur*. L'utilisation de *c'* fait basculer de l'animé dans l'inanimé, comme le montre bien la reprise par *ça*, d'où une valeur péjorative de la construction. Cet effet n'est possible que parce que les règles de la répartition sont claires. On n'observe donc pas vraiment une distribution complémentaire entre *c'est* et *il est*, puisqu'on peut parfois employer l'un ou l'autre dans le même cas, mais une répartition néanmoins nette dans la majorité des emplois. Elle tient à des facteurs syntaxiques (nature de l'élément qui suit le présentatif) mais aussi sémantiques (opposition entre l'animé et l'inanimé).

9. L'INFINITIF ET SON AGENT

But de l'exercice : compléter les informations sur les verbes opérateurs et l'infinitif ; réfléchir sur la notion de proposition ; séparer et classer des éléments qui sont distributionnellement identiques.

Soient les constructions :

Je Verbe
1. écrire Jean.
2. Jean écrire.
3. écrire à Jean*.
4. Jean écrire une carte de vœux.
5. écrire une carte de vœux à Jean*.
6. écrire une carte de vœux par Jean.
7. Jean écrire une carte de vœux à Pierre.
8. écrire une carte de vœux à Pierre par Jean.

(*Dans ces constructions, *à Jean* représente l'agent de l'infinitif)

a. Vous remplacerez *Verbe* par les verbes suivants : *faire*, *laisser*, *voir*, *entendre* et *sentir*. Vous testerez les possibilités et les impossibilités.

b. Vous remplacerez la construction infinitive par une proposition relative.

c. Vous remplacerez la construction infinitive par une proposition complétive en *que*.

d. Vous essaierez de supprimer dans chacune des phrases obtenues l'agent de l'infinitif, puis, en conservant l'agent, l'infinitif lui-même.

Sur la base de toutes ces observations, vous proposerez un classement des verbes proposés en ce qui concerne leur construction avec l'infinitif.

CORRECTION

a. On récapitulera directement les observations sous forme d'un tableau :

	1	2	3	4	5	6	7	8
faire	+	–	–	–	+	+	–	+
laisser	+	+	–	+	+	+	+	+
voir	+	+	–	+	?	?	+	?
entendre	+	+	–	+	?	?	+	?
sentir	+	+	–	+	?	?	+	?

Les points d'interrogation marquent le fait que la construction n'est pas impossible, mais qu'elle est infiniment moins fréquente que les autres, et surtout qu'elle dépend de facteurs difficiles à apprécier, comme le temps et l'aspect du verbe opérateur, le lexique du verbe à l'infinitif, etc. Par exemple, pour 5, on aura :

? J'entends chanter une chanson à Jean.

mais :

J'ai eu entendu chanter des chansons à Jean.

Cette construction indirecte semble également pour ces verbes plus fréquente avec un pronom :

Je *lui* ai eu entendu chanter cette chanson.

Quelques remarques complémentaires s'imposent à l'analyse de ces constructions. En premier lieu, elles sont évidemment liées au verbe opérateur. En second lieu, elles le sont à la construction avec ou sans complément de l'infinitif : ainsi la construction prépositionnelle de l'agent de l'infinitif est impossible, quel que soit le verbe opérateur, si l'infinitif n'a pas de complément :

*Je ferai écrire à Jean.	*vs*	Je ferai écrire une lettre à Jean.
*Je laisserai écrire à Jean.	*vs*	Je laisserai écrire une lettre à Jean.

(ces phrases sont évidemment possibles, mais elles n'ont pas du tout le même sens, et *à Jean* est alors nécessairement complément prépositionnel de *écrire*).

b. Seuls les verbes *sentir*, *voir* et *entendre* (hors du corpus, également *écouter*, *apercevoir*, *regarder*) autorisent la commutation avec une relative :

*Je fais Jean qui écrit.

vs

Je vois Jean qui écrit.
Je vois Jean qui écrit une lettre.

c. Ces mêmes verbes (mais pas *écouter*, *apercevoir* ou *regarder*) autorisent la commutation avec une complétive :

*Je laisse que Jean écrit.

mais :

Je sens que Jean écrit.
Je sens que Jean écrit une carte de vœux à Pierre.

d. Enfin, l'infinitif peut être partout supprimé, sauf après *faire* :

Je laisse Jean.
J'entends Jean.

mais :

*Je fais Jean.

cependant que l'agent peut être partout supprimé, sauf peut-être après *sentir* :

> Je fais écrire.
> Je laisse écrire.

mais :

> ? Je sens écrire.

Toutes ces observations permettent de proposer le classement suivant :

1. *faire*, seul de son espèce, n'admet ni les relatives ni les complétives ; la place de l'agent de l'infinitif est fixe.

2. *laisser*, également seul de son espèce, n'admet pas davantage les relatives ou les complétives, mais admet 7 constructions sur les 8 présentées en 1.

3. *voir*, *entendre*, *sentir* admettent les complétives et les relatives, mais acceptent difficilement que l'agent soit construit avec une préposition.

On voit sur ce point à la fois les limites des régularités syntaxiques, et la difficulté qu'il y a à interpréter en termes sémantiques ou lexicaux des fonctionnements syntaxiques. Si *voir*, *entendre* et *sentir* fonctionnent de la même façon, on pourrait dire que c'est parce qu'il s'agit de verbes de perception, mais alors pourquoi *laisser* et *faire*, qui sont l'un et l'autre des verbes **causatifs**, n'ont-ils pas le même fonctionnement ? L'arbitraire linguistique se manifeste donc également en syntaxe.

La grammaire traditionnelle réserve un sort à ces verbes de perception après lesquels elle propose de parler de proposition infinitive. À cela, on objectera qu'il ne s'agit pas des seuls cas où l'infinitif ait un agent. Il en existe également un par exemple dans :

> Je souhaite à Jean de réussir.
> J'ordonne à Jean de quitter la salle.

où l'on ne parle pas de proposition infinitive. Surtout, on se refusera à parler de proposition alors que l'on n'a pas affaire à un verbe personnel muni d'un sujet qui lui impose un accord. Ici, aussi bien l'agent que l'infinitif sont des compléments du verbe opérateur, qui n'ont pas entre eux le lien étroit qui existe entre un verbe et son sujet, puisque l'un des deux peut être supprimé sans dommage pour la phrase.

Les verbes examinés sont donc des verbes à deux compléments directs, ce qui est sans doute rare mais n'est pas un fonctionnement complètement isolé et rappelle la double construction directe de certains verbes avec un objet et un attribut de l'objet (cf. p. 144) :

> J'appelle cette conduite de la cuistrerie.

10. L'EXPRESSION DE L'HYPOTHÈSE

But de l'exercice : constater la diversité des moyens syntaxiques utilisés pour correspondre à une même notion.

Soit le corpus :

1. Voulez-vous rester jeune ? Faites du sport !
2. Vous voulez rester jeune, vous ferez du sport.
3. Viens ici et tu verras ce qui t'arrivera.
4. Qu'il fasse une forte tempête et l'arbre sera déraciné.
5. Ouvre-moi cette porte ou je l'enfonce.
6. Tu me réponds, ou je fais un malheur.
7. Tu me réponds, et je fais un malheur.
8. Quiconque enfreindra cette règle sera puni.
9. Qui veut voyager loin ménage sa monture.
10. Si tu approches, tu es un homme mort.
11. La terre pourrait arrêter de tourner, que je m'en moquerais bien.
12. La terre pourrait arrêter de tourner, je m'en moquerais bien.

Vous classerez et décrirez les différents moyens syntaxiques utilisés pour exprimer l'hypothèse. En particulier, dans le cas de juxtaposition ou de coordination, vous essaierez de préciser si l'on peut librement passer de l'une à l'autre. Vous essaierez également de modifier l'ordre des propositions.

CORRECTION

1. La juxtaposition et la coordination : on peut distinguer deux catégories selon qu'elles sont équivalentes ou non.

– Dans le premier cas, on rangera les phrases 1, 2, 3 et 4. Certes, les conjonctions utilisées peuvent différer d'une phrase à l'autre : en 1 et 2, on n'utiliserait pas *et* mais *donc* :

Vous voulez rester jeune, vous ferez donc du sport.

et inversement, en 3, 4, on emploierait *et* et non pas *donc* :

?? Viens ici, tu verras donc ce qui t'arrivera.

mais, à chaque fois, il y a équivalence d'une juxtaposition et d'une coordination.

On peut ainsi distinguer les systèmes suivants :

a. Question + ordre, exprimé dans le corpus par un futur (2) ou un impératif (1). La coordination est possible avec *donc*. C'est la question qui pose l'hypothèse et l'ordre des propositions n'est pas interchangeable :

*Faites du sport, voulez-vous rester jeune ?

b. Ordre + (et) + indicatif futur (3). *Donc* n'est pas possible et l'ordre des propositions n'est pas interchangeable :

*Tu verras ce qui t'arrive, viens ici.

c. Que + subjonctif éventuel + (et) + indicatif futur (4). L'ordre des propositions est également fixe. En fait, b et c sont très proches.

– Dans le second cas, la coordination et la juxtaposition ne sont pas équivalentes. C'est ce qui se passe pour les phrases 5 et 6 : **indicatif présent (ou futur) (ou impératif) + ou + indicatif présent (futur)** où la suppression de *ou* entraînerait une phrase de sens contraire. En effet,

6. Tu me réponds ou je fais un malheur.

pourrait être paraphrasé par :

Si tu ne me réponds pas, je fais un malheur.

Supprimer *ou* :

Tu me réponds, je fais un malheur.

c'est supprimer le choix entre les deux événements, si bien que l'ordre de succession du discours conduit à les concevoir comme devant se succéder. Dans ce type de coordination, l'ordre des propositions est fixe.

2. La subordination : en premier lieu, l'hypothèse s'exprime par la **subordination avec *si*** (cf. p. 60). On n'y reviendra pas. On soulignera seulement ici que la proposition hypothétique précède généralement la principale, bien que l'ordre inverse soit possible :

10. Tu es un homme mort, si tu approches.

Elle s'exprime également par des propositions relatives : il s'agit de celles qui sont introduites par *quiconque*, dont la valeur d'indéfini confère à la proposition qu'il introduit celle d'éventualité, et de celles qui n'ont pas d'antécédent et qui ont donc la même valeur générale que les précédentes. L'ordre des propositions dépend de la fonction de la proposition relative. Dans le corpus, elles sont sujets et doivent donc précéder la principale.

3. La dite « subordination inverse » et la corrélation. On peut ranger dans cette catégorie les phrases 11 et 12 qu'il faut distinguer des précédentes propositions juxtaposées. Ici, en effet, il n'est pas possible d'insérer une quelconque conjonction de coordination, mais seulement l'élément tampon *que* (voir exercice n° 14) qui semble alors faire de la deuxième proposition la subordonnée, alors que la condition est en fait exprimée par la première. Il faut noter également que le conditionnel est important pour conférer à la phrase la valeur d'hypothèse. Avec un autre temps, cette valeur serait moins nette, et c'est la valeur temporelle qui dominerait :

Je le voyais, que j'étais déjà en colère.

Quant à l'ordre des propositions, il ne peut pas être changé.

On constate donc la diversité de ces quelques moyens qui sont loin d'épuiser toutes les possibilités. Cette diversité et la difficulté qu'il y a à être exhaustif dans le recensement des moyens d'expression correspondant à une notion sont une justification à la perspective adoptée dans ce manuel de privilégier les critères formels de description. On constate également dans l'exercice que seule la subordination par une conjonctive circonstancielle permet un ordre variable des propositions, qui n'est possible ni avec la juxtaposition, ni avec la coordination, où la succession des propositions est un facteur fondamental de l'interprétation.

11. SUBORDINATION ET CORRÉLATION

But de l'exercice : prolonger la réflexion sur la nature des relations entre propositions à partir de l'exemple des concessives et des consécutives.

Soit le texte suivant :

> Après une traite de plusieurs jours, lorsqu'on commençait à douter de la vérité de l'Oracle, on fut étonné, qu'en côtoyant une montagne fort élevée, les chevaux bien qu'ils fussent frais et nouveau repus s'arrêtèrent court, et quoi qu'on pût faire, ils ne voulurent point passer outre. Ce fut là que se renouvelèrent les cris ; car on jugea bien que c'était le mont qu'entendait l'Oracle. Psyché descendit du char, et s'étant mise entre l'un et l'autre de ses parents, suivie de la troupe, elle passa par dedans un bois assez agréable, mais qui n'était pas de longue étendue. À peine eurent-ils fait quelque mille pas, toujours en montant, qu'ils se trouvèrent entre des rochers habités par des dragons de toutes espèces. À ces hôtes près, le lieu se pouvait bien dire une solitude, et la plus effroyable qu'on pût trouver. Pas un seul arbre, pas un brin d'herbe, point d'autre couvert que ces rocs, dont quelques-uns avaient des pointes qui avançaient en forme de voûte, et qui ne tenant presque à rien faisaient appréhender à nos voyageurs qu'elles ne tombassent sur eux : d'autres se trouvaient creusés en beaucoup d'endroits par la chute des torrents ; ceux-ci servaient de retraite aux Hydres, animal fort familier en cette contrée. Chacun demeura si surpris d'horreur, que sans la nécessité d'obéir au Sort, on s'en fût retourné tout court. Il fallut donc gagner le sommet malgré qu'on en eût. Plus on allait en avant, plus le chemin était escarpé. Enfin après beaucoup de détours on se trouva au pied d'un rocher d'énorme grandeur, lequel était au faîte de la montagne et où l'on jugea qu'il fallait laisser l'infortunée fille. De représenter à quel point l'affliction se trouva montée, c'est ce qui surpasse mes forces. (La Fontaine, *Les Amours de Psyché*)

1. Relevez et analysez les propositions concessives.
2. Relevez et analysez les propositions consécutives.

CORRECTION

Les propositions concessives et les propositions consécutives, que l'on analysera séparément, offrent des structures très différentes, puisque les premières sont d'authentiques subordonnées, alors que les secondes sont des constructions corrélées bien qu'elles aient l'apparence de subordination.

1. Les concessives

La notion de concession, de réserve, est issue, comme d'ailleurs celle de complément circonstanciel, de la rhétorique. Dans cette discipline, il existe en effet une figure, précisément appelée concession, par laquelle le locuteur approuve, ou feint d'approuver, un argument de son interlocuteur, pour mieux lui faire admettre le point qui lui importe : *je vous accorde que... mais.* Cette figure s'incarne dans des formes syntaxiques très différentes, par exemple la coordination par *mais*, la subordination, comme c'est le cas dans le texte :

> les chevaux, bien qu'ils fussent frais et nouveau (nouvellement) repus
> quoi qu'on pût faire
> malgré qu'on en eût

mais aussi la corrélation, avec *avoir beau* (*il a beau faire, il ne réussira pas*). Le passage ne présente que des exemples de subordination.

a. Marques formelles

Dans le cas de la subordination qui nous retiendra exclusivement, puisque seule présente dans le texte, les outils introducteurs peuvent être des conjonctions (ou locutions conjonctives) de subordination comme *quoique*, ou *bien que* représentées dans le texte, ou des pronoms, des adjectifs ou encore des adverbes qui combinent une valeur indéfinie à une valeur concessive : *qui que*, *quel que*, *où que*, etc. Dans le texte, on rencontre *quoi qu'on pût faire*. Il est difficile d'analyser avec précision la nature des éléments qui forment ces unités lexicalisées, mais on peut noter l'affinité du premier avec les interrogatifs. Comme eux, d'ailleurs, il peut être renforcé : *où vas-tu ? / où est-ce que tu vas ?*, *où qu'on aille / où que ce soit qu'on aille.*

Le mode utilisé est le subjonctif (voir exercice nº 17). Il marque que le locuteur se borne à envisager le fait qu'il écarte, et qu'il ne prend pas à son compte la proposition qu'il énonce, puisque au moment même où il la propose, il la rejette. Il n'empêche que le fait qu'on élimine a été constaté ou peut encore l'être, de sorte qu'une tendance apparaît, en tout cas avec *bien que*, à utiliser l'indicatif. C'est en particulier quand la concession porte sur un fait passé, ou sur un fait futur, c'est-à-dire lorsque se fait jour la nécessité de l'inscrire dans une chronologie, que l'indicatif est utilisé.

Avec *bien que* ou *quoique*, la proposition subordonnée est mobile. On pourrait avoir dans le texte : *les chevaux s'arrêtèrent, bien qu'ils fussent frais et nouveau repus.* C'est également le cas avec *quoi que* : *ils ne voulurent point passer outre, quoi qu'on pût faire.*

En revanche, avec la corrélation (*avoir beau*) l'ordre est fixe, et la proposition concessive précède, tandis qu'avec une locution conjonctive comme *encore que*, également non représentée dans l'extrait, elle suit nécessairement.

b. Sens de la concession

Le texte présente deux cas différents. Avec *bien que*, le narrateur note une contradiction entre le fait que les chevaux soient frais et dispos et leur refus d'avancer. Il insiste sur l'étrangeté de leur conduite en énonçant dans la subordonnée un fait dont la conséquence logique ne se réalise pas.

Avec *quoi que* (*quoi qu'on pût faire*), on a affaire à ce que certains grammairiens appellent *concessive à choix aléatoire*. On peut faire tout ce que l'on veut, on peut choisir n'importe quelle attitude, le résultat ne sera pas modifié.

Le texte ne présente aucun exemple de concessive alternative, *soit que... soit que...*, ni de rectification. Avec *encore que*, en effet, on revient sur ce que l'on a dit pour le modifier, ce qui explique l'ordre fixe des propositions.

c. Cas particulier

Il s'agit de *malgré qu'on en eût*. Cette expression est fréquente au XVIIe siècle. À l'origine, *mal* y est un adjectif, épithète de *gré*, *mal gré*, ce que montre l'emploi dans certains textes de *bon gré mal gré qu'on en ait*. *Que* est alors un relatif étendu (voir p. 66). L'expression signifie donc *quelque mauvais gré qu'on en ait*. On peut rapprocher le tour de tous ceux où la restriction porte sur un adjectif déplacé en tête : *pour intelligent qu'il soit, tout intelligent qu'il est...* (Dans ces tours, *que* est un « relatif étendu », anaphorique de l'adjectif *intelligent*, et attribut de *il*). *Mal gré que* s'est ensuite lexicalisé en *malgré que*, mais il faut noter qu'au XVIIe siècle, *malgré que* n'est pas une conjonction synonyme de *bien que*, comme c'est le cas aujourd'hui, en dépit de la condamnation des puristes.

2. Les consécutives

Elles représentent un type de corrélation. On sait en effet que les propositions corrélées ont entre elles un rapport d'interdépendance, et qu'elles n'ont pas de structure spécifique. Les unes ont une structure de juxtaposition, comme dans le texte, *Plus on allait avant, plus le chemin était escarpé*, et les autres une structure de subordination. C'est le cas précisément des consécutives, dont le passage offre un exemple : *chacun demeura si surpris d'horreur, que sans la nécessité d'obéir au sort, on s'en fût retourné tout court*. L'interdépendance entre les propositions est marquée par la présence dans la première de l'adverbe *si*, qui annonce la proposition introduite par *que*. Dans les consécutives, la conséquence indiquée peut être entraînée par une manière d'être ou d'agir :

> Il a agi de façon à ce qu'on ne puisse le prendre en défaut.

ou, comme dans le texte, par une intensité. Le degré indiqué n'est pas précisé, mais lié à la consécutive. En d'autres termes, le *si* (*tellement*, *tant*) est comme un curseur que l'on déplace sur une échelle et qui s'arrête en un point défini par ce que dit la consécutive. *Si* fonctionne donc comme un élément d'annonce : il est en relation cataphorique avec la proposition qui le suit.

Dans ce type de proposition où la conséquence est entraînée par un degré, le mode le plus fréquent est l'indicatif :

> Chacun fut si surpris d'horreur qu'il s'en retourna.

On prendra dès lors garde que le subjonctif du texte n'est pas lié à la conséquence elle-même, mais à un système hypothétique : *s'il n'y avait pas eu la nécessité d'obéir au Sort, on s'en serait retourné, n'eût été la nécessité..., on s'en fût retourné.*

Dans les subordonnées qui marquent la manière, on rencontre l'indicatif ou le subjonctif, selon que la conséquence est simplement envisagée, ou marquée comme réalisée.

On constate ainsi la complexité et la diversité des moyens mis en œuvre pour exprimer une même notion, et pour construire une relation entre propositions.

12. L'EXPRESSION DE LA COMPARAISON

But de l'exercice : s'entraîner au relevé et au classement des faits d'expression qui correspondent à une notion; prendre conscience de leur diversité; réfléchir sur le statut de *comme*.

Soit le texte suivant :

> À côté de la mince découpure du soleil rouge et rond comme la lune, un nuage jaune paraissait un lac contre lequel des glaives noirs se profilaient ainsi que les arbres de sa rive, une barre d'un rose tendre que je n'avais jamais revu depuis ma première boîte de couleurs s'enflait comme un fleuve sur les deux rives duquel des bateaux semblaient attendre à sec qu'on vînt les tirer pour les mettre à flot. Et avec le regard dédaigneux, ennuyé et frivole d'un amateur ou d'une femme parcourant, entre deux visites mondaines, une galerie, je me disais : « C'est curieux, ce coucher de soleil, c'est différent, mais enfin j'en ai déjà vu d'aussi délicats, d'aussi étonnants que celui-ci. » J'avais plus de plaisir les soirs où un navire absorbé et fluidifié par l'horizon apparaissait tellement de la même couleur que lui, ainsi que dans une toile impressionniste, qu'il semblait aussi de la même matière, comme si on n'eût fait que découper sa coque [...] Un autre jour, la mer n'était peinte que dans la partie basse de la fenêtre dont tout le reste était rempli de tant de nuages [...] que les carreaux avaient l'air, par une préméditation ou une spécialité de l'artiste, de présenter « une étude de nuages », cependant que les différentes vitrines de la bibliothèque [...] paraissaient offrir comme la répétition, chère à certains maîtres contemporains, d'un seul et même effet [...]. (Marcel Proust, *À l'Ombre des jeunes filles en fleur*)

Vous relèverez et classerez les différentes comparaisons du texte, entre mots ou entre propositions.

CORRECTION

1. On note en premier lieu une série de **comparaisons lexicales** indiquées par le sens des verbes : ils entrent dans la catégorie des **modalisateurs**, qui traduisent un jugement du sujet énonciateur :

> un nuage jaune **paraissait** un lac
> un navire **apparaissait** tellement de la même couleur
> il **semblait** aussi de la même matière
> les carreaux **avaient l'air** de présenter une étude
> les vitrines **paraissaient** offrir comme la répétition.

Ces verbes ou locutions sont *paraître*, *sembler*, *avoir l'air*, *avoir l'apparence*, *avoir l'aspect*. On ne rencontre pas d'adjectifs modalisateurs dans ce passage, mais on peut citer *pareil à*, *identique à*, *analogue à*, *semblable à*.

Les comparaisons lexicales sont tantôt seules, tantôt associées à des comparaisons syntaxiques.

2. Les comparaisons syntaxiques :

– le complément en *de* :

> avec le regard dédaigneux d'un amateur ou d'une femme.

La comparaison n'est pas explicite comme elle le serait dans *avec un regard pareil à celui d'un amateur*, mais la référence à un type, grâce à l'article indéfini *un*, implique une comparaison.

– Les structures juxtaposées : on n'en rencontre pas dans ce passage.

– Les structures coordonnées : il n'y en a pas davantage.

– Les structures corrélées : ce sont de loin les comparaisons les plus fréquentes de tout le passage. La plupart comportent un outil corrélatif dans la principale : *aussi*, *ainsi*, *même*, et sont elliptiques. Dans le cas de sujets pronoms personnels des verbes soumis à l'ellipse, ce sont des pronoms toniques comme *lui* qui apparaissent.

Quelques subordonnées ne comportent pas d'élément corrélatif et sont introduites par *comme*. Ce sont : *s'enflait comme un fleuve*, proposition elliptique qui ne pose pas de problème particulier, pas plus que *comme si on n'eût fait que découper sa coque*, proposition comparative conditionnelle qui n'est jamais elliptique et où l'emploi des modes et des temps (ici plus-que-parfait du subjonctif à valeur d'éventualité passée) est le même que dans les conditionnelles en *si*.

Pose par contre problème *les vitrines de la bibliothèque paraissaient offrir comme la répétition* où l'on serait en peine de reconstruire un quelconque verbe elliptique. C'est qu'il convient de distinguer plusieurs formes *comme* homonymes, en dehors même du *comme* conjonction temporelle, qui ne sont pas toutes des éléments comparatifs. En premier lieu, existe un adverbe d'intensité ou d'exclamation :

Comme il est grand !

toujours en tête de proposition. Il introduit une proposition indépendante ou subordonnée dans le cas d'une exclamative indirecte. Cet adverbe porte sur un adjectif, comme dans cet exemple, ou sur un verbe :

Regarde comme il dort !

Le second *comme* est celui qui a été analysé comme conjonction de subordination. Il relie deux propositions dont la seconde est généralement elliptique et peut être paraphrasé par *ainsi que*, à la différence du premier :

s'enflait ainsi qu'un fleuve
vs
*ainsi qu'il est grand !

Enfin, il convient de faire une place à part à un troisième *comme*, celui qui apparaît dans *comme la répétition*. Ce comme-là n'est pas non plus remplaçable par *ainsi que* :

*paraissaient offrir ainsi que la répétition.

De surcroît, il ne peut pas apparaître en tête de phrase :

? *Comme la répétition était offerte.

Il ne relie pas deux propositions, puisqu'il n'est pas suivi d'un verbe, et que l'on ne peut en reconstruire un. La paraphrase possible est par *pour ainsi dire*, *en quelque sorte*, d'où toute idée comparative n'est évidemment pas exclue mais où l'élément essentiel est l'approximation. *Comme* doit être considéré comme un **adverbe modalisateur**. Il peut porter sur un substantif, et il a alors le statut d'un prédéterminant, ou sur un adjectif :

Il est comme mort de peur.

Il est donc clair que *comme* ne peut pas être analysé partout de la même façon.

13. LE RELATIF EN FRANÇAIS DIT AVANCÉ

But de l'exercice : réfléchir sur la façon dont les niveaux de langue se marquent en syntaxe, et sur l'évolution de la langue.

Le **français avancé** désigne un français populaire dont certains pensent qu'il représente l'anticipation de ce que sera un jour la langue. Le corpus suivant montre quelles sont les formes de relatif dans ce français avancé. Vous en expliquerez la répartition :

1. L'officier qu'il a vu le soldat, il a appelé la police militaire.
2. La bagnole qu'elle t'intéresse, elle vaut rien.
3. Le type que je t'ai parlé, il va venir.
4. Le type que je t'en ai parlé, il va venir.

5. La bagnole que je t'ai parlé, elle est à la casse.
6. La bagnole que je t'en ai parlé, elle est à la casse.
7. J'ai revu le mec que je sais pas son nom.
8. Je t'ai apporté le truc que je sais pas son nom.
9. J'ai écrit à ma cousine que je suis sans nouvelle d'elle.
10. Pierre, c'est pas le type que tu peux compter dessus.
11. Il a pas reçu l'argent qu'il comptait dessus.
12. Il m'a dit le nom du bled d'où qu'il vient.

CORRECTION

Il s'agit d'un système très facile à décrire, puisque la seule forme de relatif qui apparaît est *que* (*qu'* au contact d'une voyelle), que l'antécédent soit animé ou inanimé, et quelle que soit la fonction du relatif. Chez certains sujets, on observe la forme *qui* pour le sujet et on a alors le système suivant : *qui* pour le sujet, et *que* pour toutes les autres fonctions. C'est donc un système proche de celui de l'extraction, où on met un élément en relief en l'insérant entre *c'est... qui* ou *c'est... que* (voir p. 46).

L'élimination de la plupart des formes de relatif n'est donc pas particulière au français avancé et, en ce sens, on peut dire qu'elle correspond sans doute à une tendance de la langue. Ce n'est pas non plus un hasard que ce soit la forme *que* qui apparaisse presque partout puisque *que* est l'outil de jonction par excellence (voir exercice n° 14). La solution retenue par le français avancé consiste donc à dissocier pour le relatif le rôle d'outil de subordination et la fonction dans la proposition relative, là où le français standard cumule les deux rôles. C'est ainsi par exemple qu'en 1 la fonction sujet est marquée par *il*, ou qu'en 6 celle de complément prépositionnel est indiquée par *en*. On observe en fait toute une série d'étapes. Dans la première, en français standard, des erreurs se produisent par rapport à la norme pour *dont*, dont on ne saisit pas toujours la fonction dans la proposition si bien qu'il est rappelé par un possessif ou un pronom :

> la romancière de [...], dont Jeanne doit transposer au cinéma son célèbre « Portrait d'un séducteur ». (*Nouvel Observateur* du 4 au 10/12/87)

La deuxième étape consiste à dissocier complètement les rôles cumulés par le relatif en français standard, en utilisant conjointement la forme *que* et un pronom dans la proposition (phrases 1, 2, 4, 6, 7, 8, 9). C'est ce que font certaines langues, comme l'occitan. C'est une solution semblable qui est adoptée pour *d'où* en 12 : *d'où qu'il vient*, *d'où* n'étant pas perçu comme une forme de liaison, mais seulement comme un complément circonstanciel de lieu. Dans une étape ultérieure, le pronom disparaît, mais la fonction est rappelée pour les compléments prépositionnels par l'existence de la préposition, comme en 10 et 11. On remarque que c'est une solution identique qui est adoptée en anglais courant par la généralisation de *that*. Enfin, plus rien ne subsiste de la fonction et *que* est utilisé seul, comme en 3 ou 5.

14. LES DIFFÉRENTS EMPLOIS DE *QUE*

But de l'exercice : s'entraîner au classement et à la hiérarchisation des faits grammaticaux ; distinguer les différentes valeurs et rôles d'une forme homonyme ; mettre en évidence des critères de distinction.

Relever et classer les différents que dans le texte suivant :

Car, il faut bien le dire, il faut bien lâcher le grand mot que j'ai retardé si longtemps : Jeanne-Madelaine aimait d'amour l'abbé Jéhoël de la Croix-Jugan. Que si, au lieu d'être une histoire, ceci avait le malheur d'être un roman, je serais forcé de sacrifier un peu de la vérité à la vraisemblance, et de montrer au moins, pour que cet amour ne fût pas traité d'impossible, comment et par quelles attractions une femme bien organisée, saine d'esprit, d'une âme forte et pure, avait pu s'éprendre du monstrueux défiguré de la Fosse. [...] Dieu merci, toute cette psychologie est inutile. Je ne suis qu'un simple conteur. L'amour de Jeanne, que je n'ai point à justifier, qu'il fût venu à travers l'horreur, à travers la pitié, à travers l'admiration, possédait le cœur de cette femme [...] Extraordinaire même pour ceux à qui la réflexion enseigne quelle aliénation de toutes les facultés humaines est l'amour, que ne dut-il pas être pour les esprits qui entouraient Jeanne, pour tous ces paysans cotentinais parmi lesquels elle vivait ! À ses propres yeux même, Jeanne-Madelaine dut pendant longtemps – ainsi qu'on l'a cru et qu'on le croyait encore du temps de maître Tainnebouy – être ensorcelée. [...] Mais [...] elle s'était imposé le devoir de cacher la passion qui la minait et de ne révéler à personne l'énigme cruelle de sa vie. Illusion commune aux âmes fortes ! On croit pouvoir cacher la folie de son cœur, et, de fait, on la dissimule pendant un laps de temps qui use la vie, mais tout à coup voilà que la honteuse folie a paru ; voilà que tout le monde en parle et que chacun s'en récrie, sans qu'on sache même comment pareille chose a pu arriver. (Barbey d'Aurevilly, *L'Ensorcelée*)

CORRECTION

On peut distinguer les divers emplois de *que* sur la base de trois types de critères, d'ordre morphologique (s'agit-il d'une forme invariable ou entre-t-elle dans un paradigme de formes différentes ?), d'ordre syntaxique (selon qu'il s'agit ou non d'un instrument de jonction entre plusieurs propositions, selon qu'il s'agit d'un élément qui a une fonction dans la proposition où il se trouve) et d'ordre sémantique (*que* a-t-il ou non une valeur sémantique au sens large ?). Ils permettent de distinguer plusieurs formes homonymes, *que* pouvant être un pronom, un adverbe, une conjonction ou le deuxième terme d'un système corrélatif.

a. *Que* est un pronom :

Il entre dans un paradigme de formes différemment fléchies. Il peut s'agir soit d'un pronom interrogatif (ou exclamatif), soit d'un pronom relatif. Dans tous les cas, ce qui compte, c'est que dans la proposition où il se trouve, principale en cas d'exclamative ou d'interrogative directes :

1. que ne dut-il pas être !

subordonnée en cas de relative :

2. Le grand mot que j'ai retardé si longtemps.
3. L'amour de Jeanne, que je n'ai point à justifier.

ou d'interrogative indirecte (il n'y en a pas d'exemple dans le texte), *que* a une fonction : attribut en 1, complément d'objet direct en 2 et 3.

b. *Que* est un adverbe :

Il est alors invariable. Les emplois en sont rares dans le texte, puisqu'on relève seulement *je ne suis qu'un simple conteur*. Dans cet exemple, *que* constitue avec *ne* une locution adverbiale qui marque la **restriction** et qui peut commuter avec *seulement* (voir p. 36). Il existe un autre emploi de *que* adverbial, non représenté dans le texte, celui où *que* est un adverbe exclamatif comme dans :

Que tu chantes bien !

Lorsqu'il porte sur un adjectif ou un adverbe, il peut commuter avec *comme*.

Comme tu chantes bien !

et lorsqu'il porte sur un groupe nominal, il peut commuter avec *combien* :

Que de bêtises il peut dire !
Combien de bêtises il peut dire !

On distinguera évidemment ces emplois de ceux où *que* exclamatif est pronom, en ce que l'adverbe n'a pas de fonction par rapport au verbe de la proposition.

c. *Que* est une conjonction ou un élément de locution conjonctive :

Il est également invariable, mais se trouve en tête d'une proposition qu'il transforme en SN ayant une fonction.

– *que* est seul : dans le texte sont représentés deux types d'emplois. En premier lieu, *que* introduit une proposition complétive et ne saurait alors commuter avec aucune autre conjonction car il n'a aucun contenu sémantique :

voilà que la honteuse folie a paru
voilà que tout le monde en parle.

Que a ici un double rôle. En premier lieu, il donne à la proposition qui le suit le statut d'un SN. Il la nominalise. En second lieu, il est la marque que cette proposition est soustraite aux modalités de la phrase.

Dans des emplois rares, *que* offre une valeur sémantique, et peut commuter avec d'autres conjonctions, plus fréquentes. C'est le cas dans :

> L'amour de Jeanne, qu'il fût venu à travers l'horreur… à travers vingt sentiments, impulsions ou obstacles

où il introduit le premier membre d'une alternative et pourrait commuter avec *soit que*. Il s'agit d'un système hypothétique (voir p. 61) avec ici une ellipse :

> qu'il fût venu à travers l'horreur ou qu'il fût venu à travers vingt sentiments.

Un emploi assez fréquent de *que* employé seul n'est pas représenté dans ce texte. Il s'agit de ceux où *que* reprend dans une structure de juxtaposition ou de coordination une conjonction antérieure :

> Lorsque le vent souffle et qu'il pleut, les volets claquent.

– *que* n'est pas utilisé seul. Le cas le plus rare, et littéraire, est celui où *que* renforce la conjonction *si* :

> Que si ceci avait le malheur d'être un roman…

Les cas les plus fréquents sont ceux où *que* est le second membre d'une locution conjonctive :

> pour que cet amour ne fût pas traité d'impossible
> sans qu'on sache même comment pareille chose a pu arriver

qui introduit des propositions circonstancielles variées. *Que*, ici, a les deux rôles notés plus haut : il nominalise la proposition et il la soustrait à la modalité.

d. *Que* introduit une corrélation :

Dans l'exemple suivant :

> ainsi qu'on l'a cru et qu'on le croyait encore

que, invariable et qui n'a toujours pas de sens, introduit le deuxième membre d'une comparaison, en corrélation avec un élément de la principale, ici *ainsi*.

e. Emplois rares et non représentés dans le texte :

Ce sont ceux où *que* n'est qu'un élément de jonction à l'intérieur d'une proposition, par exemple devant un infinitif :

> C'est une pitié qu'agir ainsi

Il faut enfin signaler l'emploi de *que* avec un subjonctif en indépendante :

> Que le diable t'emporte !

Il n'a aucune valeur sémantique si bien que certains ne voient en lui qu'une « béquille » du subjonctif.

15. LE STYLE INDIRECT LIBRE

But de l'exercice : compléter les informations sur le discours rapporté par l'examen d'un type rare, réservé à l'écrit; montrer comment l'analyse syntaxique débouche sur l'analyse stylistique.

Soit le texte suivant :

> Emma ne dormait pas, elle faisait semblant d'être endormie, et, tandis qu'il s'assoupissait à ses côtés, elle se réveillait en d'autres rêves.
>
> Au galop de quatre chevaux, elle était emportée depuis huit jours vers un pays nouveau, d'où ils ne reviendraient plus. Ils allaient, ils allaient, les bras enlacés, sans parler. Souvent, du haut d'une montagne, ils apercevaient tout à coup quelque cité splendide avec des dômes, des ponts, des navires, des forêts de citronniers et des cathédrales de marbre blanc, dont les clochers aigus portaient des nids de cigognes. [...] Et puis ils arrivaient, un soir, dans un village de pêcheurs, où des filets bruns séchaient au vent le long de la falaise et des cabanes. C'est là qu'ils s'arrêteraient pour vivre : ils habiteraient une maison basse, à toit plat, ombragée d'un palmier, au fond d'un golfe, au bord de la mer. Ils se promèneraient en gondole, ils se balanceraient en hamac et leur existence serait facile et large comme leurs vêtements de soie, toute chaude et étoilée comme les nuits douces qu'ils contempleraient. Cependant, sur l'immensité de cet avenir qu'elle se faisait apparaître, rien de particulier ne surgissait; les jours, tous magnifiques, se ressemblaient comme des flots; et cela se balançait à l'horizon, infini, harmonieux, bleuâtre et couvert de soleil. Mais l'enfant se mettait à tousser dans son berceau, ou bien Bovary ronflait plus fort, et Emma ne s'endormait que le matin, quand l'aube blanchissait les carreaux et que déjà le petit Justin, sur la place, ouvrait les auvents de la pharmacie. (Flaubert, *Madame Bovary*)

Vous isolerez le discours indirect libre correspondant aux rêves d'Emma, et vous mettrez en évidence ses caractéristiques.

CORRECTION

Il est toujours difficile de délimiter avec précision le discours indirect libre. En effet, il ne suppose pas une succession d'énonciateurs comme dans le discours direct dont il n'a pas les marques graphiques (guillemets), mais il n'est pas non plus marqué par la subordination comme dans le discours indirect. De plus, il n'est pas nécessaire qu'il soit annoncé par un terme de parole, bien que, dans le passage, le terme *rêves* ait ce rôle. Le discours indirect libre est un discours indirect sans subordination. Du discours indirect, il présente le jeu des pronoms, des modes et des temps.

On peut ainsi supposer que le paragraphe qui commence avec *Au galop de quatre chevaux* est pour l'essentiel en style indirect libre et représente le contenu des pensées d'Emma, conçues comme une parole intérieure, que le discours direct présenterait de la façon suivante :

> elle se réveillait en d'autres rêves : « Au galop de quatre chevaux, je suis emportée depuis huit jours vers un pays nouveau d'où nous ne reviendrons plus. »

et le discours indirect sous cette forme :

> elle se réveillait en d'autres rêves, et rêvait qu'au galop de quatre chevaux, elle était emportée depuis huit jours vers un pays nouveau, d'où ils ne reviendraient plus.

Au *je* du discours correspond *elle*, et au *nous*, *ils*, cependant que l'emploi des temps est réglé par la chronologie anaphorique (voir p. 104) de même que celui des déictiques :

> C'est **là** qu'**ils s'**arrêter**aient** pour vivre.

Le discours direct offrirait :

> C'est **ici** que **nous nous** arrêter**ons**.

On ne rencontre pas de déictiques temporels, mais par exemple *demain* du discours direct aurait pour correspondant *le lendemain*, ou *hier*, *la veille*.

On peut penser sans grand risque d'erreur que le discours indirect libre se poursuit jusqu'à *comme les nuits douces qu'ils contempleraient*. La phrase suivante est plus délicate à analyser. La présence du verbe modalisateur *apparaître* (*elle se faisait apparaître*), qui rappelle le substantif *rêves*, peut indiquer que c'est maintenant Flaubert qui reprend la parole et commente les pensées de son personnage. Pourtant, les phrases suivantes, où les adjectifs *magnifique*, *infini*, *harmonieux*, sont en accord avec le rêve précédent d'un bonheur de pacotille peuvent être la continuation du discours indirect libre. Ce n'est qu'avec le retour au récit *Mais l'enfant...* que l'on est sûr qu'il est terminé, et on note alors le passage de *elle*, correspondant à un *je* de discours direct, à *Emma*.

On voit immédiatement l'intérêt stylistique du discours indirect libre : il ne rompt pas la trame du récit, dont il présente en définitive le même jeu de temps et de pronoms, et il permet un passage insensible de la parole du narrateur à celle du personnage, sans les ruptures des discours direct et indirect qui, en dépit de leurs différences, ont en commun d'être clairement de la parole rapportée.

À retenir

▲ La définition de la proposition comme l'unité syntaxique centrée autour d'un verbe à un mode personnel, de la phrase dite simple comme coïncidant avec une proposition et de la phrase dite complexe comme d'un enchaînement de proposition.

▲ L'existence de trois modalités de la phrase : assertive, jussive, interrogative et éventuellement d'une quatrième, exclamative.

▲ Les cinq modes d'enchaînement pour passer de la phrase simple à la phrase complexe : juxtaposition, coordination, subordination, corrélation, parenthèse.

▲ La définition de la subordination comme transformation d'une proposition en SN grâce à un élément introducteur.

▲ Pour analyser les subordonnées, la nécessité de prendre en compte l'outil introducteur, le mode du verbe, l'ordre des propositions, les liens entre la principale et la subordonnée, la valeur logico-sémantique.

▲ L'existence de trois types de subordonnées :

– les conjonctives pures et les circonstancielles, introduites par un outil introducteur invariable et sans fonction dans la subordonnée ;

– les interrogatives indirectes dont les unes sont conjonctives (interrogation totale introduite par ***si)*** et les autres, bien qu'ayant une fonction par rapport au verbe de la principale, sont introduites par un pronom, un déterminant ou un adverbe, ayant, comme les relatifs, une fonction dans la subordonnée ;

– les relatives introduites par un pronom ou un déterminant relatif ayant une fonction dans la relative, qui s'articulent généralement sur un antécédent, dont le relatif est anaphorique.

▲ Les principales difficultés d'analyse de la phrase : elles tiennent à l'absence d'un parallélisme strict entre les relations syntaxiques et les valeurs logico-sémantiques.

CHAPITRE 3
LE VERBE

OBJECTIFS DE CONNAISSANCE

Après l'étude de ce chapitre, l'étudiant doit pouvoir :

▲ décomposer les propositions ;

▲ avoir une vue d'ensemble du rôle du verbe dans la proposition ;

▲ prendre conscience de la différence entre les formes verbales ordinaires (indicatif, subjonctif et impératif) et celles qui appartiennent en partie au nom (infinitif et participe) ;

▲ comprendre et analyser les valeurs fondamentales des morphèmes flexionnels du verbe (valeurs modale, aspectuelle et chronologique) ;

▲ repérer et analyser les constructions du verbe (actif, passif, pronominal) et leurs valeurs.

1. PLACE DU VERBE DANS LA PROPOSITION

À partir de ce chapitre, on s'attachera à l'analyse de la proposition, de l'unité grammaticale minimale. Toute proposition comprend un certain nombre de places **syntaxiques**, occupées par des unités ou des groupes d'unités lexicales, qui eux-mêmes pourront être décomposés. Une de ces places est occupée par le **verbe**, et c'est la place centrale, car, comme on l'a vu précédemment, en dehors d'énoncés très particuliers, la proposition est construite autour d'un verbe à un mode personnel.

On partira donc de la description du verbe puisqu'il est le **noyau syntaxique** de la proposition par rapport auquel se déterminent les fonctions des syntagmes nominaux. Un verbe n'a en effet pas de fonction : c'est le pivot par rapport auquel se situent les autres éléments. Fondamental, le verbe l'est aussi d'un point de vue **sémantique et logique**, puisqu'il permet et la **prédication** et l'**ancrage pragmatique** de cette prédication dans la situation : le verbe met en relation l'énoncé avec la réalité extralinguistique.

On définira ainsi le verbe comme le **noyau syntaxique et sémantique de la proposition, qui lui donne un ancrage pragmatique par les marques morphologiques de personne, de temps, de mode et d'aspect**. Ce sont les conditions de cet ancrage que nous examinerons en premier lieu, en étudiant le mode, le temps et l'aspect (pour la personne et les morphèmes flexionnels voir t. 1, chap. 2). On envisagera ensuite les constructions syntaxiques des verbes, ce qui conduira à l'étude des fonctions nominales, objet du prochain chapitre.

Un verbe est ce que l'on appelle une **partie du discours** ou **classe morphosyntaxique**. Il s'agit là de **classes d'équivalence**, de **paradigmes**, qui regroupent les unités du lexique en catégories fonctionnant de façon identique, c'est-à-dire qui peuvent commuter. Les règles grammaticales s'appliquent ensuite de façon générale à ces classes, sans qu'on ait besoin de spécifier les éléments lexicaux qui les composent. Cette classification s'applique aux mots. Elle s'établit sur la base de critères morphologiques, sémantiques et syntaxiques. Par exemple, le substantif et le verbe s'opposent par les morphèmes flexionnels qu'ils mettent en jeu (genre et nombre pour le premier, personne, temps et mode pour le second), par leur fonctionnement syntaxique, puisque le substantif est régi par le verbe, alors que le verbe ne l'est par rien, et par leur sens, puisque le substantif renvoie à un être, individu ou chose alors que le verbe renvoie à une propriété de ces éléments. Ces différents critères n'étant pas nécessairement convergents, la liste des parties du discours a évolué selon les siècles et les grammairiens. On retiendra ici une liste succincte : substantifs, déterminants, adjectifs, pronoms, verbes, adverbes, prépositions, conjonctions, chaque classe pouvant à son tour se subdiviser en sous-classes. On n'attribuera pas de valeur absolue à cette liste, qui n'est ici qu'un outil de présentation commode.

2. MODES, TEMPS ET ASPECT

2.1. GÉNÉRALITÉS

Un thème (une base) verbal(e) se combine avec des morphèmes flexionnels (voir t. 1, chap. 2). L'analyse de la valeur de ces morphèmes verbaux, en dehors des morphèmes de personne, est complexe et difficile. Cela tient à plusieurs raisons. La première est que les marques de temps et d'aspect sont souvent confondues et que l'on ne rencontre pas la situation idéale, qui serait la suivante (l'ordre des morphèmes étant indifférent) :

Thème verbal + morphème de mode + morphème d'aspect+ morphème de temps.

La deuxième tient à la terminologie. Le terme de temps est ambigu, puisqu'il renvoie aussi bien à la forme verbale qu'au temps extralinguistique, à la chronologie. On adoptera donc pour le premier sens l'expression maintenant bien répandue de **tiroir verbal**. La troisième difficulté tient à ce que, dans l'élaboration de ces catégories, se mêlent des facteurs de deux ordres, celui de l'énoncé et celui de l'énonciation. Pour définir et étudier ces notions, on a en effet besoin de prendre en considération trois éléments : l'événement auquel renvoie le verbe, les autres événements qui l'accompagnent éventuellement et qui peuvent servir de repères pour le situer, et enfin le sujet parlant qui envisage et situe cet événement, et en fait l'objet d'appréciations diverses. Ainsi dans :

Je lui ai dit que je viendrais.

l'événement visé par *viendrais* est situé par rapport à celui auquel renvoie *ai dit*, lequel est lui-même situé dans le passé du locuteur qui dit *je* et définit ainsi le présent. On conviendra donc de poser trois points, E, l'événement rapporté (en cas de plusieurs événements, on les numérotera, E1, E2, etc.) R, le repère par rapport auquel E se situe, et L, le locuteur énonciateur. On peut ainsi dessiner un axe qui définit la position de E par rapport à R, et un point extérieur qui fixe ces positions, L. Le cas général est celui où les trois points sont distincts. Si l'on reprend le dernier exemple, qui relate deux événements, E1 (ai dit) et E2 (viendrais) on peut ainsi avoir :

L
—— E1 = R———————— E2 ————————
passé futur

Par rapport au moment où il parle, qui constitue son présent, L délimite un passé et un futur. *Ai dit* renvoie à un premier événement, E1, situé dans le passé, et constitue le repère par rapport auquel E2, l'événement auquel renvoie *viendrais*, est postérieur. C'est là tout ce que l'on sait sur E2, et on ne peut donc déterminer s'il s'agit d'un événement à situer dans le passé, le présent ou le futur de *je* (sur le schéma, on a été obligé de choisir et on a situé E2 dans le futur).

Des cas particuliers peuvent se présenter, par exemple lorsque E1, E2 et R coïncident, c'est-à-dire lorsque les deux événements sont simultanés :

Je lui ai dit que je venais.

L
——— E1 = R ————————————————
E2

ou lorsqu'on n'a pas à distinguer L et R, quand le présent de l'énonciation constitue le seul repère. On ne parle plus alors que de passé et de futur :

Hier, il faisait beau (E1), demain il pleuvra (E2).

L = R
—— E1 —————————————— E2 ————

La place du repère peut changer selon les verbes d'une même phrase, alors que L, lui, reste fixe et détermine le cadre général de la phrase, le point d'ancrage pragmatique de l'énoncé.

C'est également L qui détermine les modes et oppose :

Il vient. / Qu'il vienne !

et les aspects :

Il poussa un cri. / Il poussait des cris.

Les uns et les autres sont en effet une catégorie de l'énonciation, qui trouve son origine en L.

2.2. LES MODES

▲ **Définition et délimitation.** Les modes sont déterminés par l'attitude du locuteur envers l'événement, suivant qu'il fait l'objet d'un simple constat ou d'une interprétation, d'une appréciation. Les modes verbaux sont un cas particulier des **modalités**. Le nombre des modalités, autres que celles de la phrase (voir p. 34), varie considérablement selon les grammairiens. Les uns, s'inspirant de la logique, les réduisent à trois grands groupes, les **modalités aléthiques** qui portent sur la valeur de réalité de la proposition (nécessaire, possible, impossible, contingent), les **modalités épistémiques**, qui impliquent un savoir de L (certain, exclu, plausible, contestable), et enfin les **modalités déontiques**, qui impliquent le devoir ou le droit (obligatoire, interdit, permis, facultatif). On adoptera la position plus large de ceux qui n'excluent pas les **modalités du souhait, de la volonté et de l'intention, ou celles du sentiment**. Le mode n'est qu'un cas particulier de ces modalités, mais c'est aussi une catégorie grammaticale et la difficulté de l'analyse des modes verbaux tient à ce qu'ils peuvent ne pas avoir de valeur modale. C'est généralement le cas de l'indicatif qui constitue le degré zéro par rapport auquel se définissent les autres modes. On rappellera pour mémoire qu'il existe enfin un dernier type de modalités, les modalités métalinguistiques, par lesquelles on commente les paroles elles-mêmes (*J'ai vu, je veux dire que j'ai aperçu Jacques*), mais elles sont sans incidence sur les modes.

La modalité ne se traduit pas nécessairement dans le cas des verbes par les modes. Les tiroirs verbaux de l'indicatif, qui expriment essentiellement le temps, peuvent aussi les indiquer. C'est particulièrement net pour le conditionnel (dont on ne fera pas un mode, voir t. 1, chap. 2). Il n'y a donc pas de correspondance terme à terme entre mode et modalité.

On considérera qu'en français il existe deux modes seulement, au sens strict, **l'indicatif, le subjonctif.** On dit souvent que **l'impératif** en constitue un troisième, en raison de sa valeur modale (il indique l'ordre et toutes les nuances de la volonté), mais il n'a pas de marque flexionnelle propre et utilise celles de l'indicatif, et par ailleurs, c'est la construction du verbe, sans sujet, qui permet la modalité. S'il existe donc bien une modalité de la phrase, il n'existe sans doute pas de mode impératif. On exclura également l'infinitif (voir exercice n° 16) et le participe qui, par leurs morphèmes flexionnels et leur fonction dans la phrase, sortent de la catégorie du verbe pour se rapprocher de celle du substantif ou de l'adjectif. De surcroît, il est difficile de dire qu'ils expriment des modalités comme celles qui ont été citées. En réalité, ils ne correspondent à aucune énonciation particulière, ni à proprement parler à un événement, mais seulement à l'idée d'un événement. On les appelle parfois, pour les distinguer des véritables modes, « modes non personnels du verbe » : on peut garder cette terminologie, à condition de ne pas leur attribuer de valeur modale. Mode signifie alors « façon de signifier le verbe dans la catégorie du nom ou de l'adjectif » (*modus significandi*).

C'est donc l'opposition de l'indicatif et du subjonctif qui est fondamentale dans l'étude des modes au sens strict.

▲ **Le subjonctif.** Les valeurs du subjonctif se situent sur un *continuum* qui va de sa valeur modale fondamentale, selon laquelle il exprime une **appréciation** du sujet sur l'événement, à un pôle opposé où il n'en a plus aucune, mais, comme le dit l'étymologie du terme, est entraîné par une **subordination**.

a. Les formes

Le subjonctif présente moins de tiroirs verbaux et, partant, moins de valeurs temporelles que l'indicatif, ce qui n'est pas pour étonner, s'il est vrai qu'il renvoie souvent à des événements qui ne sont pas envisagés sous l'angle de l'actualisation, et qui donc ne peuvent pas être situés dans une chronologie claire.

Ses tiroirs varient selon que l'on envisage la **langue parlée** ou la **langue écrite**. Dans la première, il n'existe que deux formes, une forme simple et une forme composée :

présent : que vous chantiez **passé** : que vous ayez chanté

qui s'opposent par l'aspect, la seconde marquant l'accompli et étant donc susceptible d'indiquer l'antériorité :

Pourvu qu'il ne pleuve pas, bien que j'**aie pris** mon parapluie !

La langue écrite, elle, dispose de quatre formes, deux formes simples, présent et imparfait, auxquelles correspondent des formes composées :

présent : que vous chantiez **passé** : que vous ayez chanté
imparfait : que vous chantassiez **plus-que-parfait** : que vous eussiez chanté.

Les formes composées, comme dans la langue orale, expriment l'aspect accompli, et la répartition entre formes de présent et d'imparfait dépend de plusieurs facteurs. Il faut distinguer les **emplois en principale** et **indépendante**, et les **emplois en subordonnée**. Dans les premières, où les valeurs modales sont fondamentales, le subjonctif ne renvoie qu'au temps de l'énonciation, c'est-à-dire au présent, et ce sont les deux premières formes qui sont utilisées quasi exclusivement.

En proposition subordonnée, la langue écrite connaît les quatre formes et pratique un ajustement morphologique appelé généralement **concordance des temps**. Il s'agit d'un phénomène caractéristique de la syntaxe de subordination, selon lequel les formes de la principale et de la subordonnée sont en accord, le présent entraînant le présent, sous sa forme simple ou composée, et l'imparfait (le passé simple et le conditionnel), l'imparfait sous sa forme simple ou composée :

je souhaite qu'il réussisse / qu'il ait réussi
je souhaitais (je souhaiterais) qu'il réussît / qu'il eût réussi.

C'est un système qui sort de plus en plus de l'usage.

b. Les valeurs modales

Là encore il convient de distinguer les emplois en principale et les emplois en subordonnée.

1. En principale et indépendante

Il s'agit essentiellement des nuances de la **volonté**, qui n'est que l'une des valeurs qui apparaissent en subordonnée.

Le **commandement** est rare mais possible aux personnes 3 et 6 où n'existe pas de forme d'impératif :

Qu'il vienne !

Proches de ces emplois sont ceux où le subjonctif indique un **souhait**. Il est généralement accompagné de la « béquille » *que* :

Qu'il crève !

et les emplois où *que* n'apparaît pas sont figés ou littéraires :

Le ciel nous en préserve !
Vienne la nuit, sonne l'heure
(Apollinaire, *Sous le pont Mirabeau*)

Ces subjonctifs de volonté sont souvent accompagnés d'une inversion, comme dans l'exemple d'Apollinaire. D'une manière générale, ils sont rares. Le seul emploi vivant est après *pourvu que* :

Pourvu qu'il ne lui soit rien arrivé !

Enfin, le subjonctif en principale peut marquer l'**éventualité**, bien qu'il s'agisse là encore d'emplois de plus en plus rares qui caractérisent certains types de discours, comme le discours didactique :

Soient deux droites perpendiculaires.
Soient les phrases suivantes…

ou certaines attitudes, comme l'indignation ou le refus :

Moi, que je lui fasse des excuses !

C'est ce type d'emploi qui apparaît, précédé de *que* dans des systèmes hypothétiques sans subordination (voir exercice n° 10) :

Qu'il vienne, et il verra.

En fait, tous les emplois du subjonctif en principale, en dehors de locutions figées ou d'emplois avec verbes modaux (*dussé-je* ; *puissé-je*) sont rarissimes si bien que le **subjonctif paraît surtout lié aux subordonnées**.

2. En subordonnée

Il faut distinguer les emplois dans les **circonstancielles**, dans les **complétives** et dans les **relatives**. Dans les premières, le subjonctif est souvent mécanique, bien qu'il soit parfois concurrencé par l'indicatif lorsque la subordonnée implique un fait actualisé, alors que dans les autres propositions, où l'on a souvent le choix entre indicatif et subjonctif, il présente plus fréquemment une valeur modale.

– Les circonstancielles

On n'examinera, à titre d'exemple, que les circonstancielles temporelles, les autres le seront dans les exercices (voir exercices n°s 17 et 18).

On s'attendrait à ce que l'indicatif soit utilisé après les conjonctions ou locutions conjonctives qui actualisent un événement :

> Depuis que l'orage a éclaté, je respire mieux.

et le subjonctif dans le cas contraire :

> En attendant qu'il vous reçoive, installez-vous confortablement.

Mais les hésitations qui se sont fait jour au cours des siècles montrent le conflit entre valeur modale et rôle syntaxique. Par exemple, au XVIIe siècle, *jusqu'à ce que* se construisait avec l'indicatif pour parler d'un fait accompli et dûment constaté :

> Le sang enivre le soldat jusqu'à ce que ce grand prince… calma les courages émus (Bossuet).

et avec le subjonctif quand il s'agissait d'une chose à venir et incertaine, alors qu'aujourd'hui le subjonctif est de règle dans tous les cas.

De même, l'indicatif devrait être employé avec *après que*, qui situe très précisément un événement dans une chronologie antérieure. Or, le subjonctif est là aussi de plus en plus fréquent, sans doute par analogie avec ce qui se produit après *avant que*, avec pour seule valeur un rôle syntaxique.

D'une manière générale, on peut dire que, dans les circonstancielles, le jeu du subjonctif est ainsi obscurci par la **concurrence entre les valeurs modales (volonté et éventualité) et syntaxiques**.

– Les complétives

Ici, les verbes (substantifs, adjectifs) opérateurs de la principale expriment souvent eux-mêmes la modalité. Mode et modalité sont alors en **rapport de complémentarité réciproque** et le subjonctif s'explique plus rarement pour des raisons de simple subordination. On peut distinguer trois types de verbes, les **volitifs**, *vouloir*, *ordonner*, les **subjectifs**, *se désoler*, *se féliciter*, et les **dubitatifs**, *douter.*

Avec les **volitifs** l'emploi du subjonctif est quasi automatique, sauf pour un certain nombre de verbes qui marquent une résolution très ferme : *arrêter*, *décréter*, *disposer*, *décider*, *établir*, *proscrire*, *régler*, *résoudre* et *stipuler*, avec lesquels l'indicatif pose un fait envisagé comme inéluctable :

Je propose qu'il vienne.
vs
Je décide qu'il viendra.

En dehors des complétives construites avec ces verbes, s'il arrive que l'on rencontre l'indicatif, c'est que l'idée de réalisation dans le futur est dominante, et non l'idée de volonté ou de souhait :

Il faut vraiment souhaiter qu'ils réussiront.
vs
Il faut vraiment souhaiter qu'ils réussissent.

Les **subjectifs** sont des verbes ou des constructions qui impliquent un jugement, une appréciation du locuteur, comme *il semble*, *je regrette que*, *le malheur est que*... Pourtant, alors que le lexique marque la modalité, le subjonctif n'est pas automatique. Le fait qu'on ait souvent le choix :

Le malheur, c'est qu'elle ne sache pas se taire.
Le malheur, c'est qu'elle ne sait pas se taire.

démontre que le subjonctif, lorsqu'il est employé, a sa pleine valeur modale et renvoie à un fait simplement envisagé.

Enfin les **dubitatifs** comprennent des verbes ou des expressions dont le lexique exprime le doute et surtout des verbes ou expressions qui ne l'expriment pas mais qui sont à une forme énonciative qui l'implique, comme l'interrogation, l'insertion dans une hypothétique, ou la négation d'un verbe de certitude :

Si je savais que Qui pourra croire que Je ne crois pas que	} nous puissions réussir !

Dans tous ces cas-là, le contexte est clairement modal, et c'est le subjonctif qui est le plus employé.

Ajoutons une pure contrainte syntaxique : lorsque la complétive précède le terme qui la régit, elle est automatiquement au subjonctif et on peut opposer :

Qu'il puisse le faire, je le crois.

et :

Je crois qu'il peut le faire.

– Les relatives

L'indicatif est d'usage normal. Cependant, le subjonctif est possible, mais non automatique, lorsque la principale marque une **exception**, avec un superlatif :

Il a commis l'action la plus basse qu'on puisse imaginer.

ou un adjectif ou une locution de sens restrictif :

Je ne connais qu'une personne qui ait ce type d'audace.

Comme précédemment, la présence d'une négation ou d'une interrogation en principale suffit à entraîner le subjonctif :

Connais-tu quelqu'un qui sache le chinois ?

mais la forme en *-rait* peut généralement lui être substituée :

Connais-tu quelqu'un qui saurait le chinois ?

Pour conclure, on notera en premier lieu la **dissymétrie entre l'emploi du subjonctif en principale, où il est rarissime, et son emploi en subordonnée où il est vivace**. Cette remarque conduit à poser le rapport du mode et de la subordination. Il convient alors de distinguer trois cas dans l'emploi en français du subjonctif en subordonnée :

a. Les cas où l'indicatif et le subjonctif s'opposent :

L'important, c'est qu'il est là. *vs* L'important, c'est qu'il soit là.

La distinction est alors modale.

b. Les cas où l'occurrence de l'indicatif ou du subjonctif est en accord avec une modalité indiquée ailleurs par le contexte :

Je crois qu'il vient. *vs* Je ne crois pas qu'il vienne.

La forme du verbe est alors seulement compatible avec le contexte dans lequel elle figure.

c. Les cas où il n'y a plus aucune corrélation entre la forme et la modalité du contexte. En ce cas, l'apparition de l'occurrence est purement syntaxique.

Il est clair qu'une des difficultés de l'étude du subjonctif tient à l'existence de ces trois cas, ainsi qu'aux glissements qui peuvent toujours s'opérer de l'un à l'autre.

2.3. LES TEMPS ET LES ASPECTS

▲ Définitions.

Sous le nom de temps, on désigne deux phénomènes, qu'il convient de bien séparer : les morphèmes flexionnels du verbe, qu'on appelle très souvent « tiroirs verbaux » et leur éventuelle valeur temporelle, c'est-à-dire leur relation à la chronologie. Outre cette valeur temporelle, ils peuvent également présenter une valeur aspectuelle. Ajoutons qu'ils peuvent également, comme le futur, avoir une valeur modale, ce qui complique encore leur analyse.

On commencera par définir la chronologie et l'aspect avant d'analyser le détail de chaque tiroir verbal.

Il faut distinguer **deux types de chronologie**, selon qu'elles s'établissent à partir du moment de l'énonciation (R = L), ou bien d'un repère distinct (R ≠ L) (voir p. 97). On parle parfois, pour le premier type, de « chronologie absolue » et, pour le second, de « chronologie relative ». La terminologie n'est pas très heureuse, car toute chronologie est relative à un repère, que ce soit L ou un événement. Il vaut donc mieux parler de chronologie déictique pour la première, quand les époques sont définies par rapport au locuteur et à son présent, qui sert de point de référence et permet de situer le passé et le futur. Quant à la seconde, puisque le repère est défini en contexte par un événement lui-même situé en chronologie déictique, on peut l'appeler « chronologie anaphorique ». On se souvient en effet que la référence exophorique s'établit en dehors de l'énoncé, avec le monde, et que la référence endophorique s'établit à l'intérieur de l'énoncé, de manière anaphorique (renvoi à ce qui précède), ou cataphorique (renvoi à ce qui suit). À strictement parler, il faudrait parler de chronologie endophorique, mais comme elle est souvent anaphorique, on simplifiera en adoptant ce terme. La chronologie déictique oppose le présent, le passé et le futur, la chronologie anaphorique, ce qui est simultané (**en même temps**), antérieur (**plus tôt**, **avant**) ou postérieur (**plus tard**, **après**). La première chronologie n'est pas stable, car ce qui est présent maintenant sera passé demain, alors que la seconde l'est : si un événement a eu lieu avant un autre, il lui sera toujours antérieur.

Quant à l'**aspect**, il est très difficile à définir. On dira de façon générale qu'il s'agit de la **manière dont le sujet envisage l'événement dans son déroulement**, et non plus, comme le mode, dans son degré de réalisation. Si cette définition est relativement simple, elle se complique dès que l'on essaie de définir les différents types d'aspects. La première difficulté tient à ce que l'aspect n'a pas de marque flexionnelle propre. De plus, l'aspect et la chronologie sont souvent liés, et il est clair par exemple qu'il y a une relation entre l'aspect accompli et le passé (ou l'antériorité) :

> Il est parti par un beau jour d'été.
> Quand nous rentrerons, il aura terminé.

Enfin, l'aspect tient à la fois au **lexique du verbe**, à ses **marques flexionnelles** et à la **construction grammaticale**. Ainsi, on peut opposer le sens de verbes comme *sortir* ou *entrer*, qui prennent en considération les limites de l'action à celui d'un verbe comme *marcher*, qui indique une action qui peut se poursuivre (voir exercice n° 19), un tiroir verbal comme *il chantait* à *il chanta*, et une construction simple comme *il chante* à une construction périphrastique comme *il commence à chanter*. On parle parfois de périphrases verbales où des verbes qui marquent l'aspect se combinent en effet avec l'infinitif d'un autre verbe pour indiquer le début, le déroulement ou la fin du procès auquel renvoie ce verbe (voir exercice n° 19) :

être sur le point de
commencer à
avoir fini de
venir de, etc.

On appelle aussi parfois ces verbes aspectuels des semi-auxiliaires, mais cette terminologie est trompeuse, car les verbes en question ne se combinent pas avec tous les verbes, à la différence des auxiliaires qui peuvent être définis strictement comme des aides de la flexion verbale. Ainsi, tous les verbes se conjuguent aux formes composées avec les auxiliaires *être* ou *avoir*, mais tous (voir exercice n° 19) n'acceptent pas *commencer* à, *être en train de*, etc. Par ailleurs, les auxiliaires sont de purs outils grammaticaux qui ont perdu leur sens. Il n'en va pas de même des « semi-auxiliaires ». On choisira donc de ne pas utiliser cette terminologie : les verbes qui servent à la fabrication des périphrases verbales sont, conformément à la définition qui en a été donnée (voir p. 55 : verbes qui se construisent avec un infinitif et/ou une complétive), des verbes **opérateurs**. Rappelons qu'on distingue parmi eux les **modaux-aspectuels** qui, seuls, ont la propriété de pouvoir être suivis d'un unipersonnel : *il va pleuvoir, il a fini de pleuvoir*… et marquent la modalité ou l'aspect.

Ajoutons que l'aspect est souvent soutenu par le contexte, par exemple par la présence de compléments de temps :

Il marchait depuis des heures.

On distingue plusieurs types d'aspect en français, dont on citera les principaux. Les verbes opérateurs indiquent en particulier l'aspect inchoatif (*il commence à travailler*), progressif (*il est en train de travailler*), prospectif (*il va travailler*), terminatif (*il a fini de travailler*). Quant aux formes verbales, elles indiquent l'aspect perfectif, qui marque une vue globale du procès, comme avec le passé simple ou le futur, et imperfectif, qui n'envisage pas ses bornes, comme avec l'imparfait, l'accompli, qui marque l'état qui résulte d'un procès achevé, et l'inaccompli, qui le saisit dans son déroulement, l'itératif, qui marque qu'une action est répétée.

▲ Valeurs chronologiques et aspectuelles des tiroirs verbaux de l'indicatif

C'est en effet essentiellement à ce mode que le verbe peut présenter différentes valeurs chronologiques, puisqu'il est le seul à combiner énonciation et actualité.

Tout tiroir verbal est susceptible, dans des proportions variables, de **valeurs modales, aspectuelles et chronologiques**. Comme d'ailleurs dans les autres modes, il convient de distinguer deux séries de formes, les unes simples et les autres **composées**, puisqu'elles sont formées d'un auxiliaire, *avoir* ou *être*, et d'un participe passé. À une forme simple correspond toujours une forme composée de même niveau. On a ainsi :

simples	**composées**
présent	passé composé
imparfait	plus-que-parfait
passé simple	passé antérieur
futur	futur antérieur
conditionnel	conditionnel passé.

On peut remarquer combien la terminologie est sur ce point trompeuse puisqu'elle ne met pas en relation les formes semblables et rapproche au contraire des tiroirs verbaux très différents, du moins du point de vue morphologique. Ainsi, le présent de l'indicatif se trouve coupé du passé composé que l'on devrait plutôt appeler présent composé et qui est rapproché du passé simple sur lequel il n'est pourtant pas formé. C'est que la terminologie hésite entre un principe morphologique et un principe sémantique. Signalons que certains français (langue très soutenue ou français régional comme les français méridional ou romand connaissent même des formes surcomposées : *j'ai eu chanté, j'avais eu chanté, j'aurai eu chanté, j'aurais eu chanté.*)

Un dernier point à souligner est que l'intégralité de ces deux séries ne caractérise que la **langue écrite** et que le système de l'**oral** est plus restreint, puisqu'il ignore le passé simple et le passé antérieur. Le nombre des formes étant donc différent dans la langue écrite et dans la langue parlée, il est évident que les valeurs seront différentes.

– Les formes simples.

À l'indicatif, elles sont donc au nombre de quatre.

Le présent fonctionne comme **forme non marquée**. Et ce, d'abord sur le plan morphologique, puisqu'il ne présente pas de morphème particulier, mais aussi en ce qui concerne son emploi, puisque le présent est susceptible de remplacer n'importe quelle autre forme verbale, ce qui est la définition même d'une forme non marquée (de même le masculin, dans la flexion en genre, est-il une forme non marquée par rapport au féminin : *Jacques et Jeanne sont ven**us***). Par conséquent, le présent est susceptible de renvoyer aussi bien au présent du locuteur :

En ce moment il fait beau.

qu'à son passé :

Hier, ne voilà-t-il pas que je rencontre Jacques !

ou à son futur :

Je pars la semaine prochaine en vacances.

D'une façon générale, on peut dire qu'en l'absence de toute indication contraire, une forme de présent sera automatiquement rapportée à l'actuel, c'est-à-dire aux conditions de l'énonciation : l'événement et le moment de l'énonciation coïncident, ou plutôt sont vus comme coïncidant.

Cela explique que le présent puisse s'employer pour renvoyer à un événement objectivement passé ou futur, s'il est perçu comme faisant partie de la sphère, toujours extensible, de l'énonciation.

Le présent peut évidemment renvoyer à un événement (approximativement) contemporain de l'acte d'énonciation :

> J'entends des pas.
> Je te promets de venir.

Mais il peut aussi présenter une valeur générale et l'on parlera de présent **gnomique** :

> Souvent femme varie.

ou de présent d'habitude selon les contextes :

> La sirène sonne tous les premiers mercredis du mois à midi.

Ils s'expliquent par la valeur aspectuelle du tiroir, car, si sa valeur chronologique est difficile à établir avec précision, il n'en va pas de même de sa valeur aspectuelle : il ne peut marquer que des aspects compatibles avec l'**inaccompli**, et en aucun cas les limites, début ou fin, de l'action exprimée ne sont prises en compte.

Dans d'autres emplois, le présent ne renvoie pas à un événement objectivement contemporain de l'acte d'énonciation puisqu'il est situé dans le passé ou le futur. On a alors généralement besoin d'indices dans la situation :

> Qu'est-ce que tu fais ? – J'arrive !

ou dans le contexte :

– présence de la conjonction *si* dont la valeur hypothétique confère au présent valeur de futur :

> S'il pleut, je ne sortirai pas.

– marques temporelles du passé (datations, adverbes, autres tiroirs verbaux) comme pour le **présent historique** utilisé, comme son nom l'indique, dans des textes où la chronologie est clairement indiquée :

> Chateaubriand meurt le 4 juillet 1848.

Bien qu'on l'en distingue souvent, on rapprochera de ce présent le **présent de narration**, qui sert à évoquer des événements passés dont le souvenir est particulièrement vivace à la conscience et qui suppose également un contexte passé :

> À peine Julie m'eût-elle aperçu qu'elle me reconnût. À l'instant, me voir, s'écrier, courir, s'élancer dans mes bras ne fut pour elle qu'une même chose. À ce son de voix je me sens tressaillir ; je me retourne, je la vois, je la sens. (Jean-Jacques Rousseau, *La Nouvelle Héloïse*)

Dans certains romans modernes, on trouve un **présent continu** :

> La petite fille quitte la fenêtre et se met à chanter un chant étranger dans une langue qu'elle ne comprend pas. Elle n'a pas encore tout à fait fermé le rideau de la fenêtre et on voit encore clair dans la chambre. Elle se regarde dans la glace. Elle voit des cheveux noirs et la clarté des yeux. (Marguerite Duras, *Aurélia Steiner*)

Dans la mesure où aucune datation n'est requise, l'effet n'est pas le même. Cet emploi est une sorte de présent d'aplatissement, gommant tous les reliefs de la chronologie pour évoquer la durée étale de la conscience de l'énonciateur. Tous ces présents caractérisent surtout l'écrit. Il en est qui au contraire se rencontrent essentiellement dans la langue parlée. Dans l'exemple suivant :

> Si la voiture avance, je suis mort.

qu'il faut interpréter non pas comme se rapportant au futur, mais indiquant une éventualité qui, fort heureusement, ne s'est pas réalisée, c'est le contexte intonatif et la situation qui permettent de voir que le présent porte sur le passé.

Signalons enfin le cas particulier du **présent passif** : la **présence du participe passé, à valeur d'accompli**, fait qu'une phrase comme :

> Ce travail est fait en dépit du bon sens.

peut s'interpréter soit comme renvoyant à un procès en train de se faire, en conformité avec le sens du présent, soit comme indiquant le résultat présent d'un procès accompli et passé. En pareil cas, le participe passé fonctionne plutôt comme un adjectif attribut après le verbe *être* que comme élément servant à former le passif (voir p. 113).

L'imparfait est en continuité aspectuelle avec le présent, puisque, comme lui, il est **impropre à l'accompli** et ne marque pas les limites du procès. Il représente la transposition du présent dans le passé et il sert essentiellement à marquer la simultanéité. C'est de sa valeur aspectuelle fondamentale qu'il tire la majorité de ses effets, selon le contexte : **imparfait d'habitude**, **imparfait descriptif** qui pose un cadre sur lequel vont se détacher des faits saillants. Dans tous les cas, il exprime un temps perçu comme continu. Employé en contraste avec un passé simple, il introduit autour de lui un fond de continuité. Il a des affinités avec les verbes qui n'indiquent pas les bornes de l'action et sont donc imperfectifs. Il est particulièrement bien adapté aux débuts de romans :

> Dans la plaine rase, sous la nuit sans étoiles, d'une obscurité et d'une épaisseur d'encre, un homme suivait seul la grande route de Marchiennes à Montsou. (début de *Germinal* de Zola)

En revanche, il a évidemment peu d'affinités pour les verbes indiquant une action ponctuelle ou bornée bien qu'il ne soit pas exclu. Mais il n'est pas indifférent d'écrire :

En 1768 naissait à Saint-Malo M. de Chateaubriand.

au lieu d'utiliser le passé simple. Si rien n'est changé en ce qui concerne la chronologie ou le type de procès impliqué par le lexique du verbe, l'imparfait introduit un prolongement et fait de cette naissance un événement prometteur gros de conséquences, là où le passé simple aurait simplement inséré un événement dans une série. L'imparfait dit de rupture tire précisément ces effets de cette valeur d'ouverture :

Elle le vit, se montra, sourit.
Le soir même, il était son amant. (Maupassant, *Le lit*)

Signalons enfin la valeur modale que l'imparfait doit peut-être à son imprécision aspectuelle : il peut atténuer les contours de la réalité, évidemment après *si* dans l'hypothèse, mais même employé seul dans des usages chargés affectivement et dit **hypocoristiques**, comme dans l'imparfait que l'on utilise avec les enfants ou les animaux :

Qu'il était joli, ce petit bébé !

où l'utilisation de la troisième personne au lieu du *tu* renforce l'effet de mise à distance, ou dans les emplois dits de **politesse** où il atténue la brutalité d'une demande :

Je voulais vous demander un service.

Dans ce dernier emploi, il est à mettre en série avec d'autres tiroirs verbaux, de plus en plus atténuatifs :

Je voudrais vous demander un service.
J'aurais voulu vous demander un service.

On peut enfin employer l'imparfait dans une chronologie anaphorique : on l'appelle parfois **imparfait de perspective** et il marque que l'événement est vu dans la continuité du repère auquel il est donné comme simultané :

Ils m'ont avoué (E1) qu'ils détestaient (E2) ce film.

```
                              L
———— E1 = R ————————————————————————
     E2
```

Comme dans cet exemple, cet emploi est particulièrement fréquent dans le discours indirect.

Le passé simple renvoie au passé comme l'imparfait, mais il indique les limites de l'action, saisie dans sa globalité (on parle parfois d'aspect **aoristique**). Il aura donc une affinité avec les verbes qui renvoient à une action circonscrite et présentent un aspect **perfectif** (voir exercice n° 19). Il n'est pas en continuité avec le présent et indique que les événements évoqués, révolus une fois pour toutes, sont tenus à distance de la conscience du locuteur. C'est ce qui explique que ce soit un temps fréquent dans le discours historique. Il est particulièrement apte à situer les faits dans une **série** d'événements et il marque alors la **succession** :

> Quand nous accostâmes le môle, les gendarmes et les douaniers sautèrent sur le pont, visitèrent nos bagages et nos passeports. (Chateaubriand, *Mémoires d'outre-tombe*)

C'est évidemment lorsque passé simple et imparfait sont employés en contraste dans un même énoncé que la valeur aspectuelle de chacun d'eux est particulièrement sensible : le passé simple permet de détacher un événement là où l'imparfait décrit un cadre :

> J'étais frappé de l'air pauvre du pays : à peine quelques mâts se montraient dans le port ; une population en carmagnole et en bonnet de coton s'avançait au devant de nous le long de la jetée : les vainqueurs du continent me furent annoncés par un bruit de sabots. (Chateaubriand, *ibid.*)

Dans l'exemple qui précède, le passé simple, après les deux points allusifs, souligne la brutalité de la conclusion en forme de constat.

Signalons enfin que, refermé sur lui-même, le passé simple n'est pas utilisé en chronologie anaphorique et qu'il ne semble pas avoir de valeur modale.

Le futur permet de situer le procès dans la chronologie déictique, dans une époque à venir par rapport au moment de l'énonciation. Cette époque peut être plus ou moins lointaine et ce ne sont que des déterminations contextuelles qui permettront de parler de futur proche :

> Je partirai dans quelques minutes.

ou lointain :

> Je partirai dans une éternité.

à supposer que cette opposition, toute relative, ait vraiment un sens linguistique. Il n'a pas de valeur aspectuelle très nette, mais il a en commun avec le passé simple, dont il comporte la terminaison aux personnes du singulier, de saisir l'événement dans sa globalité, de pouvoir suggérer un fragment de temps autonome et **discontinu** et de renvoyer à des faits qui se succèdent à l'intérieur d'une série. Il lui est donc possible de marquer la **succession**, comme le passé simple :

> Demain, je me lèverai tôt. Je boirai rapidement un café et je me mettrai au travail.

ou de ne pas la marquer, comme l'imparfait :

> Nous disparaîtrons sans retour : vous renaîtrez, œillet de poète [...] ; mais nous, nous ne revivrons pas. (Chateaubriand, *Mémoires d'outre-tombe*)

Du fait qu'il situe l'événement dans l'avenir, le futur a une inévitable valeur modale. Comme l'imparfait, il est apte à **atténuer les contours de la réalité** et sera donc utilisé pour traduire l'hypothèse en l'absence même de toute indication contextuelle :

Quel est ce bruit ? Ce sera le vent.

ou pour atténuer une affirmation :

Vous avouerez qu'il y a de quoi s'inquiéter.

Mais il peut aussi exprimer la volonté et a la même valeur que l'impératif, comme dans les dix commandements :

Tu ne tueras point.

Le conditionnel, enfin, a **une valeur temporelle moindre que sa valeur modale**. Lorsqu'il marque le temps, il ne peut s'employer en chronologie déictique, mais seulement en chronologie anaphorique par rapport à un repère passé auquel l'événement qu'il vise est postérieur, d'où le nom qu'on lui donne parfois de futur dans le passé :

Il m'a dit qu'il viendrait.

Il est évidemment très fréquent dans le discours indirect introduit par un verbe de parole au passé.

Sa valeur modale est fondamentale, c'est celle de l'éventualité et il s'emploie lorsque la probabilité de réalisation est moindre qu'avec un futur :

On proposera une réforme au printemps.

vs

On proposerait une réforme au printemps.

C'est un temps souvent utilisé par la presse, et on parle de conditionnel journalistique : il permet au journaliste de dégager sa responsabilité en donnant les événements comme possibles et non attestés.

– Les formes composées.

Elles ont en commun d'exprimer l'**aspect accompli**, puisqu'elles comportent une forme de participe passé dont c'est la valeur. Elles peuvent s'employer seules, en chronologie déictique, mais, en dehors du passé composé, le plus souvent en chronologie anaphorique.

Le passé composé sert d'accompli au présent, tiroir de l'auxiliaire qui permet de le former, et il a alors des emplois parallèles à ceux du présent, par exemple renvoyer au futur :

Tu arrives ? – J'ai fini de me préparer dans une minute !

Mais de l'accompli à l'antérieur, il n'y a qu'un pas, si bien que **le passé composé sert souvent de passé**. Il fonctionne alors différemment selon qu'il s'agit de la langue écrite ou de la langue parlée. Dans les deux cas, le repère étant L, on est dans une chronologie déictique, mais les emplois sont évidemment plus larges à l'oral, qui ignore le passé simple. Dans la langue écrite, le passé composé, en concurrence avec ce dernier tiroir, s'en distingue en ce qu'il permet d'évoquer des événements passés, certes révolus, mais dont les conséquences sont encore présentes à la conscience, comme le montre dans l'exemple suivant l'emploi du futur qui le suit :

> En passant dans Villeneuve, je jetais un regard sur la rue déserte et sur la maison fermée de mon ami. La dernière fois que cela m'arriva, j'allais en ambassade à Rome [...] Il a plu à Dieu d'ouvrir à M. Joubert une Rome céleste [...] Je ne le rencontrerai plus ici-bas. (Chateaubriand, *Mémoires d'outre-tombe*)

Dans la langue parlée, le passé composé cumule les valeurs qu'il a à l'écrit avec celles du passé simple.

Le plus-que-parfait sert à indiquer l'accompli de l'imparfait qui, on l'a vu, à lui tout seul, ne peut indiquer cet aspect :

> À huit heures, la nuit était déjà tombée.

Il marque généralement l'antériorité par rapport à un repère passé, exprimé par l'imparfait et s'emploie donc avant tout en chronologie anaphorique :

> Il m'a dit que, quand il avait fini, il sortait.

Le futur antérieur sert de la même façon à indiquer l'**accompli du futur** dont il a les valeurs modales :

> Il n'est toujours pas là. Il se sera arrêté en chemin.

En chronologie anaphorique, il marque l'antériorité par rapport à un repère futur :

> Il dit qu'il partira quand il aura fini.

Le conditionnel passé marque l'**accompli du conditionnel** :

> Les deux armées adverses se seraient exterminées.

ou l'antériorité :

> S'il faisait beau, je sortirais quand j'aurais terminé.

Le passé antérieur, rare, puisqu'il est formé sur le passé simple, est un accompli du passé ou sert à marquer l'**antériorité du passé simple**.

Signalons enfin qu'on analyserait les formes surcomposées par rapport aux formes composées de la même façon que celles-ci par rapport aux formes simples.

L'examen, même rapide, des tiroirs verbaux, permet ainsi de faire apparaître la complexité du système où la combinaison des différents types de valeurs, temporelles, aspectuelles et modales produit une gamme d'effets, variés et très souples. Leurs utilisations stylistiques, que certains exemples littéraires auront permis d'entrevoir, en sont la conséquence directe (voir exercice n° 20).

3. FORMES ET VOIX

Dans les langues anciennes, le verbe est caractérisé également par la **voix** – on dit parfois la **diathèse** –, qui indique la façon dont **le sujet du verbe participe au procès** : par exemple, dans l'actif, il est agent, alors que dans le passif, il est patient et subit l'action. Dans les langues modernes, les faits sont beaucoup moins clairs : le sujet d'une forme active, par exemple, n'est pas nécessairement un agent, mais peut être un patient, comme dans *il souffre*, si bien qu'il n'y a pas nécessairement de correspondance entre la construction et le sens. C'est en particulier pour des formes comme le pronominal ou le passif que l'on aura à se demander si elles méritent le nom de voix ou sont seulement des constructions particulières du verbe.

3.1. L'ACTIF ET LE PASSIF

Le passif est défini en liaison avec l'actif, c'est-à-dire qu'à la forme :

GN1	V	GN2
Des coups	ébranlent	la porte.

est associée la forme :

GN2	est Vpp	prép GNI
La porte	est ébranlée	par des coups.

Le verbe offre donc une autre construction : le complément d'objet de la construction active est le sujet du passif et, dans quelques cas très rares, il en va de même d'un complément indirect :

Tous obéissent à Jacques.
Jacques est obéi de tous.

Ce sujet ne se distingue pas des sujets des constructions actives : les phénomènes d'accord sont les mêmes et l'on peut avoir une coordination entre passif et actif :

Il a été mordu par un chien et il a beaucoup souffert.

Enfin, le sujet de la construction active est complément prépositionnel précédé de *par*, *de* et parfois *dans*, dans la construction passive équivalente :

La carafe contient du vin.
Le vin est contenu dans la carafe.

Chacun de ces points est soumis à un certain nombre de conditions particulières et de restrictions :

a. Le sujet :

Le passif est plus fréquent lorsque GN2 est un animé, car la tendance de la phrase française est, semble-t-il, d'aller de l'animé à l'inanimé. On dira donc plus volontiers :

Le passant a été renversé par une voiture.

que :

Une voiture a renversé le passant.

D'autres facteurs concernant le sujet sont analysés dans l'exercice n° 21.

b. Les verbes :

Le lexique influe sur la formation du passif (voir exercice n° 21). On doit également s'interroger sur la construction en *être + participe*, qui existe en dehors même du passif, avec certains verbes intransitifs :

Paul est sorti.

ou avec des verbes transitifs avec lesquels *être* attributif peut être suivi d'un participe passé adjectival :

Le mur est démoli.

Pour pouvoir parler de passif, il faut pouvoir mettre en parallèle la construction avec une forme active. Si ce n'est pas possible, comme dans :

La mer est salée.

que personne ne songerait à rapprocher de :

On sale la mer.

on ne parlera pas de passif.

De plus, il faut signaler qu'il n'y a pas toujours concordance d'aspect entre l'actif et le passif :

Ils construisent la maison.

implique un déroulement, alors que :

La maison est construite.

implique, sauf contexte tout à fait particulier, un aspect accompli, lié à la présence du participe passé. Le passif n'est toujours en concordance avec l'actif que pour les verbes **statifs** qui marquent un état :

Une nappe recouvre la table.
La table est recouverte d'une nappe.

Au contraire, il y aura décalage lorsque *recouvre*, avec sujet animé, implique une action en train de se faire :

Je recouvre la table d'une nappe.

c. Le complément d'agent :

Il est introduit par une préposition qui est le plus souvent *par*, parfois *de* ou une préposition de lieu. Anciennement, il pouvait aussi l'être par *à (mangé aux mites)*. *De* est utilisé avec des verbes statifs, souvent psychologiques :

Elle est haïe de tous.
Il est passionné de théâtre.

Ce complément peut être omis, mais l'omission d'un animé est plus fréquente que celle d'un inanimé et certains compléments, en particulier lorsque le verbe est pris au sens figuré, sont obligatoires :

Mille arrière-pensées sous-tendent la conversation.
La conversation est sous-tendue par mille arrière-pensées.
*La conversation est sous-tendue.

Si donc il est aisé de formuler la règle de formation du passif, on voit combien son application pose de problèmes dans le détail.

En ce qui concerne leurs valeurs sémantiques, il faut se garder d'attribuer à *actif* et à *passif* leur sens étymologique. Tout comme *actif* n'est pas à relier nécessairement à action produite, *passif* ne peut pas l'être à action subie. Par exemple dans :

Il existe.

le procès renvoie à un état, dans :

Il souffre.

le sujet n'est pas agent, mais patient, dans :

Il reçoit une lettre.

il est le bénéficiaire de l'action, etc. L'actif présente donc toute une gamme de valeurs sémantiques (voir p. 138 à propos des valeurs des sujets). De même en va-t-il pour le passif. Dans :

Des coups lui furent donnés.

ce ne sont nullement les coups qui subissent l'action, mais bien celui qui est désigné par *lui*. Le passif n'exprime pas non plus un état, comme le prouve le fait que, selon le lexique du verbe, il est compatible avec *être en train de*, alors que les verbes d'état ne le sont pas (voir exercice n° 19) :

Cette maison est en train d'être reconstruite.

vs

*Cette maison est en train de pencher comme la tour de Pise.

Il semble donc que la seule unité que l'on puisse attribuer au passif soit dans l'**échange des rôles syntaxiques de sujet et de complément**, et dans la **possibilité de supprimer le complément prépositionnel**. Mais en conséquence, à côté du passif, il faut envisager d'autres constructions où se manifestent ces mêmes phénomènes, comme les constructions en ***se faire* à sens non causatif** :

Il a été piqué par un frelon.
Il s'est fait piquer par un frelon.

(dans les deux cas, *frelon* est construit avec la préposition *par*), ou celles qui comportent des **verbes réversibles** (voir exercice n° 24) :

La cuisinière cuit le gâteau.
Le gâteau est cuit par la cuisinière.
Le gâteau cuit.

On voit que le même sens peut être exprimé par des constructions fort différentes, si bien qu'on peut rencontrer des expressions ambiguës comme :

Il a fait manger ses poules.

qui peut être :

Il a donné à manger à ses poules.

ou :

Il a donné ses poules à manger.

Si l'on cherche donc une valeur commune à toutes les constructions en *GN2 est Vpp par GN1*, il est clair qu'on n'en trouvera pas. Force est de trouver son unité dans un fonctionnement syntactico-sémantique tel que l'échange des rôles et de la place des éléments avec lesquels se construit le verbe.

3.2. LES VERBES PRONOMINAUX

Ils ont un fonctionnement et des valeurs différents, mais offrent une définition formelle commune :

– **la présence d'un pronom conjoint de même rang que le sujet** : *je me*, *tu te*, *il se*, etc. Aux personnes 3 et 6, c'est *se* (voir p. 169) qui apparaît et non *le* (*la*, *les*).

– l'emploi constant de l'**auxiliaire *être* aux temps composés :**

Il s'est enfui.
Elle s'est habillée. *vs* Elle a habillé sa fille.

On peut néanmoins, à l'intérieur de cette catégorie générale, distinguer plusieurs types différents :

– **les réfléchis :**

Il se lave.

La construction pronominale peut alors être opposée à une construction non pronominale du même verbe :

Il lave sa voiture.

qui permet de comprendre quelle est la fonction du pronom direct d'objet dans l'exemple précédent, mais indirect dans le suivant :

Ils se sont succédé.
Jacques a succédé à Jean.

et de savoir qu'aux temps composés le participe reste invariable dans le second cas :

Elle se lave. /Elle se permet de dire ce qu'elle pense.
Elle s'est lavée. / Elle s'est permis de dire ce qu'elle pense.

On peut distinguer différents sens.
Avec le **sens réflexif**, l'action faite par le sujet s'exerce sur lui-même :

Elle se regarde dans le miroir.

Le sens **réciproque :**

Ils se battent entre eux.

représente un cas particulier du précédent, où le sujet est obligatoirement pluriel. Les réciproques peuvent être paraphrasés par *mutuellement*, *réciproquement*, *l'un l'autre (les uns les autres)*. Ce sont, du point de vue du lexique, généralement les mêmes verbes que les réfléchis, et l'on rencontre ainsi un grand nombre d'emplois ambigus :

Ils se sont plaints (mutuellement ou chacun de son côté).

Le sens **successif** apparaît avec certains verbes qui marquent la consécutivité :

Les deux hommes se sont succédé à la tête du gouvernement.

Un seul a évidemment pu succéder à l'autre.

– **les verbes dits essentiellement pronominaux (ou lexicalisés) :**

Elle s'est évanouie.

La construction pronominale ne peut alors pas être mise en relation avec une autre construction du verbe, soit qu'il n'en existe aucune autre, comme pour *s'évanouir*, *s'enfuir*, *se souvenir*, soit que, s'il en existe, elles n'aient aucun rapport sémantique. Ainsi *se tenir bien* ne saurait être relié à *tenir quelqu'un ou quelque chose*. C'est une expression entièrement lexicalisée dont le rapport avec le verbe simple n'est pas descriptible. Ces pronominaux sont très productifs, en particulier dans la langue populaire et en argot : *se casser*, *se magner*, *se carapater*, *se trisser*...

– **les constructions pronominales à sens passif :**

Ce produit se vend bien.

La construction pronominale ne peut pas être mise en rapport avec une construction active :

*Ce produit le vend bien.

mais avec une construction passive :

Ce produit est bien vendu.

ou avec une construction active où le sujet du pronominal est complément :

On vend bien ce produit.

Plusieurs contraintes pèsent sur cette construction. Le **sujet** est généralement **inanimé** et, s'il est animé, il s'agit d'un effet de style, comme le montre dans l'exemple suivant l'emploi du pronom inanimé *ça* :

Les enfants, ça s'élève à la trique.

Le sujet ne peut renvoyer à un élément isolé, mais à une classe :

*Mon fils, ça s'élève à la trique.

Cette **valeur générique** explique la présence fréquente d'adverbes ou de compléments de manière, comme *à la trique* dans l'exemple précédent, et l'affinité de la construction avec le présent, sans que cela soit une obligation :

Ce sport se pratique en plein air.

L'**agent**, qui était exprimé en français classique, ne l'est plus, et il est spontanément interprété comme un **animé**.

Devant la diversité des emplois que l'on vient d'énumérer, il est difficile de prêter aux pronominaux une valeur générale et d'y voir une voix impliquant un type de participation particulier à l'action. On parlera donc plutôt de **forme pronominale**, bien que certains grammairiens pensent que la caractéristique de la construction pronominale est de faire du sujet à la fois l'agent et le patient de l'action, dans des proportions variables selon les emplois.

3.3. VERBES ET CONSTRUCTIONS UNIPERSONNELLES

Ces verbes n'admettent qu'un pronom sujet, *il* ou *ce*, qui ne peut commuter avec un autre :

Il pleut. Il arrive une voiture.
*Elle pleut. *Elle arrive une voiture.

C'est ce qu'indique le terme d'*unipersonnel*, préférable à *impersonnel*. Ce *il* ne peut pas davantage être mis en relief :

*Lui, il pleut. *C'est lui qui pleut.

En fait, il fait quasiment partie du verbe comme un morphème flexionnel de personne, et c'est pourquoi certains grammairiens considèrent qu'un verbe unipersonnel sans complément est de valence zéro. Dans certains cas, rarissimes, il peut commuter avec un GN :

Les coups vont pleuvoir.

Il s'agit alors de verbes qui expriment un phénomène météorologique, et ces GN indiquent la matière, généralement métaphorique.

Les unipersonnels peuvent être suivis d'un SN, infinitif ou proposition :

Il faut un médecin
partir
que tu sortes.

Se pose alors le problème de la fonction de ces éléments. Il sera examiné au chapitre 4. On signalera seulement ici qu'on parlera de **séquence de l'unipersonnel**.

On peut distinguer deux types d'unipersonnels, selon qu'ils peuvent ou non être mis en relation avec une autre construction du même verbe : les verbes **intrinsèquement unipersonnels** comme *il faut*, *il est question de*, ainsi que les verbes qui désignent des phénomènes atmosphériques, *il neige*, *il pleut*, *il grêle*, dont c'est la seule construction, et les **constructions unipersonnelles** de verbes admettant par ailleurs des constructions personnelles :

Il arrive une voiture.
Une voiture arrive.

On classera parmi les verbes intrinsèquement unipersonnels des verbes comme *il semble*, *il paraît*, *il s'agit*, parce que, même si ces verbes sont susceptibles d'emplois personnels, la construction unipersonnelle et la construction personnelle ne peuvent pas être mises en relation :

Il semble qu'il fera beau.
*Qu'il fera beau semble.

vs

Il lui semble bon de partir.
Partir lui semble bon.

où l'on peut mettre les deux en relation.

Lorsque la construction unipersonnelle peut être reliée à la construction personnelle, plusieurs points sont à noter. En premier lieu, lorsque le sujet de la construction personnelle est un GN, il ne peut apparaître comme séquence de la construction unipersonnelle que s'il est précédé d'un article indéfini :

Une voiture arrive. Il arrive une voiture.
La voiture arrive. ? Il arrive la voiture.

Les GN à déterminant défini sont rares et littéraires :

Ici il ne roule que le feu jailli de la mélinite.
(Apollinaire, *Le Palais du tonnerre*)

Le tour unipersonnel, de ce point de vue, peut être rapproché du présentatif *il y a*, qui, lui aussi, doit être suivi d'un déterminant indéfini. L'un et l'autre servent à constater l'existence d'un phénomène.

La construction unipersonnelle se rencontre avec des verbes à construction intransitive :

Il naît et meurt beaucoup de gens chaque jour.

mais non pas transitive :

*Il emprunte chaque jour beaucoup de gens des centaines de livres dans cette bibliothèque.

à moins qu'elle ne soit au passif :

Il est emprunté chaque jour des centaines de livres dans cette bibliothèque.

ou à la forme pronominale à sens passif :

Il s'emprunte chaque jour des centaines de livres dans cette bibliothèque.

On peut avoir ce type de construction même avec des verbes qui n'admettent ordinairement pas le passif :

On a parlé du projet.
*Le projet a été parlé.
Il a été parlé du projet.

Signalons enfin qu'il est presque impossible de prévoir les verbes auxquels va s'appliquer la construction unipersonnelle :

Il vient trois personnes.
? Il court trois personnes.

et que, parfois, elle n'est possible qu'avec certaines séquences :

Il tombe des cordes.
vs
? Il tombe des livres de la table.

3.4. TRANSITIVITÉ ET INTRANSITIVITÉ

On ne développera pas ce point ici, puisqu'on y reviendra à propos de l'examen des fonctions des SN. On se contentera d'indiquer que, si la présence du sujet est obligatoire (ailleurs évidemment qu'à l'impératif), un verbe peut régir un ou plusieurs compléments ou ne pas en avoir :

0 complément (valence 1) :	Pierre court.
1 complément (valence 2) :	Pierre mange un gâteau.
2 compléments (valence 3) :	Pierre donne un gâteau à Jacques.
	Pierre parle à Jacques de son travail.

Une construction sans complément est dite **intransitive**, les autres **transitives**. Chaque verbe peut ainsi être caractérisé par une ou plusieurs constructions.

ENTRAÎNEZ-VOUS

16. L'INFINITIF

But de l'exercice : réfléchir sur le statut de l'infinitif, par rapport au verbe et par rapport au nom.

Soit le texte suivant :

Insistons sur un détail. N'avoir jamais menti, n'avoir jamais dit, pour un intérêt quelconque, même indifféremment, une chose qui ne fût la vérité, la sainte vérité, c'était le trait distinctif de la sœur Simplice ; c'était l'accent de sa vertu. Elle était presque célèbre dans la congrégation pour cette véracité imperturbable. L'abbé Sicard parle de la sœur Simplice dans une lettre au sourd-muet Massieu. Si sincères, si loyaux et si purs que nous soyons, nous avons tous sur notre candeur au moins la fêlure du petit mensonge innocent. Elle, point. Petit mensonge, mensonge innocent, est-ce que cela existe ? Mentir, c'est l'absolu du mal. Peu mentir n'est pas possible ; celui qui ment, ment tout le mensonge ; mentir, c'est la face même du démon ; Satan a deux noms, il s'appelle Satan et il s'appelle Mensonge. Voilà ce qu'elle pensait. Et comme elle pensait, elle pratiquait. [...] En entrant dans l'obédience de saint Vincent de Paul, elle avait pris le nom de Simplice par choix spécial. Simplice de Sicile, on le sait, est cette sainte qui aima mieux se laisser arracher les deux seins que de répondre, étant née à Syracuse, qu'elle était née à Ségeste, mensonge qui la sauvait. Cette patronne convenait à cette âme. (Victor Hugo, *Les Misérables*)

Emplois et valeurs de l'infinitif dans ce texte.

CORRECTION

On dit généralement que l'infinitif, comme le participe, fait partie des modes du verbe. En réalité, l'étiquette de mode renvoie à deux phénomènes distincts. Pour l'indicatif, l'impératif et le subjonctif (voir p. 98), le mode a le plus souvent une valeur modale. Ce n'est pas le cas de l'infinitif et du participe. *Mode*, ici, vient de *modus significandi*, « manière de signifier ». L'un comme l'autre, en effet, signifient le verbe à la façon d'un substantif, pour l'infinitif, et à la façon d'un adjectif, pour le participe. En d'autres termes, l'infinitif est le substantif du verbe. Il appartient donc à la fois à la catégorie du verbe et à celle du substantif.

1. L'infinitif appartient au verbe

Du verbe, l'infinitif garde la construction. Le texte en présente plusieurs exemples : *qui aima mieux se laisser arracher les deux seins. Laisser* se construit comme le verbe conjugué avec pour complément un infinitif : *elle se laissa arracher les deux seins.* Il s'agit donc d'un verbe opérateur (voir exercice n° 9). Quant à *arracher*, c'est un verbe ordinaire construit avec un GN complément de verbe. Dans les deux cas, à la différence de ce qui se passe pour un substantif dont le complément est nécessairement prépositionnel, la construction est directe. C'est également ce qui se passe pour *n'avoir jamais dit une chose qui ne fût la vérité.* Enfin, dans le texte, un infinitif se construit avec un adverbe de quantité, *peu mentir.*

Du verbe, l'infinitif a également la possibilité d'indiquer l'aspect. Il possède en effet deux formes, l'une qui est simple et l'autre qui est composée avec l'auxiliaire qu'aurait le verbe conjugué, *mentir / avoir menti*, comme *je mens / j'ai menti*, *dire / avoir dit*, comme *je dis / j'ai dit.* Avec la forme composée, c'est l'auxiliaire qui se met à l'infinitif, suivi du participe passé du verbe. De même, à un infinitif actif peut correspondre – aucun exemple ne figure dans le texte – un infinitif passif : *blesser / être blessé.* Dans la série active, la forme composée est une forme d'accompli. Elle est donc utilisée pour marquer l'antériorité : précédemment au moment où la sœur est décrite avec sa vertu principale, elle n'a jamais menti. Mais à proprement parler, l'infinitif ne marque pas le temps, et la terminologie d'infinitif présent et d'infinitif passé est de ce point de vue trompeuse.

Enfin, l'infinitif peut être employé avec une négation : *n'avoir jamais menti.* La négation, ici *ne... jamais*, encadre l'auxiliaire comme avec la forme verbale conjuguée : *elle n'a jamais menti.* À la forme simple, elle précéderait le verbe : *ne jamais mentir.*

2. L'infinitif appartient au substantif

L'infinitif est en effet apte à remplir les fonctions du GN. Dans le texte, il est complément, *laisser* du verbe *aima*, et *arracher*, de *laisser*. Il est également sujet : *Peu mentir n'est pas possible*, et peut apparaître en position détachée (sur le détachement, voir

p. 47) : *N'avoir jamais menti, c'était le trait distinctif de la sœur Simplice*. Le texte présente plusieurs exemples de cette construction (*Mentir, c'est l'absolu du mal*).

L'infinitif, d'autre part, renvoie à la notion exprimée par le verbe hors actualisation comme un substantif sans déterminant. C'est l'idée qui est évoquée, et non l'action dans sa réalisation concrète. La référence est virtuelle, lexicale (l'infinitif est d'ailleurs la forme du verbe que l'on trouve dans les dictionnaires). On n'est donc pas étonné de rencontrer dans le texte le substantif *mensonge* employé sans déterminant : *petit mensonge, mensonge innocent*. Là aussi, la référence est virtuelle. Il s'agit de renvoyer à n'importe quel mensonge, à l'idée de mensonge, et non à tel ou tel mensonge particulier. Victor Hugo use et abuse de l'infinitif dans ses romans. C'est qu'il cherche à expliquer les caractères, à s'élever au-dessus des contingences pour proposer toute une philosophie de l'existence. Emploi du présent gnomique (voir p. 107), infinitifs, substantifs sans article, autant de moyens d'éviter une trop grande actualisation.

Et si l'infinitif est apte à entrer dans un certain nombre de structures qui ne sont pas représentées dans le texte, comme l'exclamation ou l'interrogation, c'est précisément parce qu'il s'agit alors d'évoquer l'idée d'une action, hors de toute détermination, à la manière d'un nom sans déterminant, comme dans l'exemple suivant :

> Moi, le faire empereur ? Ingrat ! l'avez-vous cru ?
> (Racine, *Britannicus*)

où Agrippine refuse l'idée même que Néron a évoquée.

Ainsi les emplois particuliers de l'infinitif se laissent-ils expliquer par sa valeur fondamentale.

17. L'EMPLOI DU SUBJONCTIF DANS LES SUBORDONNÉES QUI MARQUENT LA RÉSERVE

But de l'exercice : mesurer la part d'arbitraire et de motivation dans l'emploi du subjonctif en subordonnée.

Soit le corpus d'exemples suivants (tous empruntés à la langue soutenue) relevés dans quelques grammaires :

1. Ce tourment, pour impérieux qu'il fût, ne me privait pas de sommeil.
2. Il était généreux, quoiqu'il fût économe.
3. À l'heure actuelle Mirabeau ne remuerait personne, bien que sa corruption ne lui nuirait pas.
4. Bien loin qu'il se repente, il s'obstine dans sa rébellion.
5. Ici, il a fait des clairs de lune admirables, bien qu'ils ne valent pas ceux qui brillent sur la rivière.
6. Bien qu'il dormirait encore un coup, il doit se tenir à cheval.
7. Les réserves et les critiques, pour judicieuses qu'elles sont, tiennent fort peu de place.

8. Pour petite qu'elle est, elle est précieuse.
9. Il refuse de sortir, bien qu'il fasse beau.
10. Le sens des nuances lui échappera toujours, bien qu'il en parlera sans cesse.

Vous indiquerez quelles sont les phrases qui présentent des infractions par rapport à la norme et vous expliquerez l'emploi des modes dans les propositions subordonnées de concession.

CORRECTION

Dans ces circonstancielles qui expriment, comme on le dit généralement, la concession, ou plutôt la réserve ou l'opposition, il est d'usage d'employer le subjonctif. Ce subjonctif ne peut s'expliquer pour sa valeur modale que lorsqu'on envisage un événement sans se prononcer sur sa réalité comme en 4.

Lorsqu'il s'agit de repousser un fait réel, le subjonctif se justifie avant tout pour des raisons syntaxiques de subordination. Il existe en quelque sorte un conflit entre le mode et la valeur modale. C'est ce qui explique l'emploi fréquent de l'indicatif en dépit de la règle, bien qu'on puisse justifier le subjonctif en considérant qu'il marque qu'on éloigne un fait, jugé en discordance avec la réalité observée : l'exemple 9 affirme que, certes, il fait beau, mais écarte le fait comme contradictoire avec le comportement de celui qui refuse de sortir.

On distinguera plusieurs cas selon l'élément qui introduit la proposition.

Avec *bien que* et *quoique*, le subjonctif est la règle, et 2 et 9 y sont conformes. Il semble pourtant qu'il soit surtout utilisé après une principale au présent comme en 9, mais qu'il soit concurrencé, même dans l'écrit, par l'indicatif, surtout pour les emplois qui indiquent clairement une chronologie (futur en 10) ou une hypothèse (conditionnel en 3 et 6), sans doute pour plusieurs raisons. La première est qu'une réserve franche s'accommode mal du mode de l'éventualité et envisage plutôt la réalité du fait, si bien qu'il y a contradiction avec la valeur modale du subjonctif, surtout quand l'événement a été dûment constaté dans le passé. La seconde est qu'en particulier pour le futur, l'utilisation de l'indicatif est la seule façon de marquer les époques, et l'on opposera par exemple :

> Le sens des nuances lui échappera toujours, bien qu'il en parle sans cesse.

et :

> Le sens des nuances lui échappera toujours, bien qu'il en parlera sans cesse.

Enfin, seul le conditionnel permet d'indiquer clairement l'hypothèse sans employer un verbe de modalité et l'on opposera 6 à :

> Bien qu'il souhaite fortement dormir encore un coup, il doit se tenir à cheval.

Lorsque la réserve s'accompagne d'une évaluation, comme avec *quelque… que*, le subjonctif, sans doute en raison de cette subjectivité, est moins concurrencé par l'indicatif. Néanmoins, l'indicatif n'est pas rare, comme en 7 ou 8, et permet d'insister sur la réalité d'un fait constaté. On peut ainsi opposer *si petite qu'elle soit* à *pour petite qu'elle est* ou *toute petite qu'elle est*. Dans le premier cas, le *si* indique seulement qu'on envisage un degré sur une échelle sans préciser lequel, ce qui n'est pas le cas avec les deux autres constructions qui prennent simplement en considération l'existence de la qualité. On assiste donc avec l'emploi de l'indicatif dans ce type de propositions à un fait de remotivation, qui contrecarre l'arbitraire d'emplois du subjonctif auxquels on ne trouve pas de justification.

Rappelons au passage que dans *quelque* (*pour*, *si*) *Adjectif que*, le *que* est un relatif étendu (voir p. 66), anaphorique de l'adjectif, et attribut du sujet.)

18. LES EMPLOIS DU SUBJONCTIF DANS UN TEXTE

But de l'exercice : s'entraîner à l'observation et au classement des faits.

Relevez, classez et expliquez les emplois du subjonctif dans le texte suivant :

> Il avait le don du sarcasme. Mais ce n'était pas le seul don que le Dieu de la force lui eût fait. Quoique, dans son économie animale, le caractère fût sur le premier plan, comme chez presque tous les hommes d'action, l'esprit [...] n'en était pas moins [...] une puissance. Nul doute que si le chevalier de Mesnilgrand avait été un homme heureux, il n'eût été spirituel ; mais, malheureux, il avait des opinions de désespéré et, quand il était gai, chose rare, une gaîté de désespéré ; [...]. Seulement, ce qu'il avait par-dessus tout, c'était, avec les passions qui fermentaient dans son sein, une extraordinaire éloquence. Le mot qu'on a dit de Mirabeau et qu'on peut dire de tous les orateurs : « Si vous l'eussiez entendu !... » semblait fait spécialement pour lui. [...] Et, en effet, n'importe à quel moment on touchât à de certaines cordes, immortellement tendues en lui, il s'en échappait des résonances à renverser celui qui aurait eu l'imprudence de les effleurer [...]. Grand, fort bien tourné, quoiqu'il se voûtât un peu du haut du corps, comme si la vie qu'il portait eût été une armure trop lourde, le chevalier de Mesnilgrand avait, sous son costume moderne, l'air perdu qu'on retrouve dans certains majestueux portraits de famille [...]. Le fait est qu'aucun jeune homme de Paris ou de Londres ne l'eût emporté par l'élégance sur ce misanthrope, qui n'était plus du monde... (Barbey d'Aurevilly, *À un dîner d'athées*).

CORRECTION

On ne rencontre dans ce texte que des emplois en subordonnée. On examinera successivement chacune de ces subordonnées en suivant le classement présenté dans l'exposé du chapitre 2.

A. Les subordonnées conjonctives

1. Les conjonctives pures :

> Nul doute qu'il n'eût été spirituel
> Le fait est qu'aucun jeune homme ne l'eût emporté.

Dans le premier exemple, le subjonctif ne s'explique pas à cause du substantif opérateur *doute* de la principale, puisqu'il est accompagné d'une négation, mais à cause de l'expression de l'hypothèse, qui serait identique en dehors de la complétive :

> S'il avait été un homme heureux, il eût été spirituel.

(L'influence de la complétive se marque seulement par la présence du *ne* explétif). Le subjonctif plus-que-parfait marque une éventualité passée qui ne s'est pas réalisée.

Dans le second, le subjonctif n'est pas davantage lié à la principale, puisque l'élément qui introduit la complétive est *le fait*, lequel évidemment ne marque pas une éventualité. Le subjonctif se justifie de la même façon que précédemment : il a la même valeur que la forme plus courante :

> Le fait est qu'aucun jeune homme ne l'aurait emporté

et marque l'éventualité.

2. Les conjonctives circonstancielles :

a. Les hypothétiques :

> Si vous l'eussiez entendu !

On a affaire ici au premier membre d'un système hypothétique, dont le membre principal est absent :

> Si vous l'eussiez entendu, vous auriez (eussiez) été émerveillés.

Le subjonctif marque évidemment l'éventualité et le plus-que-parfait une éventualité passée, ce qu'il marquerait également en principale. Il s'agit d'un emploi très soutenu, qui, dans la langue d'aujourd'hui, serait remplacé après *si* par un imparfait de l'indicatif comme dans :

> Si le chevalier de Mesnilgrand avait été un homme heureux

et en principale par un conditionnel passé.

L'explication serait la même dans :

> Comme si la vie qu'il portait eût été une armure trop lourde,

avec de surcroît une concordance modale, le subjonctif étant en accord avec celui de la proposition concessive, dont dépend la comparative conditionnelle introduite par *comme si*.

b. Les concessives :

> Quoique le caractère fût sur le premier plan.
> Quoiqu'il se voûtât du haut du corps.

Conformément à la règle, c'est le subjonctif qui est employé après *quoique*, alors même que le fait est bien réel : il indique que le fait allégué, en discordance avec le second, est repoussé. Il est ici aussi entraîné par la subordination. L'ajustement temporel est également respecté.

B. Les subordonnées relatives :

Ce n'était pas le seul don que le Dieu de la force lui eût fait.

Le subjonctif ici est lié à la restriction dans la principale, puisqu'elle suppose une appréciation. De nos jours, le subjonctif est moins employé qu'autrefois, et l'on pourrait rencontrer :

Ce n'était pas le seul don que le Dieu de la force lui avait fait.

L'indicatif insisterait alors sur la réalité d'un fait dûment constaté. Dans la langue courante, et en tout cas dans la langue parlée, ce n'est pas le plus-que-parfait du subjonctif qui serait de toute façon employé, mais le passé :

Ce n'était pas le seul don que le Dieu de la force lui ait fait.

Dans le texte, le plus-que-parfait, comme le passé, marque l'antériorité par rapport au verbe de la principale, mais de surcroît il respecte l'ajustement des formes, la concordance des temps.

C. Les interrogatives indirectes :

Il n'y a qu'un exemple d'interrogative partielle :

N'importe à quel moment on touchât.

La complétive interrogative indirecte *à quel moment on touchât*, introduite par le déterminant interrogatif *quel*, offre un subjonctif qui marque un fait envisagé, et non actualisé, en accord avec le verbe unipersonnel de la principale, *n'importe*, qui marque l'indétermination. Quant à l'imparfait, outre sa valeur propre d'éventualité, il concorde avec le temps de la principale.

19. L'ASPECT LEXICAL DES VERBES

But de l'exercice : manipuler des tests syntaxiques ; prolonger la réflexion sur l'aspect verbal pour prendre conscience de sa complexité.

Soient les verbes *être*, *exister*, *avoir*, *connaître*, *marcher*, *courir*, *sortir*, *tomber*, *saisir*, *écrire*, *peindre*, *éclater*, *exploser*, *trouver*, *franchir*.

1. Vous essaierez de les utiliser dans des phrases simples avec les périphrases verbales (verbes opérateurs) : a. *être en train de* ; b. *venir de* ; c. *commencer à* ; d. *finir de.*

2. Vous essaierez de les mettre à l'impératif.

3. Vous essaierez de les reprendre par *faire*.
4. Vous essaierez de les combiner avec les compléments de temps suivants :
   a. en une heure
   b. pendant une heure
5. Vous essaierez de les employer avec *mettre une heure à* et *mettre une heure avant de*.

Sur la base des possibilités et impossibilités constatées, vous proposerez un classement des verbes du corpus. Vous vous efforcerez de donner à ces classes une caractérisation aspectuelle.

CORRECTION

On testera successivement chacune des constructions indiquées et on récapitulera les observations sous forme de tableau :

1. Les périphrases verbales :

a. être en train de :

Cette locution verbale opératrice qui marque l'aspect **progressif** présente le déroulement du procès. Elle est compatible avec les verbes *marcher*, *courir*, *réfléchir*, *écrire*, *peindre*.

C'est beaucoup plus difficile pour les autres verbes, bien que certains compléments, lorsque le verbe est transitif, rendent cet emploi possible :

*Je suis en train d'avoir des yeux bleus.
?Je suis en train d'avoir de la chance.
*Je suis en train de trouver un bracelet sur le sol.
Je suis en train de trouver la solution du problème.
*L'éditeur est en train de sortir.
L'éditeur est en train de sortir un nouveau livre.

On constate une fois de plus (voir t. 1, chap. 3) les liens du lexique et de la syntaxe : ici les différents sens de verbes polysémiques sont à mettre en relation avec leurs diverses constructions. Ceci rend très difficile de tester l'acceptabilité de tel ou tel emploi. C'est pourquoi on a raisonné sur des différences d'acceptabilité et non sur des attributions absolues.

b. venir de : la plupart des verbes du corpus sont compatibles avec *venir de* :

Je viens de sortir.

sauf *être*, *exister*, *avoir* et *connaître* :

*Je viens d'avoir les yeux bleus.
*Il vient d'être brun.

On pourrait avoir :

Je viens d'avoir la grippe.

qui s'oppose aux exemples précédents car ce qui y est présenté n'est pas une qualité permanente mais un épisode momentané. On constate une fois de plus, comme d'ailleurs dans tout l'exercice, les difficultés de maniement et d'analyse de l'aspect.

c. commencer à : outre *être*, *avoir*, *exister* et *connaître*, les verbes *sortir*, *tomber*, *franchir*, *saisir*, *éclater*, *exploser*, *trouver* acceptent mal la périphrase :

*Je commence à franchir la limite.
*Je commence à trouver un bracelet.

Dans certains de ses emplois, *connaître* l'accepte :

Je me méfie de lui, car je commence à le connaître.

d. finir de : cette périphrase, à moins qu'on ne lui donne le sens de *cesser de*, n'est vraiment compatible qu'avec *écrire* ou *peindre*, s'ils sont suivis d'un complément :

J'ai fini d'écrire mes lettres.
J'ai fini de peindre le tableau que j'avais commencé hier.

Lorsque le sens de la périphrase est *cesser de*, elle est compatible également avec ces mêmes verbes sans complément :

J'ai cessé (fini) d'écrire.

et avec *marcher*, *courir* ou *réfléchir*, mais non avec *éclater*, *exploser* ou *trouver*,

*Il a cessé (fini) de trouver un bracelet.

ou avec *sortir*, *tomber* ou *saisir*, c'est-à-dire avec les verbes momentanés.

2. L'impératif également n'est pas toujours possible. Il est exclu (ainsi que les adverbes qui indiquent une volonté comme *délibérément*) avec *être*, *exister*, *avoir*, *connaître*, *éclater*, *exploser* ou *trouver* :

*Connais la solution du problème.
*Trouve la solution du problème.

3. La reprise par *faire* n'est pas possible pour les verbes *être*, *exister*, *avoir* et *connaître* :

*Il a des yeux bleus et Jeanne fait de même.

4. a. Le complément de temps *en une heure* n'est possible qu'avec les verbes *sortir*, *saisir*, *tomber*, *éclater*, *exploser*, *trouver* :

Il a trouvé la solution en une heure.

mais

*Il a eu les yeux bleus en une heure.

b. Quant à *pendant une heure*, il n'est guère possible qu'avec *marcher*, *courir*, et *écrire* et *peindre* sans complément, à moins que ce complément ne soit au pluriel :

? Jacques a écrit une lettre pendant une heure.

Jacques a écrit des lettres pendant une heure.

Jacques a écrit pendant une heure.

5. *Mettre une heure à* ou ***mettre une heure avant de*** ne peuvent guère s'employer qu'avec *sortir*, *saisir*, *franchir*, *exploser*, *éclater* et *trouver* :

Jacques a mis une heure à trouver la solution.

Jacques a mis une heure avant de trouver la solution.

vs

? Jacques a mis une heure à marcher.

? Jacques a mis une heure avant de marcher.

Ces observations peuvent être récapitulées dans le tableau suivant :

	1				2	3	4		5
	a	b	c	d			a	b	
être	–	–	–	–	–	–	–	–	–
exister	–	–	–	–	–	–	–	–	–
avoir	–	–	–	–	–	–	–	–	–
connaître	–	–	–	–	–	–	–	–	–
marcher	+	+	+	–	+	+	–	+	–
courir	+	+	+	–	+	+	–	+	–
réfléchir	+	+	+	–	+	+	–	+	–
sortir	–	+	–	–	+	+	+	–	+
saisir	–	+	–	–	+	+	+	–	+
franchir	–	+	–	–	+	+	+	–	+
écrire	+	+	+	+	+	+	+	+	+
peindre	+	+	+	+	+	+	+	+	+
éclater	–	+	–	–	–	+	+	–	+
exploser	–	+	–	–	–	+	+	–	+
trouver	–	+	–	–	–	+	+	–	+

On voit ainsi apparaître plusieurs classes de verbes. La première comprend les verbes *être*, *exister*, *avoir* et *connaître*. Il s'agit, du moins dans les emplois testés, de verbes d'état (d'où l'impossibilité de la reprise par *faire* et de l'impératif), qui renvoient à des procès dont les limites ne sont pas précisées (d'où l'impossibilité d'employer des périphrases qui précisément portent sur ces limites ou des compléments qui en indiquent la durée).

La deuxième regroupe les verbes *marcher*, *courir* et *réfléchir*. Il s'agit cette fois de verbes qui désignent des actions, et non plus des états, actions dont le début est indiqué, mais non la fin, car on peut les continuer indéfiniment. On ne peut donc pas les combiner avec des éléments qui font mention de l'intervalle de temps nécessaire à l'accomplissement d'une action, comme *en une heure* ou *mettre une heure à* ou *avant de*. Ce sont des verbes imperfectifs.

La troisième comprend les verbes *sortir*, *saisir* et *franchir*. Ce sont aussi des verbes d'action, mais d'action comprise entre des limites, quelle qu'en soit la durée, courte ou non. Cela signifie qu'on ne peut continuer indéfiniment à sortir. Une fois que l'on est sorti, l'action est bel et bien terminée, ce qui explique que ces verbes acceptent la mention d'un laps de temps, mais pas d'une durée, ou alors l'effet produit est celui d'une répétition :

> Pierre est sorti du labyrinthe pendant une heure.

c'est-à-dire qu'il a passé son temps à y entrer et à en sortir. Ce sont des verbes perfectifs.

La quatrième, caractérisée par un profil de +, comprend les verbes *écrire* et *peindre*. En fait, ces verbes superposent le profil des deux classes précédentes. Selon en effet qu'ils auront ou non un complément, leurs limites seront ou non indiquées (une fois que l'on a peint un tableau, il est bel et bien terminé, mais on peut peindre ou écrire indéfiniment). Ils sont donc polysémiques du point de vue de leur aspect.

Enfin, les verbes *éclater*, *exploser* et *trouver* sont des verbes d'achèvement qui prennent en compte la limite terminale de l'action, ce qui explique qu'ils admettent mal *commencer à*.

On constate ainsi que les verbes selon leur lexique présentent des aspects différents. Sur un corpus d'énoncés véritables, on s'apercevrait encore plus nettement que de nombreux paramètres contextuels viennent obscurcir ces classes. Par exemple, *franchir* est en principe incompatible avec *pendant* :

> *J'ai franchi la frontière pendant une heure.

Pourtant il le devient pour peu qu'il soit accompagné d'un sujet pluriel qui indiquera la répétition :

> Les soldats ont franchi la frontière pendant une heure.

Il s'agit donc d'une question extrêmement complexe.

20. LES TIROIRS VERBAUX DE L'INDICATIF DANS UN TEXTE

But de l'exercice : passer de l'analyse de la phrase à celle du texte ; mettre en relation la syntaxe et le style.

Soit le texte suivant, extrait de *L'Étranger* de Camus :

> Les lampes de la rue se sont alors allumées brusquement et elles ont fait pâlir les premières étoiles qui montaient dans la nuit. J'ai senti mes yeux se fatiguer à regarder les trottoirs avec leur chargement d'hommes et de lumières. Les lampes faisaient luire le pavé mouillé, et les tramways, à intervalles réguliers, mettaient leurs reflets sur des cheveux brillants, un sourire ou un bracelet d'argent. Peu après, avec les tramways plus rares et la nuit déjà noire au-dessus des arbres et des lampes, le quartier s'est vidé insensiblement, jusqu'à ce que le premier chat traverse lentement la rue de nouveau déserte. J'ai pensé alors qu'il fallait dîner. J'avais un peu mal au cou d'être resté longtemps appuyé sur le dos de ma chaise. Je suis descendu acheter du pain et des pâtes, j'ai fait ma cuisine et j'ai mangé debout. J'ai voulu fumer une cigarette à la fenêtre, mais l'air avait fraîchi et j'ai eu un peu froid. J'ai fermé mes fenêtres et en revenant j'ai vu dans la glace un bout de table où ma lampe à alcool voisinait avec des morceaux de pain. J'ai pensé que c'était toujours un dimanche de tiré, que maman était maintenant enterrée, que j'allais reprendre mon travail et que, somme toute, il n'y avait rien de changé.

Vous étudierez l'emploi et la valeur des tiroirs verbaux de l'indicatif.

CORRECTION

Analyser les tiroirs verbaux suppose que l'on prenne en considération leurs valeurs chronologique, aspectuelle et modale. Les trois valeurs ne sont pas toujours représentées dans tous les textes, mais il convient de s'interroger sur leur éventuelle présence.

Dans ce texte de récit, si l'on considère les formes verbales conjuguées, on ne rencontre que des indicatifs, à l'exception d'un subjonctif, *jusqu'à ce que le premier chat traverse lentement la rue*. Il s'agit en effet de la relation, presque sans modalités, d'événements. Les tiroirs verbaux ont ainsi seulement une valeur chronologique et aspectuelle.

Ces indicatifs se répartissent en :

– 13 passés composés :

> se sont allumées, ont fait, ai senti, s'est vidé, ai pensé, suis descendu, ai fait, ai mangé, ai voulu, ai eu, ai fermé, ai vu, ai pensé.

– 10 imparfaits :

> montaient, faisaient, mettaient, fallait, avais, voisinait, était, était enterrée, allais, avait.

– 1 plus-que-parfait :

> avait fraîchi.

Il s'agit dans tous les cas de temps de tiroirs verbaux du passé, mais on note l'absence du passé simple. Ce relevé permet de conclure à une narration d'événements passés sans prospection vers le futur, et à une langue plus proche du récit oral que du récit écrit très soutenu.

On étudiera successivement la valeur des tiroirs verbaux en chronologie déictique (absolue), puis en chronologie anaphorique (relative), et l'on conclura sur une rapide explication stylistique.

a. La chronologie déictique :

Rappelons qu'elle se détermine à partir du moment de l'énonciation, de l'acte de parole de celui qui dit *je* :

L = R

E passés	E futurs
se sont allumées	
montaient.	

Passé composé et imparfait renvoient également au passé du locuteur. Ils ont la même valeur chronologique, mais s'opposent par leur valeur aspectuelle.

Le passé composé est formé de l'auxiliaire *avoir* ou *être* au présent et du participe passé du verbe. Il unit donc l'aspect inaccompli du présent à l'aspect accompli du participe. C'est ce qui explique qu'il renvoie à un passé entièrement révolu, mais encore présent à la conscience de celui qui parle. En opposition avec le passé simple, qui est propre à évoquer la succession, la mise en série, le passé composé provoque un resserrement des époques, une sorte de nivellement.

Dans le texte, les valeurs de l'imparfait et du passé composé se déterminent mutuellement et l'absence du passé simple fait que le passé composé se charge de certaines de ses valeurs. Il est apte à relater des événements clos là où l'imparfait suggère l'ouverture. L'imparfait est ainsi en accord avec le lexique des verbes qui expriment le mouvement : *montaient*, et il exprime l'aspect progressif, ou un procès qui dure (*j'avais un peu mal au cœur*). Il est également apte à suggérer la répétition, en particulier associé à un complément pluriel (*mettaient leurs reflets*) ou un complément circonstanciel de temps (*à intervalles réguliers*), ou à décrire un décor stable (*où ma lampe à alcool voisinait avec des morceaux de pain*).

Le contraste des tiroirs verbaux permet en particulier d'exprimer les liens de causalité qui ne sont jamais explicités dans le contexte, puisqu'il n'y a pratiquement que des propositions juxtaposées, et de toute façon pas de subordonnées causales, comme dans :

> J'ai senti mes yeux se fatiguer à regarder les trottoirs… Les lampes faisaient luire le pavé mouillé…

b. La chronologie anaphorique :

Ici, R et L sont distincts. C'est ce que l'on rencontre avec l'emploi du plus-que-parfait pour exprimer l'antériorité :

J'ai voulu (E1) fumer une cigarette à la fenêtre, mais l'air avait fraîchi (E2).

L

—— E2 ———————— E1 = R ————————————

E2, étant antérieur à E 1, est évidemment lui aussi situé dans le passé. Toutefois ce n'est pas cela qui compte, mais bien sa position par rapport à E1 = R.

C'est en particulier dans le style indirect (voir p. 70) que l'on trouve des emplois en chronologie anaphorique. C'est le cas dans le texte après le verbe *penser* :

J'ai pensé (E1 = R) qu'il fallait (E2) dîner.

L'imparfait s'emploie pour marquer la simultanéité avec un événement situé dans le passé.

Les deux types de chronologie convergent dans ce texte pour privilégier seulement deux tiroirs verbaux, le passé composé et l'imparfait (avec sa variante accomplie, le plus-que-parfait). Comme d'ailleurs dans l'ensemble du roman, on a ainsi affaire à un ton monotone, à une grisaille sans relief. Là où le passé simple permettrait à quelques faits saillants de se détacher sur fond d'imparfaits, le passé composé provoque un resserrement, une indistinction des événements dans un temps ressenti comme uniforme par une conscience qui n'a pas de recul. On voit ainsi l'utilisation stylistique intéressante qui est faite de cet emploi des temps.

21. QUELQUES CONTRAINTES QUI PÈSENT SUR L'EMPLOI DU PASSIF

But de l'exercice : mesurer la distance qui, en syntaxe comme en morphologie, existe entre la règle et l'application de la règle.

Soit le corpus :

1. Cette affaire concerne Paul.
2. Cette affaire regarde Paul.
3. Marie regarde Paul.
4. Des dizaines de personnes respirent ce gaz toxique.
5. Son visage respire la santé.
6. Paul en reçoit la garantie formelle.
7. Paul en a reçu la garantie formelle.
8. Le chat mange la pâtée.
9. Le chat a mangé la pâtée.
10. Le chat a mangé du pâté.

11. Le chat a mangé sa pâtée.
12. Paul agace sans cesse Marie.
13. Paul agace sans cesse Marie de ses remarques.
14. Paul a dégoûté Marie.
15. Paul a dégoûté Marie par son aspect repoussant.
16. Les profits compensent les pertes.
17. Les profits compensent les pertes pour Paul.

Toutes ces phrases présentent une construction active dans laquelle le verbe est accompagné d'un complément construit directement. Vous essaierez de faire correspondre à ces phrases une phrase passive. Sur la base des impossibilités constatées, vous préciserez dans quelles conditions peut s'employer le passif.

CORRECTION

Le passif apparaît possible dans les phrases 1, 3, 4, 6, 7, 8, 9, 12, 14 et 16. Cependant, à l'intérieur même de ces phrases, certaines sont plus naturelles que d'autres. On mettra cela en évidence en comparant deux à deux les phrases qui ne diffèrent à l'actif que par un paramètre, comme un déterminant ou le temps du verbe.

La possibilité d'employer ou non le passif semble d'abord liée au sens du verbe. Ainsi, avec le verbe *regarder*, le passif n'est possible qu'en 3, alors que la construction est la même qu'en 2. C'est qu'en 2, le fait d'avoir un sujet non animé impose au verbe un sens figuré qui empêche la construction. C'est également ce que l'on constate dans le couple 4 et 5, où à l'emploi métaphorique (*son visage respire la santé*) ne correspond pas de passif. On signalera qu'il ne s'agit pas là d'une règle, mais seulement d'une tendance. Et de fait, le passif est parfois possible avec un sens figuré (*Le président lève la séance / La séance est levée par le président*) alors qu'il ne l'est pas avec le sens propre (*L'étudiant lève la main / * La main est levée par l'étudiant*). La comparaison de 1, où le passif est possible, et de 2 montre que ce n'est pas le sens de la phrase qui est en cause, car c'est le même, mais le lexique des verbes. *Regarder* figuré et *concerner* ont le même sens, mais ils sont différents et le passif possible avec l'un ne l'est pas avec l'autre.

La confrontation des phrases 8 et 9, où le passif est possible, avec 10 et 11 où il ne l'est pas, ou en tout cas donne lieu à des phrases qui ne peuvent guère se trouver que dans les exemples de grammaire, fait apparaître que le déterminant de GN2 est également en cause. Il est difficile à un déterminant indéfini de commencer une phrase :

? Du pâté a été mangé par le chat.

ce qui est un phénomène très général. Quant au possessif, il fonctionne généralement comme anaphorique et renvoie à un élément antérieur, si bien qu'on ne peut que très difficilement, dans :

Sa pâtée a été mangée par le chat.

le mettre en relation avec le *chat*.

Si 12, 14 et 16 supportent sans problème la construction passive, celle-ci se révèle impossible pour 13 et 15, et acceptable pour 17, seulement si le complément *pour Paul* est en tête de phrase :

> Pour Paul, les pertes sont compensées par les profits.

C'est que dans toutes ces phrases apparaît un complément prépositionnel en plus du complément direct, qui semble bloquer l'utilisation du passif.

Enfin, la comparaison des phrases 6 et 7, 8 et 9 montre que le passif est plus naturel avec un passé composé qu'avec un présent :

> La garantie formelle en est reçue par Paul.
> La garantie formelle en a été reçue par Paul.

sans doute parce que l'aspect non clos du présent se concilie mal avec la présence du participe passé.

On constate donc, alors même qu'on s'en est tenu à quelques-unes des restrictions qui pèsent sur l'emploi du passif, combien son utilisation est complexe. Elle ne se réduit pas à l'emploi mécanique d'une règle formelle au demeurant facile à établir, mais implique la prise en considération de facteurs subtils et difficiles à déterminer très précisément.

À retenir

▲ Le verbe = centre de la proposition. Il indique la personne, le mode, le temps et l'aspect.

▲ L'existence de deux modes à valeur modale, l'indicatif et le subjonctif, l'impératif n'étant qu'une construction particulière de l'indicatif, et de deux « modes » non personnels sans valeur modale, l'infinitif et le participe.

▲ L'existence de deux chronologies, déictique (absolue) et anaphorique (relative) ; le nombre et la répartition des formes diffèrent selon l'écrit ou l'oral.

▲ L'existence de l'aspect, exprimant la façon dont l'énonciateur se représente le déroulement du procès ; liaison de facteurs lexicaux, syntaxiques et morphologiques qui en rendent l'analyse difficile.

▲ L'existence de plusieurs formes : actif, passif, verbes pronominaux, verbes unipersonnels, constructions transitives et intransitives. Il est parfois difficile d'attribuer une valeur sémantique unique à ces formes.

CHAPITRE 4
LE SYNTAGME NOMINAL

OBJECTIFS DE CONNAISSANCE

Après l'étude de ce chapitre, l'étudiant doit pouvoir :

▲ avoir une vue d'ensemble du rôle du syntagme nominal dans la proposition ;

▲ distinguer la nature (substantif, pronom, etc.) et la fonction des éléments (sujet, compléments, etc.) qui constituent ce syntagme ;

▲ analyser la composition du syntagme nominal, et la nature des éléments ainsi repérés (déterminants, substantifs, adjectifs, pronoms) ;

▲ repérer les différents modes de rattachement du syntagme nominal à la proposition selon qu'il se relie à un élément particulier par rapport auquel il occupe une fonction, ou selon qu'il est simplement inséré.

Ce chapitre, qui termine l'examen des éléments de la proposition, porte sur le syntagme nominal, SN. Rappelons qu'on appelle SN tout syntagme susceptible de remplir la même fonction ou le même rôle qu'un groupe nominal, GN. Pour faire directement suite au chapitre sur le verbe, on commencera par l'examen des **fonctions** du SN qui permettent de définir le profil des constructions du verbe, ce que certains appellent la valence du verbe (voir p. 121), selon qu'il se construit seulement avec un sujet, obligatoire en français (valence 1) ou avec aussi un complément (valence 2) ou deux (valence 3). On analysera ensuite la constitution de ces syntagmes et la **nature** des éléments qui les composent.

Les fonctions nominales peuvent être remplies par un nom propre, un GN comprenant un substantif, un pronom, un infinitif ou même une proposition :

> Pierre me plaît bien.
> Un long voyage me plairait bien.
> Cela me plairait bien.
> Partir me plairait bien.
> Que nous puissions voyager me plairait bien.

Les exemples cités permettent ainsi de définir une classe d'équivalence, celle du syntagme nominal, SN, dont l'unité tient à la fonction identique que tous ses membres ont par rapport au verbe. La nature de ces membres varie, mais ils possèdent une unité de fonctionnement. Même si, pour des raisons de commodité, la plupart des exemples cités par la suite comprennent des substantifs, et constituent donc des GN, l'analyse vaut pour tous les autres éléments.

1. LES FONCTIONS NOMINALES

1.1. LE SUJET

On définit souvent le sujet par son sens en disant qu'il représente l'**agent** de l'action exprimée par le verbe. Or, en liaison avec le verbe qui, on l'a vu, n'exprime pas nécessairement l'action, certains désignent des **patients** :

Jean souffre.

ou des **bénéficiaires** du procès :

Jean a reçu un cadeau.

ou encore, dans le cas de substantifs qui renvoient à des inanimés, des **instruments** :

Le marteau enfonce le clou.

En réalité, toutes ces notions se déduisent du sens de l'énoncé et n'ont que peu à voir avec la relation syntaxique elle-même entre le verbe et le groupe nominal. Dans ces conditions, un test commode pour mettre en évidence le sujet d'une phrase est qu'il répond à la question *qui est-ce qui* ou *qu'est-ce qui*, ce qui ne préjuge pas de la relation sémantique, agent, patient, etc., du sujet avec le verbe. Mais dans le cas des verbes unipersonnels, ce test n'est pas applicable :

*Qu'est-ce qui pleut ?

On propose parfois également une **définition logique** du sujet, en l'identifiant au **thème** de l'énoncé, c'est-à-dire ce dont on parle, et en l'opposant au **prédicat** (le propos, le rhème, selon d'autres terminologies) ce que l'on en dit. Ainsi dans la proposition :

Les enfants mangent trop de bonbons.

les enfants constitue le thème, et *mangent trop de bonbons*, le prédicat. Il s'agit là de catégories logiques générales applicables à tous les énoncés.

Mais la difficulté tient au fait qu'il n'y a pas nécessairement de coïncidence entre organisation logique et structure syntaxique, même si c'est le cas le plus fréquent. Ainsi, dans le cas des unipersonnels, c'est le verbe lui-même qui constitue le thème et c'est précisément ce qui caractérise la différence entre :

Une voiture arrive.

et :

Il arrive une voiture.

le thème étant, dans le premier cas, *une voiture*, dans le second, *il arrive.*

La seule définition générale du sujet est donc une **définition morphosyntaxique**. En premier lieu, le sujet impose un **accord** au verbe, qui marque clairement leur interdépendance. Cet accord se fait en genre et en nombre :

L'enfant jouera.
Les enfants joueront.
Le garçon est tombé.
La fillette est tombée.

et en personne, selon le cas :

Je jouerai.
Tu joueras.

Il convient de signaler quelques cas particuliers. En ce qui concerne le genre, lorsque l'on a affaire à plusieurs sujets de genre différent, c'est le masculin, qui constitue alors la catégorie non marquée (voir p. 106), qui est utilisé :

Jean, Jeanne, Christine et Pierrette sont tombés.

En ce qui concerne le nombre, lorsque se succèdent plusieurs sujets singuliers, juxtaposés ou coordonnés, le verbe se met au pluriel :

Jean et Jeanne viendront demain.

Le singulier n'est possible que lorsque les sujets sont coordonnés par *ni* et *ou* :

Jean ou Jeanne viendra.
Jean ou Jeanne viendront.

Lorsque le sujet est un terme collectif, il peut être repris par un pluriel (accord selon le sens) :

Un groupe a envahi la salle. Ils ont tout saccagé.

et si le terme collectif est accompagné d'un complément prépositionnel pluriel, l'accord peut se faire au singulier comme au pluriel :

Un groupe de personnes a bloqué l'entrée.
Un groupe de personnes ont bloqué l'entrée.

Enfin, dans le cas d'accord en personne, la présence parmi les sujets d'une personne de rang 1 ou 4 impose l'accord avec la personne de rang 4 :

Lui et moi, nous partirons.
Toi et moi, nous partirons.
Lui et nous, nous partirons.
Vous et nous, nous partirons.

cependant que la présence (en dehors de ce cas) d'une personne de rang 2 ou 5 impose un accord avec la personne de rang 5 :

Lui et toi, vous partirez.
Lui et vous, vous partirez.

Avec une telle définition du sujet comme l'élément de la proposition qui impose l'accord au verbe, le sujet des verbes unipersonnels ne peut être que le pronom *il*, même s'il est sémantiquement vide. Dans le cas des verbes qui ne sont pas statutairement unipersonnels, on n'utilisera donc pas l'opposition souvent faite entre sujet apparent, *il*, et sujet réel, *une voiture*, dans l'exemple suivant :

Il arrive une voiture.

En réalité, ce prétendu sujet réel est plus proche des compléments du verbe (voir p. 142), comme on le voit par la pronominalisation : *Il en arrive une* comme on a *Je vois une voiture / J'en vois une*. Il peut être appelé **séquence de l'unipersonnel**.

Par ailleurs, l'ordre des mots (voir p. 36) est également un critère permettant de repérer le sujet. Ainsi, dans la phrase assertive, retenue comme canon de l'unité grammaticale, le sujet précède le verbe, ce qui permet en particulier de distinguer le sujet de l'objet, puisque notre langue ne possède plus de cas pour marquer la fonction :

Pierre voit Paul
vs
Paul voit Pierre.

On peut certes rencontrer des sujets postposés, mais cette postposition n'est possible que si des conditions sont remplies, au terme d'opérations particulières (voir p. 178). C'est dans l'unité grammaticale de base que le sujet doit être défini avant d'envisager les modifications possibles dans l'ordre des mots.

On définira donc le sujet comme l'élément qui impose ses marques d'accord au verbe avec lequel il entretient des contraintes d'ordre. Par conséquent, sera exclu de cette fonction, outre le prétendu sujet réel des unipersonnels, ledit sujet de l'infinitif, qui peut tout au plus être un agent, un bénéficiaire… de l'action, mais qui, formellement, comme le fait clairement apparaître la pronominalisation, a le comportement d'un complément :

Je vois les enfants jouer.	Je vois les enfants.
Je les vois jouer.	Je les vois.

Il faut ainsi accepter l'idée que la définition la plus claire des fonctions est morphosyntaxique. On gardera néanmoins évidemment en mémoire que le sujet, ne serait-ce qu'en raison de sa place, coïncide souvent avec le thème du propos et qu'il est lié au verbe par des relations sémantiques particulières.

1.2. LES COMPLÉMENTS DE VERBE

▲ **Compléments de phrase et compléments de verbe.** Les **compléments du verbe** (CV) sont fortement liés au verbe et participent à la définition de la proposition minimale, c'est-à-dire réduite aux éléments indispensables à la cohérence syntaxique. Ils font partie de sa valence. Les **compléments de phrase** (CP), au contraire, ne sont pas indispensables à la proposition minimale : ils ne sont pas liés au verbe, ils ne font pas partie de sa valence, mais portent sur l'ensemble de la proposition à laquelle ils ne sont d'ailleurs pas rattachés par un lien syntaxique (ce sont des insertions, voir p. 145).

Plusieurs tests permettent, dans la majorité des cas, de distinguer les CV et les CP. Les CP se laissent **supprimer** sans attenter à la complétude syntaxique de la proposition (naturellement, on perd des informations qui peuvent être importantes, mais ceci est un autre problème) :

> L'orage menace tous les soirs.
> L'orage menace.
> L'orage menace dans le lointain.
> L'orage menace.

alors que les CV ne le peuvent pas :

> Il a proféré une énormité.
> *Il a proféré.

ou ne peuvent l'être que dans certaines conditions très particulières :

> Je lis un livre.
> Je lis.

Le complément est ici supprimé parce qu'on peut le reconstituer sans grand risque d'erreur, à la différence de ce qui se passe pour les CP (voir exercice n° 24). Le deuxième test est celui de la **possibilité de déplacement** du complément. Les CP sont déplaçables, ce qui montre bien qu'ils ne sont pas attachés à tel ou tel élément de la proposition :

> Tous les soirs, dans le lointain, l'orage menace.

alors que les CV ne le sont pas plus que le sujet :

> *Un livre je lis.

Dans le cas où les CV sont des **compléments indirects**, c'est-à-dire liés au verbe par une préposition, cette préposition est généralement fixe et ne peut pas commuter avec une autre préposition, comme c'est le cas pour les CP :

Il pense au jardin.	Il dépend de ses parents.
*Il pense du jardin.	*Il dépend à ses parents.

vs

> Il se promène (dans, vers, le long de, etc.) le jardin.

Avec les CV, la préposition est un pur outil syntaxique, dépendant du verbe, qui ne présente guère d'intérêt sur le plan sémantique, à l'inverse de ce qui se passe avec les

CP, où elle joint à son rôle d'introducteur de groupe nominal une valeur sémantique qui permet d'opposer différents compléments, de lieu, de temps, de manière... Rappelons que la liste de ces compléments dits circonstanciels est d'origine rhétorique et que, sur le plan syntaxique, ils fonctionnent de la même façon.

On constate enfin que les CP ne sont pas pronominalisables par un pronom personnel, sauf certains compléments de lieu (*Je marche dans le jardin / j'y marche*) qui occupent donc une place à part au sein des CP. La structuration linguistique de l'espace pose d'ailleurs des problèmes très délicats (voir Andrée Borillo, *L'espace et son expression en français*, Gap, Ophrys, 1998).

Dans le détail, la distinction des CP et des CV est parfois difficile à établir. Ce n'est pourtant pas une raison pour l'abandonner. Comme souvent en linguistique, il faut poser l'existence de deux pôles distincts, entre lesquels se situe toute une série de fonctionnements intermédiaires.

▲ Les compléments du verbe 1 : les compléments d'objet

Ils peuvent être construits soit directement, et on parle de **compléments d'objet direct** :

> Je cueille des fleurs.

soit indirectement, par l'intermédiaire d'une **préposition** (ou locution prépositionnelle), c'est-à-dire d'un de ces éléments invariables qui permettent la liaison d'un SN avec un verbe (*penser à Jeanne*), un autre SN (*le chapeau de Jeanne*, voir exercice n° 32) ou un adjectif (*malheureux à cause de Jeanne*). Ce sont alors des **compléments d'objet indirect** :

> Je parle de la pluie et du beau temps.

Ces constructions sont directement dépendantes du verbe lui-même, et ne se justifient généralement pas, comme le prouve par exemple la comparaison entre *téléphoner à quelqu'un* et *appeler quelqu'un*.

La définition sémantique souvent avancée pour le complément d'objet direct (le COD est ce sur quoi s'exerce l'action exprimée par le verbe) n'est guère plus satisfaisante que la définition sémantique du sujet, et la relation du verbe et du COD est tout aussi diverse que celle du verbe et de son sujet :

> **objet sur lequel s'exerce le procès** : Je déguste une glace.
> **résultat du procès** : Je creuse un trou.
> **lieu du procès** : Je descends la pente.
> **cause du procès** : Je clame ma colère, etc.

Mais il est beaucoup plus difficile que pour le sujet d'en proposer une définition formelle, car il n'existe pas de critère unique et spécifique (voir exercice n° 23).

On définira donc le COD de façon prototypique par les paramètres suivants : **il se trouve après le verbe et n'est pas déplaçable, il peut être pronominalisé par *le*, *la*, *les***, en particulier dans le détachement :

> Ma peau supporte très bien le soleil.
> Le soleil, ma peau le supporte très bien.

et **ne peut pas commuter avec un adjectif**. Lorsque le déterminant n'est pas défini, ce qui est une condition pour que la pronominalisation se fasse avec *le*, le groupe peut néanmoins être considéré comme un COD à part entière si son déterminant peut commuter avec un article défini :

> Paul a consulté un livre.
> Paul a consulté le livre.

mais :

> J'ai une peur bleue.
> *J'ai la peur bleue.

Certains types de CV s'éloignent du modèle du prototype du COD. C'est le cas de l'**attribut**, qui est bien lui aussi un CV que l'on ne peut ni supprimer, ni déplacer. Il partage plusieurs propriétés du COD, comme la pronominalisation, mais il peut commuter avec un adjectif (voir p. 164) :

> Cet événement est une catastrophe.
> Cet événement est catastrophique.

Certains CV comme :

> Elle vit une vie de folle.
> Il mesure deux mètres.
> Il respire l'ennui.

constituent également des compléments d'un type particulier (voir exercice n° 23) ainsi que les prétendus « sujets réels » des unipersonnels (voir p. 119). Ceux-ci, s'ils sont bien à droite du verbe, ne sont ni déplaçables ni commutables avec un adjectif, ne le sont pas davantage avec un groupe défini :

> Il arrive une voiture.
> *Il arrive la voiture.

et n'acceptent donc pas la pronominalisation en *le* (*la*, *les*), si la pronominalisation avec *en* est possible. Pour marquer la spécificité de ce type de compléments, on peut convenir de les appeler **séquences du verbe unipersonnel**.

Le complément d'objet indirect prototypique peut être défini de la même façon que le complément d'objet direct comme un complément postverbal, cette fois précédé de la préposition exigée par le verbe, et pronominalisable. La liste large des prépositions se réduit pour les compléments d'objet indirect à *de* (*parler de*), *à* (*participer à*) et *sur* (*compter sur*) dans une moindre mesure. Ces compléments peuvent être pronominalisés :

en rêver, rêver de lui
y penser, penser à lui
y compter, compter sur lui.

Signalons enfin qu'il existe des verbes à double CV :

accuser quelqu'un d'une faute
offrir des fleurs à sa mère.

En pareil cas, l'un des compléments est généralement prépositionnel. Dans le cas de ce que l'on appelle attribut de l'objet, les deux sont pourtant généralement construits directement :

On a élu mon voisin président du club de foot.

On relève parfois une préposition :

On a élu mon voisin pour (comme) président.

Les verbes qui se construisent ainsi avec un CV sont **transitifs**, directs ou indirects selon le cas. Un verbe transitif peut parfois se présenter avec une construction intransitive, dans des conditions qu'il convient de préciser (voir exercice n° 24) :

Il travaille à sa dissertation.
Il travaille.

▲ **Les compléments du verbe 2 : l'attribut.** La définition sémantique indique que l'attribut exprime une propriété du sujet, dans le cas de l'attribut du sujet :

Jean est gentil.
Jean est un gentil garçon.

ou de l'objet, dans le cas de l'attribut du complément :

Je trouve Jean gentil.
Je définis Jean (comme) un gentil garçon.

De fait, le sujet (ou l'objet) et l'attribut sont reliés doublement, par l'accord éventuel :

Jeanne est gentille.

et par le fait que l'attribut désigne une caractéristique ou une propriété du sujet ou de l'objet. Pourtant, il faut tenir compte du verbe qui met en relation ces deux éléments. Du point de vue de sa construction (place à droite du verbe) et de la pronominalisation :

Jean est un gentil garçon ou en tout cas il le paraît.

l'attribut est un cas particulier de CV, proche des compléments d'objet. Dans tous les cas, le verbe donne sa cohésion à l'énoncé et constitue le support des pronoms. La fonction attribut doit donc être liée au verbe, les verbes qu'elle met en jeu ayant la particularité de relier l'élément qui les suit et le sujet. On peut les appeler verbes attributifs, *être*, *devenir*, *sembler*, *paraître*, mais aussi *trouver*, *appeler*, etc. en cas d'attribut de l'objet.

La fonction attribut est donc particulièrement complexe, puisqu'elle met en relation trois termes et non pas deux comme les autres : **le verbe attributif, l'attribut et le sujet (ou l'objet) auquel l'attribut est lié sémantiquement et éventuellement morphologiquement par l'accord.**

1.3. LES AJOUTS À LA PROPOSITION : LES INSERTIONS

Il s'agit d'éléments qui, bien entendu, ont un intérêt sur le plan sémantique et qui, de ce point de vue, sont parfois nécessaires, mais qui ne servent pas à constituer la proposition minimale, à la différence du sujet et des CV. On peut définir les insertions comme des éléments non nécessaires à la cohésion et à la complétude syntaxique de l'unité grammaticale minimale, qui se placent aux frontières des groupes, que ce soit en tête ou en fin de proposition, ou à l'intérieur :

Tous les matins, Jacques se promène.
Jacques se promène tous les matins.
Jacques, tous les matins, se promène.

Ils sont généralement séparés par des pauses du reste de la phrase. On y regroupe les compléments de phrase, mais aussi les appositions et les apostrophes et les parenthèses, quand l'élément inséré est toute une proposition (voir p. 48).

▲ **Les compléments de phrase.** Ce sont des compléments non indispensables qui peuvent être supprimés sans attenter à la cohésion syntaxique de la proposition et n'ont pas de place fixe.

Sur le plan sémantique, ils expriment les circonstances du procès, lieu, temps, cause, but, conséquence, instrument, accompagnement, etc. Cette classification n'a guère de valeur grammaticale, et l'on se contentera ici de mettre en évidence un certain nombre de caractéristiques formelles de ces **circonstants**.

Ces compléments sont le plus souvent introduits par une préposition. Cependant, un certain nombre d'entre eux n'en présentent pas, en général quand ils comprennent un substantif qui appartient à l'une des deux grandes catégories déictiques de l'espace et du temps. Ils indiquent alors notamment un point de repère, avec un substantif qui présente une indication codifiée soit par le calendrier, soit par la topographie :

Il dort la nuit. *vs* Le meurtre a eu lieu pendant la nuit.

Ils ont rendez-vous place de la gare. *vs* Ils se promènent autour de la place de la gare.

Certains de ces compléments sont liés à l'énonciation et indiquent une modalité :

Par bonheur, il n'a pas été blessé.
En d'autres termes, il a été renvoyé.

Dans la majorité des cas figure une préposition (locution prépositionnelle) qui indique clairement, indépendamment même du substantif, la valeur sémantique du CP :

Il est venu avec sa femme.
Il s'est promené dans le jardin.
Il ne sort plus en raison du mauvais temps.

Certains CP n'en présentent pas et posent des problèmes particuliers :

Les vêtements en bataille (sales), elle a fait irruption dans la pièce.
Le vent soufflant avec violence, nous étions transis.

S'ils ne sont pas tous formés de la même façon, ils ont néanmoins en commun de présenter un premier groupe déterminé par un second. Dans le premier exemple, le CP est formé de deux syntagmes nominaux dont le second est prépositionnel et, dans le deuxième, d'un syntagme nominal et d'un syntagme participial (on n'accordera pas à *le vent soufflant avec violence* le statut de proposition, le participe n'étant pas une forme conjuguée du verbe et on ne parlera pas plus de proposition participiale que de proposition infinitive).

Si l'on supprime ce second élément, la phrase n'est plus acceptable :

*Les vêtements, elle a fait irruption dans la pièce.
*Le vent, nous étions transis.

Lorsque le second groupe comprend un participe présent, il n'existe pas de contraintes lexicales pesant sur le type de substantifs utilisés. Il n'en va pas de même avec les autres compléments. Ils présentent en effet nécessairement un terme désignant une partie du corps, ou un vêtement (voir t. 1, exercice n° 39). En tête ou fin de phrase, ces CP décrivent une manière d'être du sujet. Pour pouvoir être rapportés à un complément, il faut qu'ils lui soient immédiatement contigus :

J'ai rencontré Jeanne, le visage hagard, le regard égaré.

C'est là un comportement qui les rapproche des appositions et montre l'unité du fonctionnement des insertions.

▲ **L'apposition.** Comme les CP, les appositions constituent des constituants flottants, des insertions.

Elles ne font pas partie de la proposition minimale, mais constituent des ajouts non nécessaires sur le plan syntaxique. CP et appositions sont des éléments mal intégrés, souvent hors phrase, qui sont plus à relier à l'énonciation qu'à l'énoncé lui-même.

L'apposition est généralement construite sans élément introducteur, mais il peut arriver qu'elle soit précédée d'une préposition qui ne sert pas à la relier à un élément de la proposition et n'a qu'un rôle sémantique :

> Attala, **en fille dévouée**, se plaça entre son père et le plomb ennemi. (Chateaubriand, *Attala*)

Cette préposition n'est pas nécessaire syntaxiquement.

Elles peuvent consister en SN, GN, pronoms et propositions, mais aussi en adjectifs, pour lesquels on parle parfois d'**épithètes détachées**, bien que cette terminologie soit un peu trompeuse, car l'épithète liée appartient au GN, c'est une intégration (voir p. 15) qui permet de le développer, ce qui n'est pas le cas de l'apposition, qui est hors du groupe :

> Cet enfant, très intelligent, réussit très bien en classe.

Si, sémantiquement, l'apposition peut se rapporter à l'ensemble de la proposition, et avoir valeur de circonstance :

> Orphelin très tôt, il a été sevré de tendresse.

on peut le plus souvent l'apparier sémantiquement à un terme (ou groupe) de cette proposition, qui peut être dit **terme support**, à condition de bien comprendre qu'il n'y a qu'un lien sémantique entre le support et l'apposition, laquelle, syntaxiquement, ne se rattache à rien. On doit donc exclure les constructions avec la préposition *de* :

> la ville de Paris

qui ne diffèrent pas de **compléments de noms** comme :

> une dizaine d'enfants
> le métier de professeur

où la préposition *de* peut également être paraphrasée par *être*. Dans *de Paris*, la préposition ne peut pas en effet être supprimée et le groupe n'est pas mobile.

Le support peut être lui-même un GN, un pronom ou une proposition :

> Il a promis qu'il viendrait, énorme mensonge.

Comme les autres insertions, l'apposition est détachée du reste de la phrase. Dans l'écrit, elle est isolée par une virgule. On ne parlera donc pas d'apposition pour un substantif construit à la manière d'un adjectif épithète avec un autre substantif, sans pause et on séparera :

un enfant modèle

et :

cet enfant, modèle de sagesse

Seul le deuxième exemple présente une apposition. Ce que l'on appelle parfois à tort **apposition liée** (*un enfant modèle, un succès bœuf, le pâtre promontoire*) ne comporte jamais de déterminant et suit toujours immédiatement le premier substantif. C'est nécessairement un substantif, non accompagné d'expansion. Il a ainsi un fonctionnement adjectival et on peut en faire une épithète, ou considérer qu'on a affaire à un nom composé sans trait d'union, *un (enfant modèle)*, formé de deux substantifs autonomes.

Quelques précisions doivent être apportées sur la **place** de l'apposition. Si elle accompagne un complément, elle le suit généralement. Elle comporte un déterminant si elle ne présente pas d'autre détermination :

J'ai rencontré Jean, ce filou.
J'ai rencontré Jean, filou notoire.
*J'ai rencontré Jean, filou.

Ce n'est que dans les textes littéraires qu'elle peut se réduire à un substantif :

[...] Et quelle nuit hagarde
Jeter, **lambeaux**, jeter sur ce mépris navrant?
(Mallarmé, *L'Azur*)

Quant à l'apposition au sujet, elle peut se placer en tête de phrase, après le verbe, et même en fin de phrase. En tête, elle est obligatoirement sans déterminant mais généralement accompagnée d'un adjectif, d'un complément, etc. :

... où, **flottaison blême**
Et ravie, un noyé pensif parfois descend/
(Rimbaud, *Ophélie*)

Dans les autres positions, l'article est fréquemment omis si l'apposition comporte des déterminations :

Voilà que monte en lui le vin de la Paresse,
Soupir d'harmonica qui pourrait délirer
(Rimbaud, *Les Chercheuses de poux*)

ou est juxtaposée ou coordonnée à une autre apposition :

La barque aux barcarols chantants
[...]
Voguait **cygne mourant sirène**
(Apollinaire, *La Chanson du mal-aimé*)

Autrement, l'article est le plus souvent présent :

Sa voisine, Mme Vigouroux, **la charbonnière**, lui rendait son salut. (Zola, *L'Assommoir*)

▲ **L'apostrophe.** Elle indique explicitement l'interlocuteur auquel s'adresse le locuteur, qu'il soit par ailleurs déjà indiqué ou non par *tu* ou *vous* :

Soldats, la victoire est proche !
Soldats, je suis fier de vous !

Elle peut être précédée de *ô* :

Sois sage, ô ma douleur (Baudelaire).

en particulier dans un style soutenu. Elle ne comprend généralement pas de déterminant, bien qu'un déterminant possessif, comme dans ce dernier exemple, ou un article défini puisse apparaître :

Salut, l'artiste !

La présence d'un autre déterminant indique que l'on a affaire à un groupe exclamatif :

Des soldats ! des soldats ! on en voit partout !

Cette absence quasi générale de déterminant indique bien, comme pour l'apposition, le rôle de satellite dans l'énoncé. L'apostrophe, qui ne se rattache à rien syntaxiquement, doit être mise en relation sémantique avec la personne du dialogue ou la situation.

Elle utilise des termes d'adresse où l'on peut distinguer des noms propres (voir p. 150), des titres (*Madame*, *Majesté*…), des termes classifiants (*professeur*, *docteur*…), mais aussi des termes appréciatifs liés à la subjectivité du locuteur, c'est-à-dire aussi bien des mots affectueux (*trésor*, *mon chou*…) que des insultes (*pauvre type*, *crétin*…) :

DON SALLUSTE
Ah ! vous voilà, bandit !
DON CÉSAR
Oui, cousin, me voilà.
(V. Hugo, *Ruy Blas*)

2. LA COMPOSITION DES GN

Un GN est composé d'un substantif et éventuellement des éléments qui l'accompagnent, tels que les articles et les adjectifs. Le but de ces paragraphes est d'examiner la constitution de ces groupes et de passer en revue **la nature** des principaux éléments qui les composent.

2.1. LES SUBSTANTIFS

On les range en deux catégories, les **noms communs** (qui seraient mieux nommés substantifs communs), dont on dira seulement que, pour pouvoir fonctionner comme sujets, ils ont besoin d'être accompagnés d'un déterminant :

*Chat miaule.

vs

Le chat miaule.

et les **noms (substantifs) propres**, qui peuvent fonctionner seuls, même lorsqu'ils sont en usage. On se souvient (voir t. 1, chap. 3) que tous les signes peuvent être pris en usage, lorsqu'ils renvoient au monde, comme dans l'exemple précédent, et en mention, lorsqu'ils renvoient à eux-mêmes :

Chat a quatre lettres et deux phonèmes.

Dans ce dernier emploi, dit également **autonyme**, le substantif ne présente pas de déterminant, mais ce n'est pas l'emploi le plus courant du signe. Au contraire, le **nom propre**, dans ses emplois ordinaires, n'en comprend pas :

Minette miaule.

Les noms propres sont très difficiles à définir, car aucun critère ne permet à coup sûr de les séparer sans ambiguïté des noms communs. De surcroît, les différents critères utilisés ne sont pas nécessairement convergents. On peut néanmoins dire que le **prénom** constitue le prototype du nom propre.

Les noms propres ont souvent une **graphie particulière** : ils commencent par une majuscule, et on dit qu'ils n'ont pas d'orthographe particulière. De même, ils échappent souvent au système phonologique, par exemple pour la prononciation des prénoms.

En ce qui concerne la **morphologie**, ils présentent souvent un mode de formation particulier, comme dans les diminutifs (*Pitou* pour *Philippe*, *Dilou* pour *Odile*, etc.), accompagné d'un fonctionnement affectif ou hypocoristique. Par ailleurs, ils donnent très peu naissance à des dérivés, en dehors des adjectifs relationnels : *Balzac* → *balzacien*. Ils échappent donc à la morphologie du nom commun. Si un certain nombre peuvent subir la flexion en genre parmi les prénoms *(Germain / Germaine)*, c'est loin d'être le cas par exemple dans les **patronymes** (noms de famille) qui ne la connaissent pas. Enfin, ils ne peuvent subir la flexion en nombre qu'en prenant un déterminant : *les Duponds*, ce qui les rapproche des noms communs. Encore faut-il signaler qu'on ne sait en pareil cas s'il faut leur mettre un *s*.

En ce qui concerne la **syntaxe**, l'élément fondamental est évidemment l'**absence d'article**. À ce propos, on soulignera qu'elle est surtout de règle pour le prénom et le patronyme : *Jean Durand* mais que l'article peut se rencontrer par exemple dans des noms de lieux (**toponymes**) : *Le Havre, la Seine*, et même dans des patronymes où l'on parle d'article intégré : *Legrand*. Dans tous les cas, l'article est fixe : *la Seine* et non **une Seine*. Enfin, il faut signaler qu'il existe un processus qui tend à faire passer le nom propre dans la catégorie du nom commun, précisément par l'adjonction d'un article : *le petit Pierre*, et qui lui permet alors d'être accompagné d'un adjectif. Ce processus est très fréquent par exemple pour les noms de marque : *Renault* mais *la/les, une/des Renaults.*

Sur le plan **sémantique et pragmatique**, le nom propre n'a pas de sens, et il est vrai qu'on ne peut pas lui donner de définition autre que métalinguistique :

> Jean est un prénom.

Mais il sert à renvoyer à un individu. Il a ainsi un usage référentiel unique. Dire :

> Jacques est venu.

c'est viser par l'énoncé un individu unique, même s'il existe des centaines d'individus qui s'appellent Jacques. On le définit souvent comme un **désignateur rigide**, c'est-à-dire qu'il permet de désigner précisément un objet ou un individu, *Napoléon*, sans dire en quoi il est différent des autres. On l'oppose aux **descriptions définies**, qui désignent un objet ou un individu par le biais d'une de ses propriétés, *le vaincu de Waterloo, le mari de Joséphine*, etc. Le Npr, lui, désigne l'objet ou l'individu indépendamment des propriétés qu'il possède à un moment donné.

Si les noms propres n'ont pas à proprement parler de sens, ils peuvent avoir un contenu, et se charger de valeurs affectives et évocatrices, comme on peut le voir dans les textes littéraires.

Enfin, le nom propre sert à interpeller :

> Jacques, viens donc ici !

et il est souvent en apostrophe.

Les noms propres ont donc un **ancrage pragmatique** dans la situation de communication (ils renvoient à l'interlocuteur) qui les rapproche des déictiques, par exemple des pronoms personnels :

> Toi, viens donc ici !

Les autres GN comprennent, outre le substantif commun, des éléments qui le déterminent ou le caractérisent.

2.2. LES DÉTERMINANTS

▲ **Déterminants et adjectifs.** Les premiers indiquent une propriété de la classe à laquelle appartient le substantif, mais non les seconds. Ainsi dans :

deux chats blancs

deux renvoie à l'ensemble et non à chaque chat, alors que *blanc* caractérise chaque chat pris isolément.

Cette opposition recouvre généralement une différence syntaxique, selon laquelle les premiers éléments, que l'on a coutume d'appeler **déterminants**, se placent à gauche du substantif alors que les seconds ont une place indifférente, même si la place la plus fréquente des adjectifs dits **qualificatifs** en français contemporain est la droite du substantif. Par ailleurs, si les déterminants peuvent être employés seuls devant le substantif, il n'en va pas de même des éléments qui le caractérisent :

*Chats blancs miaulent. *vs* Deux chats miaulent.

On conviendra de conserver le terme d'**adjectifs** pour ces éléments caractérisants. Ils comprennent, si l'on reprend la terminologie usuelle, outre l'adjectif qualificatif, les **ordinaux**, comme *premier*, *second*, et un certain nombre d'indéfinis, comme *autre* ou *même* (voir exercice n° 28) :

*Chat premier miaule. *ou* *Premier chat miaule.
*Autre chat miaule. *ou* *Chat autre miaule.

On définira **les déterminants comme des éléments toujours situés à la gauche du substantif qui lui permettent, dans des conditions ordinaires, de fonctionner comme sujet** :

*Chats blancs miaulent.

mais :

Les chats blancs miaulent.
Deux chats blancs miaulent.

Sur le plan sémantique et pragmatique, les déterminants permettent au substantif qui les suit de **passer d'une référence lexicale virtuelle à une référence actualisée**.

Lorsqu'un élément classé dans les déterminants apparaît aussi à droite, il change de sens et devient un élément caractérisant, comme *certain*, qui présente ainsi des formes homonymes :

déterminant : Certaines réussites ne me tentent pas.
adjectif : Une réussite certaine me tente.

Si on dresse un tableau de concordance entre la terminologie traditionnelle et celle-ci, on obtient :

articles	**déterminants articles**
adjectifs démonstratifs	**déterminants démonstratifs**
adjectifs possessifs	**déterminants possessifs**
adjectifs numéraux cardinaux	**déterminants cardinaux**
adjectifs indéfinis	**déterminants indéfinis**
	adjectifs
adjectifs qualificatifs	**adjectifs**
adjectifs numéraux ordinaux	**adjectifs**

▲ **Les différentes catégories de déterminants.** On peut classer les déterminants selon qu'ils peuvent se combiner directement avec le substantif :

plusieurs hommes

mais :

*la plupart hommes,

selon au contraire qu'ils peuvent se combiner avec un GN, comprenant lui-même un déterminant, au moyen de la préposition *de* :

la plupart de mes livres
*les de mes livres,

et selon enfin qu'ils peuvent être employés seuls comme adverbes :

Jean lit beaucoup de livres.
Jean lit beaucoup.

On peut aussi distinguer deux grands types de déterminants, selon qu'ils ne peuvent se combiner entre eux, et ce sont les articles, les possessifs et les démonstratifs, que l'on appelle parfois **déterminants spécifiques** :

*le mon livre
*mon le livre

ou selon qu'ils peuvent se combiner avec ceux-ci ou entre eux :

deux livres	quelques livres
ces deux livres	ces quelques livres
deux cents livres	quelques cent livres.

Ce sont les numéraux et la plupart des indéfinis de la nomenclature officielle.

Signalons enfin qu'il n'y a aucune raison d'exclure de la classe des déterminants des éléments qui comprennent eux-mêmes un substantif et un déterminant comme *cette sorte de*, *un groupe de*, où c'est bien tout le groupe qui permet au substantif qui le suit de fonctionner comme sujet.

À côté des déterminants, il faut faire une place aux **prédéterminants**, éléments ordinairement considérés comme adverbes ou locutions adverbiales, qui ont également la propriété de porter sur un déterminant, et qui parfois même ont seulement cette propriété :

Environ (à peu près, à peine,…) vingt personnes sont venues.

mais :

*Il lit environ.

▲ **Les déterminants articles.** Un inventaire des formes fait apparaître la répartition suivante :

Article défini

<table>
<tr><th>MASCULIN</th><th>FÉMININ</th><th></th></tr>
<tr><td>forme longue le [lə]</td><td>forme longue la [lɑ]</td><td rowspan="2">sg</td></tr>
<tr><td>forme courte l' [l]</td><td>forme courte l' [l]</td></tr>
<tr><td colspan="2">forme longue [lez]
les
forme courte [le]</td><td>pl</td></tr>
</table>

Article indéfini

<table>
<tr><th>MASCULIN</th><th>FÉMININ</th><th></th></tr>
<tr><td>forme longue un [œ̃n]</td><td rowspan="2">une [yn]</td><td rowspan="2">sg</td></tr>
<tr><td>forme courte un [œ̃]</td></tr>
<tr><td colspan="2">forme longue [dez]
des
forme courte [de]</td><td>pl</td></tr>
</table>

Article partitif

<table>
<tr><th>MASCULIN</th><th>FÉMININ</th><th></th></tr>
<tr><td>forme contractée du [dy]</td><td>forme longue de la [dəla]</td><td rowspan="2">sg</td></tr>
<tr><td>forme courte de l' [dəl]</td><td>forme courte de l' [dəl]</td></tr>
<tr><td colspan="2">forme longue [dez]
des
forme courte [de]</td><td>pl</td></tr>
</table>

On ne reviendra pas sur les problèmes de l'élision et de la liaison (voir t. 1, chap. 1) sinon pour noter que l'écrit au pluriel présente une forme unique régulatrice, *les*, *des*, là où la morphologie orale fait alterner une forme longue et une forme courte. On soulignera que le pluriel neutralise dans les articles (comme dans les possessifs et les démonstratifs) l'opposition de genre, également neutralisée au singulier par l'élision.

On n'a pas fait figurer dans le tableau la forme *de (pas d'enfants)*. Ce point fait difficulté et les grammairiens se divisent pour savoir s'il faut faire de cette forme un article ou une préposition. On y reviendra dans l'examen des emplois.

L'utilisation de ces déterminants, ainsi que celle des autres, est un moyen d'assurer, pour le substantif, le passage d'une référence **virtuelle**, purement lexicale, à une référence **actuelle**. On trouve dans les proverbes et certains emplois figés :

Bien mal acquis ne profite jamais.

des emplois où le substantif, privé de déterminant, ne renvoie pas à une référence actualisée mais l'usage général est d'utiliser un déterminant. Si je dis *livre*, je ne renvoie qu'au contenu lexical du mot, général et large. Si je dis *mon livre*, je renvoie cette fois à un référent objet du monde, particulier et restreint, et en même temps j'indique la quantité d'objets, un dans le cas présent, auxquels le substantif est appliqué. Ce sont les déterminants qui permettent cela, chacun à leur façon. Mais ce mode d'actualisation de la référence, qui dépend de la répartition entre déterminants, est en partie conditionné par la catégorie lexicale du substantif déterminé. Enfin, il faut également prendre en compte le contexte où se trouve inséré le groupe nominal.

En ce qui concerne le **rôle du lexique**, on opposera les substantifs **non comptables** (voir t. 1, chap. 2) renvoyant au **continu**, et les substantifs comptables renvoyant à ce qui est conçu sous l'angle du **discontinu**. *Le* est possible dans tous les cas, pour renvoyer à la matière dans le premier et à un référent isolé dans le second : *le sable*, *le jardin*, mais *un* et *du* se répartissent selon le substantif. Avec un substantif comptable, c'est *un* qui est employé, avec un substantif non comptable, c'est *du* : *un jardin* mais *du sable.*

Les énoncés peuvent d'ailleurs jouer de cette opposition. Il suffit que l'article d'un substantif non comptable soit *un* pour que ce substantif soit du même coup transféré dans la classe des substantifs comptables :

un vin, un sable

ou qu'à l'inverse le substantif comptable soit précédé de *du* pour qu'il soit transféré parmi les substantifs non comptables, donnant lieu à des emplois plus ou moins codifiés ou plus ou moins humoristiques :

acheter du veau
manger du curé à tous les repas.

La rhétorique voit des synecdoques dans ces emplois, mais il s'agit moins, comme dans les autres tropes, de changement de sens que de mécanismes morphosyntaxiques.

Par contre, avec les **termes abstraits**, *courage*, *intelligence*, *passion*, c'est *le* qui est utilisé. On opposera ainsi *l'intelligence* à *une aptitude à*, le premier mot renvoyant à une faculté de l'esprit, le second à une disposition concrète s'exerçant dans un domaine particulier. L'utilisation de ces mots, généralement singuliers, au pluriel est un moyen de les faire passer de l'abstrait au concret et du général au particulier, ce qui autorise *des* :

Il existe bien des courages.

En ce qui concerne le **mode de renvoi au référent**, pour expliquer la répartition des trois articles, on peut s'appuyer sur deux principes de distinction suivant, d'une part, que le référent est **connu** ou **non**, et suivant, d'autre part, qu'il est **particulier** ou **général**.

Si le référent est connu, parce qu'il a été antérieurement défini, ou qu'il fait partie de l'univers de référence commun à celui qui parle et à son interlocuteur, c'est *le* qui sera utilisé. *Le* suppose que l'objet, l'individu, la notion auxquels renvoie le substantif sont connus soit parce qu'ils ont déjà été mentionnés dans ce contexte, soit parce qu'au sein de telle ou telle communauté linguistique, ils possèdent une notoriété particulière. En ce sens, *le* porte assez mal son nom d'article défini, puisqu'il ne sert pas lui-même à définir, mais s'associe à un élément connu et défini par ailleurs. *Le* sert donc fondamentalement à renvoyer. Il peut ou bien faire référence à des individus ou éléments uniques, et par cela même définis :

Le soleil brille.

ou bien renvoyer à l'individu d'un genre auquel on pense le plus, dans des circonstances et dans un groupe donnés. Dans :

Le président a fait un discours.

le président peut théoriquement être aussi bien le président de la République que le président du club de pétanque local, la notoriété étant toujours relative. *Le* peut enfin avoir valeur **anaphorique** et reprendre un élément mentionné dans le contexte antérieur (voir p. 211) :

J'ai rencontré Jean. Le malheureux était brûlant de fièvre.

Un ou *du*, selon le cas, servent à **présenter**, à nommer, et, en dépit du nom d'indéfini, à *définir* ce qui ne l'a pas déjà été. Ils permettent de poser l'existence d'un référent que l'on mentionne pour la première fois. C'est ce qui explique leur emploi avec *il y a*, rarement suivi de *le* :

Il y a un chat sur la terrasse.
vs
? Il y a le chat sur la terrasse.

C'est aussi ce qui explique la difficulté de commencer un énoncé par *un* ou *du*, la stratégie de discours la plus fréquente étant d'aller de ce qui est connu à ce qui est nouveau. On hésitera à dire :

Une voiture passe dans la rue.
De l'eau chauffe sur le feu.

et on passera par le relais d'un présentatif initial :

Voilà une voiture qui passe dans la rue.
Il y a de l'eau qui chauffe sur le feu.

La répartition des articles se fait aussi selon que le référent est **général** ou **particulier**. Lorsqu'il est particulier, *le* et *un (du)* s'emploient en fonction des principes précédemment évoqués. Mais lorsqu'il est général, *le* singulier présente une **valeur générique** et on est très proche de la référence virtuelle, de la référence à la notion :

L'homme est un rat pour **l'homme**.

Un peut lui aussi présenter une valeur générale :

Une femme est toujours femme.

mais, à la différence de *le*, il ne renvoie pas au genre lui-même mais à n'importe lequel des éléments du genre. Les contours de ces éléments sont dessinés, ce qui n'est nullement le cas avec *le*. On comprend alors qu'on puisse dire :

Les mouches, ça ne s'attrape pas avec du vinaigre.
Une mouche, ça ne s'attrape pas avec du vinaigre.

mais non :

? La mouche, ça ne s'attrape pas avec du vinaigre.

Ça, démonstratif, qui implique une référence à un élément particularisé, est bien compatible avec le pluriel de *le* qui fait référence à toutes les mouches du genre, avec *un*, qui renvoie plus particulièrement à l'une d'elles choisie comme représentative du genre, mais non à *la* qui ne renvoie guère qu'à la référence lexicale.

Enfin, le contexte joue un rôle dans la répartition des articles. Ainsi, l'opposition de *un* et de *du* ne vaut que si le substantif est au singulier et n'est pas accompagné d'une caractérisation. Le pluriel et le terme caractérisateur, introduisant l'un et l'autre une forme de spécification, peuvent faire passer du continu au discontinu, si bien que *un* devient possible :

un sable gris
une intelligence vive.

Inversement, un substantif accompagné d'une relative ou d'un complément prépositionnel, présentera *le* au lieu de *un*. On opposera :

Il parle avec une facilité déconcertante.

à

Il ne parle plus avec la facilité déconcertante qu'on lui connaissait.

Le en pareil cas a une valeur **cataphorique**, puisqu'au lieu de reprendre un élément du contexte (valeur anaphorique), il en annonce un.

Le **partitif** pose des problèmes particuliers. Le premier concerne la forme de pluriel qui est commune avec l'indéfini. On traitera de ce point dans l'exercice n° 25. Le second concerne la forme *de* : *boire* **du** *vin / ne pas boire de vin*. Les grammairiens ne s'accordent pas sur l'analyse de cet élément. Pour les uns, il s'agit de la préposition, pour les autres, d'une forme de l'article. On distinguera des cas litigieux ceux où *de* est clairement une préposition, ce que font apparaître les commutations :

rêver de voyage
rêver d'un voyage
rêver du voyage (du = de + le)
sa soif de bière
sa soif d'une bière bien fraîche.

La préposition est ici exigée par la construction du verbe ou du complément de nom. L'emploi est également clairement prépositionnel lorsque *de* est suivie d'un déterminant :

Je vais vous offrir de mon vin.

De indique dans ce dernier cas un prélèvement sur une quantité. Il n'en va pas de même si l'on confronte les exemples suivants :

Je n'ai plus une seule allumette. / Je n'ai plus d'allumette.
J'achète des pommes rouges. / J'achète de bonnes pommes.

Dans ce dernier exemple, d'ailleurs, on pourrait avoir, bien que la forme avec *de* soit jugée meilleure par les puristes à cause de la place de l'adjectif :

J'achète des bonnes pommes.

Puisque *de* est commutable dans ces exemples avec un autre article, il vaut mieux y voir une **forme particulière de l'article partitif ou indéfini**.

Il convient enfin d'examiner le cas de l'**absence d'article**. En ancien français, elle indiquait que seule la référence lexicale était envisagée, indépendamment de toute prise en considération des éléments ou des individus du monde. La répartition était donc claire entre *substantif* et *déterminant + substantif*. Aujourd'hui, l'emploi des déterminants s'est généralisé, si bien que la plupart des emplois sans article représentent des survivances ou ne peuvent plus s'expliquer que pour des contraintes purement syntaxiques.

La référence virtuelle apparaît encore dans les proverbes où contrairement à la règle énoncée plus haut, un nom commun peut fonctionner tout seul comme sujet :

Pierre qui roule n'amasse pas mousse.

La notion est envisagée sous l'angle de la plus grande généralité. Elle apparaît aussi dans certains emplois après préposition et l'on opposera :

Il est sorti sans manteau / sans son manteau.
Un comportement de chef / le comportement du chef.

Elle apparaît finalement dans les locutions verbales telles que *faire peur*, *donner soif*, *faire scandale*. Il faut remarquer que l'emploi d'un adjectif spécifie la référence et on note alors la présence d'un article figé : *faire une peur bleue*.

On peut en revanche se demander la raison d'être de l'absence d'article dans certains tours comme :

> Ordre a été donné de se replier.
> Notification a été faite de payer un tribut.

où le contenu de l'ordre ou de la notification est actuel et connu. Il faut noter qu'on est dans un registre de langue particulier.

On rangera également dans les emplois syntaxiques les cas où le substantif est attribut ou apposition et acquiert le fonctionnement d'un adjectif :

> Jacques est médecin.

Là encore, la présence d'un adjectif ou d'une relative rétablit l'article :

> Jacques est un médecin connu (qui a pignon sur rue).

Signalons enfin que l'existence d'une série :

> Il n'y a ni rigueur ni réflexion dans cet article.
> Narcisses, jonquilles et anémones composaient le bouquet.

permet l'absence d'article, puisque l'opposition des termes limite la référence de chacun d'eux, et les fait passer du plan du virtuel à l'actuel sans qu'un article soit nécessaire.

▲ **Les déterminants démonstratifs**

L'**inventaire morphologique** est le suivant :

<table>
<tr><th>MASCULIN</th><th>FÉMININ</th><th></th></tr>
<tr><td>forme longue cet [sɛt]</td><td rowspan="2">cette [sɛt]</td><td rowspan="2">sg</td></tr>
<tr><td>forme courte ce [sə]</td></tr>
<tr><td colspan="2">forme longue [sez]
ces
forme courte [se]</td><td>pl</td></tr>
</table>

On constate les mêmes neutralisations au pluriel que pour les déterminants articles. Au singulier, l'opposition de genre est également neutralisée dans l'oral pour la forme longue. Les formes **composées** ne font qu'adjoindre aux précédentes, dites formes simples, un adverbe de lieu, *ci* ou *là*, qui se place après le substantif : *ce livre-ci*, *ce livre-là*.

En ce qui concerne les **emplois**, le déterminant démonstratif peut servir à montrer un élément isolable dans la situation, et il a une référence **exophorique** (voir p. 206)**.** C'est alors un **déictique** :

> Regarde ce triste temps !

Il peut aussi renvoyer à un élément du contexte :

J'ai rencontré Jacques. Ce malheureux garçon a de graves ennuis.

Il a dans ce dernier cas un fonctionnement **anaphorique** comme *le*. Plusieurs éléments conduisent à choisir entre *ce* et *le*. *Ce* contient une emphase que ne présente pas *le*. Plus que *le*, en dehors de toute orientation par le lexique, il permet d'imposer d'emblée une **coréférence** (c'est-à-dire le renvoi à un même référent) :

1. M. Durand m'a parlé : le professeur, quoiqu'agrégé, est un imbécile.
2. M. Durand m'a parlé : ce professeur, quoiqu'agrégé, est un imbécile.

En 1, *M. Durand* et *le professeur* sont interprétés comme renvoyant à deux personnes distinctes, alors qu'en 2, il s'agit d'un seul et même individu.

D'autre part, *ce* permet la répétition d'un substantif mieux que ne le ferait l'article :

Un étudiant est venu me voir. Cet étudiant est inscrit en thèse.
? ? Un étudiant est venu me voir. L'étudiant est inscrit en thèse.

En dehors de ses emplois exophoriques ou anaphoriques, le démonstratif permet l'exagération et exprime en particulier le **haut degré** dans une exclamation, avec un tour partitif pluriel, et en l'absence même de toute caractérisation.

Il fait un de ces froids !

Tous ces emplois s'expliquent par le fait que, fondamentalement, *ce* renvoie à la sphère du locuteur et à ce qui est saillant pour lui.

▲ Les déterminants possessifs

L'**inventaire morphologique** fait apparaître que les formes varient selon le rang de la personne à laquelle le déterminant est relié ; *mon, ton, son* présentent les mêmes variations de forme :

<table>
<tr><th>masculin</th><th>féminin</th><th></th></tr>
<tr><td colspan="2">forme longue mon [mɔ̃n] / [mɔn]</td><td rowspan="2">sg</td></tr>
<tr><td>forme courte mon [mɔ̃]</td><td>forme courte ma [ma]</td></tr>
<tr><td colspan="2">forme longue [mez]
mes
forme courte [me]</td><td>pl</td></tr>
</table>

On constate une fois de plus que l'opposition des genres est neutralisée au pluriel, mais aussi au singulier dans la forme longue.

Notre, *votre* et *leur* varient seulement en nombre : *notre* et *nos*, *votre* et *vos*, *leur* et *leurs*.

En ce qui concerne les **emplois** des possessifs on se reportera à l'exercice n° 26.

▲ **Les déterminants indéfinis et cardinaux.** On s'étendra peu, faute de place, sur ces déterminants. On analysera dans l'exercice n° 27 la forme *tout*.

Les indéfinis et les cardinaux servent essentiellement à marquer la quantité : ce sont des **quantificateurs**. Les premiers marquent une quantité qui n'est pas mesurée avec précision, qui n'est pas chiffrée, les seconds, une quantité chiffrée arithmétiquement. Ils sont compatibles syntaxiquement entre eux, bien que leur association soit soumise à des restrictions sémantiques :

plusieurs différents enfants
deux différents enfants

mais :

*plusieurs deux enfants

et à des contraintes d'ordre :

différents plusieurs enfants
*différents deux enfants.

Enfin, le système de la numérotation, qui n'est pas seulement linguistique mais mathématique, fait que certains cardinaux sont compatibles entre eux : *mille deux cents*, mais qu'ils ne le sont pas dans la série des unités, sauf pour indiquer l'approximation :

Il a bu deux (ou) trois verres de bière.

Parmi les **quantificateurs indéfinis**, on distinguera sur le plan sémantique ceux qui renvoient à tous les éléments d'un ensemble, qu'ils soient envisagés dans leur totalité *(tous)* ou chacun isolément *(tout, chaque)*, ceux qui renvoient à une partie *(la plupart, plusieurs, quelques, certains)*, ceux qui pointent vers un élément particulier, souvent représentatif de l'ensemble *(tel)*, ceux qui permettent de comparer *(différents, divers)*, etc. On constate qu'un même élément, selon par exemple qu'il est employé au singulier ou au pluriel, pourra présenter des valeurs différentes. Enfin, il existe des déterminants de la quantité nulle, comme *aucun* ou *nul*, que l'on pourrait tout aussi bien classer parmi les numéraux. Ce sont sur ces déterminants de la quantité que portent les prédéterminants :

environ dix mille soldats
à peu près tous les soldats.
Quelque deux cents soldats.

Dans ce dernier cas, *quelque* est invariable et a un fonctionnement adverbial.

2.3. LES ADJECTIFS

Ils constituent la deuxième catégorie d'éléments qui accompagnent le nom. Ils ne servent pas à actualiser une référence ni à quantifier le nombre d'éléments visés, mais expriment des propriétés de ces éléments. Ils ne déterminent donc pas, **ils caractérisent. Ils sont compatibles avec les déterminants et ne peuvent à eux seuls permettre à un substantif de fonctionner comme sujet**.

▲ **Les différentes catégories d'adjectifs.** Sur la base de critères sémantiques et syntaxiques, on peut distinguer différentes catégories d'adjectifs.

Les premiers sont les adjectifs qui expriment une **propriété intrinsèque**, comme la couleur, la forme, etc. Ils constituent la majorité des adjectifs : *une robe rouge*, *horrible*, *large*, etc. On y distingue des adjectifs **classifiants**, qui indiquent une propriété objective, comme le fait d'être carré ou vert, et des adjectifs évaluatifs, que l'évaluation se fasse en fonction d'échelles relatives aux objets (une souris et un éléphant ne sont pas gros dans l'absolu, de la même façon) ou d'impressions entièrement subjectives (*magnifique*, *ennuyeux*). Ces adjectifs ne sont en principe pas soumis à des restrictions et ce sont eux qui ont les emplois les plus larges. Parmi eux, on rencontre des **adjectifs opérateurs** (voir p. 55) qui peuvent avoir pour compléments un infinitif ou éventuellement une complétive :

> Jean est fier de réussir.
> Jean est fier que son fils ait réussi.

Les seconds sont des adjectifs **relationnels**. Ils expriment non pas une propriété intrinsèque mais une propriété définie relativement à un autre élément et peuvent être paraphrasés par un complément prépositionnel :

> un bâtiment municipal / un bâtiment de la municipalité.

Ils sont soumis à des restrictions puisqu'ils ne se prêtent pas à l'expression du degré :

> *un bâtiment très municipal

et généralement ne peuvent être employés comme attributs ou appositions :

> *Ce bâtiment est municipal.
> ? Municipal, ce bâtiment est bien entretenu.

en dehors d'une opposition :

> Ce bâtiment est municipal et non national.

Il faut également regrouper avec les adjectifs les **ordinaux** et certains **indéfinis** qui n'ont pas un fonctionnement de déterminant, c'est-à-dire qui ne permettent pas à un substantif de fonctionner comme sujet. Les numéraux ordinaux fonctionnent différemment des cardinaux. Ils n'indiquent pas une propriété de l'ensemble, mais d'un élément, et sont obligatoirement précédés d'un déterminant :

la première consigne de sécurité.

Ils précèdent **le substantif** (voir p. 166), alors que la tendance générale du français contemporain est la postposition. Quant aux indéfinis en question, *même* et *autre*, ils n'ont rien à voir non plus avec les déterminants puisqu'ils sont toujours accompagnés d'un déterminant (voir exercice n° 28).

Il faut enfin poser la question des **participes** qui sont des formes verbales soumises à la flexion nominale. En ce qui concerne les formes en *-ant*, si les emplois verbaux et adjectivaux ne se distinguaient dans l'ancienne langue que par leur construction (le participe ayant celle du verbe) et subissaient les uns et les autres la flexion en nombre et en genre, une séparation s'est opérée à la fin du XVIIe siècle de telle sorte que le participe est invariable et conserve la construction du verbe :

Sa décision surprenant tout le monde nous prit de court.

alors que l'adjectif verbal varie et a la construction des adjectifs, nécessairement avec préposition :

Sa décision surprenante **pour** tout le monde nous prit de court.

L'orthographe note parfois ces différences : *fatiguant* (participe) *vs fatigant* (adjectif).

La distinction entre participe passé et adjectif est plus malaisée, puisque l'un comme l'autre sont susceptibles de flexion. Elle est affaire de contexte et d'interprétation (voir exercice n° 29) :

Je suis fatiguée par ton attitude (participe dans une forme passive).
Je suis fatiguée (adjectif).

▲ **Les fonctions de l'adjectif.** On parle de fonctions de l'adjectif, bien qu'elles n'aient rien à voir avec les fonctions nominales au sens strict qui se déterminent par rapport au verbe, puisque dans tous les cas l'adjectif est lié au substantif, ou à un élément équivalent. Plus que de fonction, il s'agit du mode de construction de l'adjectif par rapport au substantif.

L'adjectif peut être **épithète** ou **apposition**. L'apposition (parfois appelée épithète détachée, alors même que l'adjectif n'appartient pas au GN) est séparée du substantif par une pause et se distingue de l'épithète (parfois appelée épithète liée) par sa mobilité :

La cliente, toujours furieuse, continue à vociférer.
Toujours furieuse, la cliente continue à vociférer.

La cliente continue à vociférer, toujours furieuse.

Lorsqu'il est épithète, l'adjectif appartient au GN, alors que lorsqu'il est détaché et mis en apposition, c'est une insertion comme une autre. Les adjectifs relationnels ne peuvent être mis en position détachée, et inversement le détachement est seul possible après les noms propres (en dehors d'épithètes stéréotypées : *Petit Jean*) ou certains substantifs fortement spécifiés :

*Jean furieux a fait une scène.	Jean, furieux, a fait une scène.
*Ma mère furieuse a fait une scène.	Ma mère, furieuse, a fait une scène.

ainsi qu'avec les pronoms.

Après les verbes attributifs, l'adjectif peut également être **attribut** du substantif, sauf lorsqu'il s'agit d'adjectifs relationnels, à moins qu'ils ne se trouvent dans un cadre d'opposition :

?? Cette décision est municipale.

vs

Cette décision est municipale, et non départementale.

La distinction entre épithètes et attributs est évidente quand il s'agit de l'attribut du sujet. Quelques cas d'ambiguïté peuvent se produire avec l'attribut du COD. Dans :

Il aime la bière brune.

brune peut être épithète ou attribut :

Qu'aime-t-il ? Il aime la bière brune.
Comment aime-t-il la bière ? Il aime la bière // brune.

Pour l'épithète, la pronominalisation porte sur tout le groupe :

La bière brune, il l'aime.

tandis que, pour l'attribut, elle ne porte que sur Dét. N :

La bière, il l'aime brune.

Et ce n'est que lorsqu'il est attribut que l'adjectif peut être soumis à l'extraction, c'est-à-dire inséré dans *c'est... que* :

C'est brune qu'il aime la bière.

vs

C'est la bière brune qu'il aime.

▲ **Les degrés de l'adjectif.** Il s'agit des différents moyens par lesquels on compare des propriétés exprimées par l'adjectif, ou par lesquels on marque leur intensité.

Dans les **degrés de comparaison**, on trouve des **comparatifs d'égalité** (*aussi Adj.*

que) et **d'inégalité**, c'est-à-dire **comparatif de supériorité**, *plus Adj. que*, et **d'infériorité**, *moins Adj. que*. Le second élément de la comparaison est dans tous les cas introduit par *que*, suivi éventuellement de *ne* dans une proposition corrélative après un comparatif d'inégalité :

> Il est moins intelligent qu'il (ne) le croit.

Ces comparaisons permettent en particulier de comparer un élément à un ou plusieurs éléments d'un ensemble :

> Il est plus sage que Pierre.
> Il est plus sage que la plupart de ses copains.

On peut également comparer un élément à tous les autres éléments du même ensemble :

> Pierre est le plus sage de la classe.
> Pierre est l'élève le plus sage que je connaisse.

La tradition parle en pareil cas de **superlatif** (voir exercice n° 1) mais il s'agit toujours d'une comparaison. Les limites de l'ensemble peuvent ne pas être précisées, ce qui laisse supposer que celui qui possède la qualité en question l'a plus que quiconque :

> Pierre est le plus sage.

et on est alors proche des **degrés d'intensité** :

> Pierre est très sage.

Ces degrés s'expriment par des moyens très variés. On distingue :

– **le bas degré**, qui se marque par quelques préfixes, tels que *hypo* (*hypotendu*), ou *sous* (*sous-alimenté*), par des adverbes ou locutions adverbiales marquant directement ou indirectement la quantité (*peu*, *un peu*, *pratiquement pas*, *faiblement*, *pauvrement*).

– **le moyen degré**, marqué par des adverbes de quantité et de manière (*assez*, *pas mal*, *à peu près*, *suffisamment*, *moyennement*).

– **le haut degré** où la diversité de moyens est la plus grande :

• intonation : *Il est bête !*

• tours exclamatifs : *Qu'il est bête !*

• morphologie : – superlatifs synthétiques, c'est-à-dire en un seul mot, comme *richissime* ;

– préfixes : *super*, *hyper*, *archi*, *sur*, *ultra*, *extra*.

• lexique : adverbes de quantité ou de manière : *très*, *extrêmement*, *parfaitement*, *bien*, *tout à fait*, *drôlement*, *rudement*, *vachement*, etc.

• rhétorique : répétition : *ce n'est pas joli joli*.

• comparaisons avec un terme étalon : *malin comme un singe, fort comme un Turc* (voir t. 1, exercice nº 36).

Degrés de comparaison et d'intensité ne sont évidemment possibles que si l'adjectif exprime une qualité susceptible de gradation. En particulier, les adjectifs de relation ne s'y prêtent pas :

> *Ce conseiller est très municipal.

pas plus que ceux qui expriment déjà en eux-mêmes le haut degré :

> *Jean est plus parfait que Paul.

▲ **La place de l'adjectif épithète.** Comme les autres éléments qui accompagnent le substantif dans le GN, c'est-à-dire les relatives ou les compléments de nom, l'adjectif se place d'ordinaire après le substantif :

> le chapeau qui est sur la table
> le chapeau de Jeanne
> un chapeau ridicule.

C'est la seule place possible si l'adjectif est accompagné d'un complément :

> un parfum agréable
> un agréable parfum
> *vs* un parfum agréable à respirer / *un agréable à respirer parfum.

Cependant, certains adjectifs peuvent s'**antéposer** et se placer entre le déterminant et le substantif. Cette **antéposition** met en jeu plusieurs facteurs :

– des traces de l'usage ancien où l'adjectif précédait le plus souvent le substantif, comme dans les expressions *à grands pas, à petit feu* ;

– des considérations rythmiques, un adjectif monosyllabique ayant tendance à s'antéposer : *un frais parfum*, sauf s'il est lui-même accompagné d'un substantif également monosyllabique : *un vent frais* et non ? *un frais vent* ;

– des facteurs sémantiques, l'adjectif devant le substantif perdant souvent sa valeur propre pour former une sorte de nom composé avec ce substantif :

un commerçant gros	un gros commerçant
une histoire vraie	une vraie histoire.

On distingue ainsi généralement les **adjectifs à place fixe** et les **adjectifs à place variable**. Parmi les premiers, les ordinaux sont les seuls à s'antéposer obligatoirement : *la première journée*. Les autres, adjectifs de relation, adjectifs qui indiquent une classification (position sociale, religion, nationalité), adjectifs de couleur ou de forme, et enfin participes, sont toujours postposés : *la première place, une ville sicilienne, un rite orthodoxe, une robe rouge, un ballon ovale*. Il vaut pourtant mieux adopter une position plus souple et considérer que la place de l'adjectif épithète est indifférente mais que le français contemporain a une prédilection pour la postposition, alors que dans l'ancienne langue, et encore en français classique, la place privilégiée était l'antéposition. Le fait important est que l'adjectif antéposé, à la différence de l'adjectif postposé, ne porte pas d'accent (sur l'accent, voir t. 1, chap. 1), si bien que sa valeur sémantique est atténuée. C'est ce qui explique que les adjectifs de couleur, de forme, bref tous les adjectifs qui indiquent avec précision une caractéristique, soient généralement postposés. Mais il leur arrive d'être antéposés. On constate par exemple que *blanc* chez Mallarmé est toujours devant le substantif dont il est épithète : *le blanc souci de notre toile*. Il a alors une valeur symbolique et, autant et plus que la couleur, marque la stérilité. Un adjectif appréciatif sera en revanche indifféremment devant ou derrière le substantif :

une inquiétude extraordinaire	une extraordinaire inquiétude
un sourire large	un large sourire.

Comme dans ces exemples, certains adjectifs ont une place variable avec un même substantif, tandis que d'autres voient leur position liée au substantif, sans que l'on puisse déceler les raisons de ces collocations : *de larges concessions*, *une large baie*, mais *une fenêtre large*, *des idées larges*.

3. LES PRONOMS

3.1. DÉFINITION ET DIFFÉRENTS TYPES

Par pronom, on désigne des éléments qui peuvent commuter avec un GN et en remplir les fonctions, sans que nécessairement ils reprennent un GN présent dans le contexte antérieur. Les pronoms sont donc un cas de syntagme nominal.

Il existe des **pronoms dits représentants** ou **substituts**, et qui sont des anaphoriques :

L'homme entra dans la pièce. **Il** portait un chapeau mou.

et des pronoms dits **nominaux**, qui ne reprennent rien :

Certains l'aiment chaud.

Certains pronoms appartiennent seulement à l'une ou l'autre catégorie, d'autres peuvent fonctionner dans les deux. À vrai dire, tous les pronoms sont d'une certaine façon des nominaux, puisque ce sont des SN, mais on réserve le terme à ceux qui ne sont pas anaphoriques. Plus que l'étiquette, il importe donc de repérer le fonctionnement et le rôle des pronoms. On a déjà traité des pronoms interrogatifs (nominaux) et relatifs (généralement représentants) au chapitre 1. On présentera ici les autres.

3.2. LES PRONOMS PERSONNELS

Cette étiquette est en fait trompeuse. Le terme de pronom pourrait laisser supposer que tous sont des substituts, ce qui n'est jamais vrai des personnages du dialogue, *je* et *tu*, qui sont des déictiques, ou du *il* des unipersonnels, et le terme de personnel implique un renvoi à une personne, alors que *il(s)* ou *elle(s)* peuvent aussi bien renvoyer à des objets. C'est pourquoi certains grammairiens adoptent une terminologie qui s'appuie sur le fonctionnement morphosyntaxique et parlent de **particules préverbales** ou de **clitiques**, c'est-à-dire d'unités qui ne peuvent pas porter l'accent, pour les formes qui n'apparaissent que devant le verbe. Ces formes, dites **conjointes**, ne peuvent être séparées du verbe que par un élément de la même classe ou par le premier terme de la négation, *ne*, et sont le plus souvent à sa gauche :

Je parle.
*__Je__, à voix haute, parle.
J'en parle.
Je ne parle pas.

Les formes dites **disjointes** peuvent en être séparées et sont accentuées :

C'est **moi** qui parle.
Je parle de **lui**.

Certaines formes disjointes sont distinctes des conjointes comme *me* et *moi*, d'autres sont en apparence identiques comme *nous*, tantôt accentué quand il est disjoint, tantôt atone quand il est conjoint.

Il convient de classer parmi les premières le pronom *on*, qui a la même définition formelle, bien qu'il ne s'utilise que comme sujet. Il commute parfois avec l'une d'elles :

Nous arrivons.
On arrive.

Les particules préverbales ont un caractère remarquable qu'elles partagent d'ailleurs avec des éléments comme les pronoms relatifs ou interrogatifs : à la différence des substantifs, elles portent la **marque flexionnelle de la fonction** (*je* sujet *vs* *me* complément), ce qui est une trace de l'ancienne langue.

L'inventaire des formes distingue la série conjointe et la série disjointe. À l'intérieur de chacune d'elles, les particules diffèrent suivant la fonction, le nombre, le genre et le rang. On peut les récapituler comme suit :

formes conjointes	1	2	3	4	5	6
sujet	je	tu	il/elle on	nous	vous	ils/elles
comp.	me	te	le/la lui se en y	nous	vous	les leur se en y
formes disjointes	moi	toi	lui/elle soi	nous	vous	eux/elles soi

Ce tableau fait apparaître un certain nombre de neutralisations parmi les oppositions dégagées. Comme les substantifs, les formes disjointes ne varient pas selon la fonction. Certaines formes, comme *elle(s)* ou *lui*, sont communes aux deux séries, mais elles ne sont pas également accentuées. Parmi les formes conjointes, les personnes du dialogue, de rang 1 et 2, et les pronoms de rang 4 et 5 ne marquent pas l'opposition de genre et n'ont pas non plus de formes propres pour marquer la réflexivité dans les verbes pronominaux alors que *se* existe pour les pronoms de rang 3 et 6 :

Il le regarde. *vs* Il se regarde.

On remarque la place tout à fait à part des pronoms de rang 3 et 6, seuls à présenter toutes les oppositions, y compris celle de l'animé et de l'inanimé (*y/lui*, et *en/de lui*) et seuls également pour lesquels on peut parler de variation en nombre. *Nous* et *vous*, en effet, ne sont pas vraiment le pluriel de *je* et de *tu*, *nous* n'étant pas une collection de *je*, mais pouvant renvoyer à *moi et toi*, *moi et vous*, *moi et lui (elle)*, *moi et eux (elles)*, et *vous* pouvant être *toi et toi* (deux interlocuteurs différents successivement désignés par *toi*), *toi et vous*, *toi et lui (elle)* et *toi et eux (elles)*. Enfin, *on* n'admet aucune flexion et ne s'utilise que comme forme conjointe sujet.

On note enfin que deux formes ont pour étymologie des adverbes latins de lieu : *y* est issu de *ibi* et *en* de *inde*. C'est pourquoi on les appelle parfois pronoms adverbiaux. Mais, dans le système du français, ils fonctionnent comme n'importe quel autre pronom et sont très loin d'avoir toujours un sens de lieu. On évitera donc cette terminologie qui a le tort de mêler la diachronie et la synchronie.

En ce qui concerne la **distribution** des pronoms personnels, il faut d'abord prendre en considération leur **place par rapport au verbe**. Les formes disjointes ne posent aucun problème particulier et se comportent comme n'importe quel GN :

Pense à Marie.
Pense à elle.

Les formes conjointes, elles, se placent obligatoirement avant le verbe ou, plus exactement, devant la première forme verbale portant les marques flexionnelles :

Je le vois. / Je l'ai vu.

En vertu de cette règle, on disait en français classique, quand le groupe comprenait un verbe conjugué suivi d'un infinitif :

Je le veux manger.

De nos jours, le pronom est placé devant le verbe dont il est complément :

Je veux le voir.

Lorsque le **verbe est à l'impératif**, on distingue les cas où il s'agit d'une forme négative (les règles sont celles du fonctionnement général) et ceux où il est au positif. Le pronom suit alors le verbe et ce sont tantôt des formes disjointes qui apparaissent :

Regarde-**moi**. *vs* Il me regarde. Ne me regarde pas.

tantôt des formes conjointes exceptionnellement accentuées :

Regarde-**le**. *vs* Il le regarde. Ne le regarde pas.

L'apparition d'une forme conjointe ou disjointe n'est pas toujours aisée à justifier. Ainsi, certains verbes qui entrent dans la construction *V à SN* admettent *y*, mais non *lui*. On aura par exemple :

Il tient à ce voyage — Il y tient

mais :

Il tient à cet ami. — *Il lui tient/Il tient à lui.

(En français courant, *y* est utilisé dans tous les cas.) Dans d'autres cas au contraire, c'est *y* qui est impossible :

On attribue ce lapsus à Jean.
On lui attribue ce lapsus.
vs
On attribue ce lapsus à la fatigue.
*On y attribue ce lapsus.

On constate une fois de plus que le lexique n'a pas l'apanage de l'arbitraire et des lacunes surprenantes.

Il convient en second lieu d'examiner la **distribution des pronoms les uns par rapport aux autres**. 2, 3 ou 4 au maximum peuvent se combiner entre eux :

On vous l'y fera suivre.

La compatibilité et l'ordre respectif des pronoms peuvent se résumer comme suit :

I	II	III	IV	V	VI
je	me	le	lui	y	en
tu	te	la	leur		
il	se	les			
elle	nous				
on	vous				
nous					
vous					
ils					
elles					

Le numéro des colonnes indique l'ordre d'apparition des pronoms à gauche du verbe. Les pronoms qui figurent dans une même colonne ne sont pas compatibles. Toutes les colonnes sont compatibles entre elles à l'exception de II et IV. Lorsqu'une combinaison n'est pas possible, on voit apparaître une forme disjointe :

Il te confie à moi. *vs* *Il me te confie.

L'ordre des pronoms ne suit donc pas nécessairement celui qui apparaît avec les GN pour lesquels le COD précède le complément indirect. Cet ordre n'existe que lorsque ce sont exclusivement des pronoms de rang 3 et 6 qui sont impliqués :

Il le lui donne.

Avec les pronoms des autres rangs, c'est le complément indirect qui précède :

Il me le donne.

Le réfléchi de rang 3 et 6 *se* a sur ce point des affinités avec les personnes du dialogue :

*Il se l'achète. et non *Il le s'achète.
*Il lui l'achète et non *Il le lui achète.

À l'impératif positif, lorsque sont en jeu des pronoms des colonnes III et IV, on ne note aucun changement par rapport aux phrases affirmatives :

Donne-le lui.

mais lorsqu'il s'agit des pronoms des colonnes II et III, l'ordre s'aligne sur III + IV :

Donne-le moi *vs* *Donne-moi le.

Cette dernière forme est d'ailleurs très fréquente en français populaire, par analogie avec l'ordre de la phrase affirmative : *il me le donne*. Il faut bien dire qu'il est difficile de justifier ces règles sectorielles.

En ce qui concerne **leur rôle**, certains pronoms personnels ne sont que des **nominaux**. C'est le cas de *je* et *tu* qui sont des déictiques (on les appelle parfois **embrayeurs**) puisqu'ils renvoient à la situation de parole et non au contexte linguistique. Ils ne peuvent s'expliquer que dans le cadre de l'énonciation, puisqu'ils sont ancrés directement sur les protagonistes du dialogue. En d'autres termes, ils ont une **référence exophorique** (voir p. 206) et s'articulent sur ce qui est extérieur à l'énoncé.

Au contraire, les personnes de rang 3 et 6 sont des anaphoriques et sont le résultat d'une **pronominalisation**. Elles ont donc une référence **endophorique**, puisqu'elles renvoient à des éléments internes au contexte.

Les **anaphoriques** reprennent un élément déjà mentionné :

> **L'hiver** est déjà là. **Il** menace d'être très rude.

et les **cataphoriques** annoncent un élément :

> Je **le** sais bien, **que je manque de temps pour tout faire**.

Ils permettent ainsi d'éviter la répétition d'un élément déjà mentionné et d'assurer la cohésion de l'énoncé. Le GN et le pronom sont parfois **coréférents**, ce qui signifie qu'ils ont la même référence. Cette référence peut être actualisée :

> Cette mandarine est pourrie. Il faut la jeter.

ou purement virtuelle, envisagée sous l'angle lexical, conceptuel. En pareil cas, les référents ne sont pas nécessairement identiques et il n'y a donc pas coréférence totale (voir p. 207) :

> J'ai mangé deux gâteaux et Pierre en a mangé trois.

(il est clair qu'il s'agit de gâteaux différents).

Nous et *vous* s'articulent parfois seulement sur la situation d'énonciation, avec le ***nous*** **de majesté** ou **de modestie** pour renvoyer au locuteur :

> Nous, Roi de France, décrétons que…
> Nous traiterons dans ce chapitre de…

ou le ***vous*** **de politesse** pour renvoyer à un interlocuteur unique. Mais ils s'articulent le plus souvent à la fois sur cette situation et sur des GN du contexte :

> J'ai rencontré ton frère. Vous habitez donc ensemble ?
> Voici Pierre. Nous travaillons ensemble.

Le *il* des unipersonnels ne peut pas commuter avec un autre clitique ni avec un GN. Il sert seulement à remplir la case sujet, obligatoire en français et à indiquer la personne du verbe. Il fonctionne pratiquement comme un **affixe verbal flexionnel**.

Enfin, certaines formes, nécessairement disjointes, sont **emphatiques** et servent à des mises en relief. Ces mises en relief se font par l'**extraction** (voir p. 46) d'un pronom où l'on voit apparaître une forme disjointe tonique :

Je le déteste.
C'est **moi** qui le déteste.
C'est **lui** que je déteste.

ou par le **détachement** d'un pronom ou d'un SN :

Je déteste Jean.
Moi, je déteste Jean.
Jean, je **le** déteste.

Ni l'une ni l'autre de ces formes d'emphase ne peuvent porter sur le *il* des unipersonnels qui n'est qu'un indice de personne du verbe. Avec *en* et *y*, quand ils sont associés à l'inanimé, on peut voir apparaître des démonstratifs :

J'en veux.
C'est de **cela** (**ça**) que je veux.
J'en veux de **cela** (de **ça**).

Tels sont donc les principaux rôles que jouent les pronoms personnels : **déictiques, anaphoriques (cataphoriques), indices flexionnels du verbe, éléments d'emphase**.

3.3. LES PRONOMS DÉMONSTRATIFS

Ils comprennent une série **simple** :

masculin	féminin	neutre	
celui	celle	ce	**sg**
ceux	celles		**pl**

et une série **composée** avec un adverbe de lieu, *ci* ou *là* : *celui-ci*, *celui-là*, etc. On remarquera la présence au singulier seulement de formes de **neutre**, *ce* (*c'*), *ceci*, *cela* (*ça* en français courant), très rares en français.

La forme simple *ce* est atone et a des emplois très limités, comme sujet de *être* ou comme antécédent d'un relatif (voir p. 65). *Ce* est en particulier utilisé dans la formation du présentatif *c'est* (voir p. 45) :

C'est bien lui.

Les formes simples ont un rôle essentiellement **anaphorique**, de renvoi :

J'ai acheté deux **robes**. La noire est **celle** que je préfère.

ou **cataphorique** :

Ça veut dire quoi exactement, **ce que tu racontes** ?

et alternent avec les pronoms personnels de rang 3 et 6 qui ne peuvent pas être suivis d'une détermination :

Il y a des livres sur la table. Je les feuillette.
Il y a des livres sur la table. Je feuillette ceux qui viennent de paraître.

Les formes composées peuvent renvoyer à la situation, ce sont alors des **déictiques** qui méritent bien le terme de démonstratifs. (Pour la répartition entre formes simples et composées, voir exercice n° 4.)

3.4. LES PRONOMS POSSESSIFS

Ils sont formés par l'emploi de l'article défini et de l'adjectif possessif *mien*, rarement utilisé en dehors de la construction attributive (*ce livre est mien*) : *le mien*, *la mienne*, *les miens*, *les miennes*. Ce sont essentiellement des **anaphoriques**, utilisés à la place d'un SN comprenant un adjectif possessif :

Veux-tu mon stylo ? Non, je préfère l'écriture du mien (= de mon stylo).

Ils ne sont employés comme **nominaux** que dans un certain nombre d'expressions figées : *y mettre du sien*, *passer Noël avec les siens*, etc.

3.5. LES NUMÉRAUX ET LES INDÉFINIS

Comme les déterminants correspondants, ils indiquent la **quantité** nulle – *personne*, *nul*, *aucun*, *rien* –, non précise – *plusieurs*, *quelques-uns* –, ou chiffrée – *trois*, *mille* –, la totalité – *tous* –, etc. En ce qui concerne leur forme, certains sont spécifiques et n'existent pas parmi les déterminants : *personne*, *rien* ; d'autres, et c'est la majorité, soit sont identiques au déterminant : *aucun*, *nul*, *plusieurs*, soit comprennent une forme accompagnée d'un déterminant article : *l'un*, *l'autre*. Les numéraux présentent l'une ou l'autre forme, selon qu'ils renvoient à une partie d'un ensemble :

J'avais invité quinze amis : trois se sont excusés.

ou à la totalité :

J'avais invité des amis : (tous) les trois se sont excusés.

Certains de ces pronoms sont seulement des **nominaux**, comme *personne* ou *rien*, d'autres seulement des **anaphoriques**, comme *aucun* ou les numéraux, d'autres enfin peuvent selon les cas être l'un ou l'autre, comme *tout* :

Tout a une fin (**nominal**).
J'ai passé la journée à faire du courrier. Tout a été expédié (**anaphorique**).

4. L'ADVERBE

Les fonctions nominales peuvent enfin être exercées par certains adverbes :

Il marche avec lenteur.
lentement.

Mais ce sont des éléments dont la nature est fondamentalement différente des éléments nominaux et pronominaux puisqu'ils entrent dans la catégorie des **mots invariables**, avec les prépositions et les conjonctions. Ils en diffèrent puisqu'ils n'introduisent aucun groupe (la préposition introduit en effet un GN et la conjonction une proposition). Même lorsqu'il porte sur un élément particulier de l'énoncé, par exemple un adjectif (*Il est très grand*), l'adverbe n'introduit pas cet adjectif et peut être supprimé sans que la syntaxe en soit affectée (*Il est grand*), alors que la suppression d'une préposition, par exemple, rend la construction inacceptable (*Il parle de son travail* / **Il parle son travail*).

L'adverbe est, sur le **plan morphologique**, une catégorie qui n'est pas aisée à définir. Forme invariable, il ne peut évidemment pas être caractérisé par sa flexion. De plus, c'est une catégorie hétérogène en ce qui concerne sa formation, puisque, si certains adverbes portent la trace de leur formation par dérivation (suffixe mort *-ons*, *à tâtons*, *à croupetons*, suffixe vivant et productif *-ment*, *vivement*, *ardemment*), beaucoup d'autres sont directement issus du latin, comme *hier*, *assez*, ou sont des locutions figées – *en bas*, *au loin*, *pied à pied* –, devenues inanalysables.

Il est parfois malaisé de distinguer les adverbes d'autres éléments de la langue. En premier lieu, il convient de citer les relations qu'ils entretiennent avec les adjectifs. Certains adverbes sont en effet issus par conversion (voir t. 1, chap. 2) d'adjectifs, sans suffixe. L'adjectif perd alors simplement ses marques flexionnelles : *parler haut et fort*. À l'inverse, un adverbe peut avoir les fonctions d'un adjectif :

> C'est une femme bien.
> Elle est bien.

L'adverbe entretient également des relations avec les déterminants (voir p. 152). Il s'agit de ceux qui ne se combinent pas directement avec les substantifs, mais demandent l'intermédiaire de la préposition *de* :

> Il a mangé beaucoup de gâteaux.

et qui peuvent en effet s'employer seuls :

> Il a beaucoup mangé.

Enfin, l'adverbe n'est pas toujours aisé à distinguer d'une préposition. Outre le fait que formellement ils sont souvent identiques, surtout dans le français parlé (*dessus/dessus le buffet ; en face/en face la gare*), certains emplois sont malaisés à interpréter. Ainsi dans :

> Jean a tapé sur Jacques.
> Jean lui a tapé dessus.

faut-il voir en *dessus*, qui correspond au *sur* du premier exemple, et qui est lié au pronom *lui*, un adverbe ou une préposition ?

En dehors du fait qu'ils sont invariables, les adverbes et les locutions adverbiales ont entre eux peu de points communs. On peut en proposer plusieurs classements. On peut d'abord s'appuyer sur la syntaxe pour distinguer des **adverbes d'élément** (adverbes d'adjectifs, de verbes...) et des **adverbes de phrase**, portant sur l'ensemble de la phrase, pour insister sur le parallèle qui existe entre l'adverbe et les groupes nominaux.

Un adverbe d'élément porte sur un verbe, un adjectif (ou un groupe nominal en fonction d'adjectif) :

Il parle peu.
Il est peu loquace.
C'est bien mon frère.

Il peut également porter sur un autre adverbe (un groupe nominal ou une proposition conjonctive à valeur adverbiale) :

Il est parti bien avant le jour.
Il est parti bien avant que le jour ne se lève.
Il est parti bien tôt.

L'adverbe est donc une catégorie **récursive**, comme les déterminants dont on a vu qu'ils pouvaient aussi se combiner entre eux.

La définition des adverbes de phrase est difficile, mais on peut dire qu'ils ne sont pas, comme les adverbes d'éléments, sujets à un accord sémantique avec un mot particulier de la phrase, comme le fait apparaître la réponse à une question :

Est-ce qu'il a neigé sur les Alpes ?
Abondamment. / *Admirablement.
Est-ce qu'il sait nager ?
Admirablement. / *Abondamment.

Abondamment et *admirablement* sont deux adverbes de verbe liés respectivement à *neiger* et à *nager* : ils ne sont donc pas interchangeables. Au contraire, *naturellement*, qui est un adverbe de phrase, conviendrait à l'une et l'autre question.

Les adverbes de phrase sont en général mobiles :

Il est naturellement venu !
Naturellement, il est venu !

alors que les autres ne le sont pas :

Il a neigé abondamment sur les Alpes.
*Abondamment, il a neigé sur les Alpes.

On peut enfin les classer les adverbes suivant leur valeur sémantique. Au sein des adverbes de degré, on peut distinguer des adverbes de manière, de degré, de répétition, etc., ces valeurs pouvant être modifiées selon l'élément sur lequel ils portent. C'est ainsi que la plupart des adverbes de manière employés avec un adjectif prennent un sens intensif et deviennent interchangeables :

Il est merveilleusement bon.
Il est rudement bon.

Parmi les adverbes de phrase, on peut distinguer plusieurs catégories, essentiellement les adverbes de lieu, de temps et les adverbes modaux, c'est-à-dire en définitive autant d'adverbes liés à l'énonciation :

Ici a lieu la foire annuelle.
Avant, il faudra que je passe chez moi.
Évidemment, il n'a pas éteint la lumière.

ENTRAÎNEZ-VOUS

22. L'INVERSION DU SUJET

But de l'exercice : s'interroger sur l'ordre des mots dans la proposition et sur les facteurs qui peuvent le modifier.

Soit le texte suivant :

Sous le pont Mirabeau coule la Seine
Et nos amours
Faut-il qu'il m'en souvienne
La joie venait toujours après la peine

Vienne la nuit sonne l'heure
Les jours s'en vont je demeure

Les mains dans les mains restons face à face
Tandis que sous
Le pont de nos bras passe
Des éternels regards l'onde si lasse

Vienne la nuit sonne l'heure
Les jours s'en vont je demeure

L'amour s'en va comme cette eau courante
L'amour s'en va
Comme la vie est lente
Et comme l'Espérance est violente

Vienne la nuit sonne l'heure
Les jours s'en vont je demeure

Passent les jours et passent les semaines
Ni temps passé

Ni les amours reviennent
Sous le pont Mirabeau coule la Seine

Vienne la nuit sonne l'heure
Les jours s'en vont je demeure
(Apollinaire, *Le Pont Mirabeau*)

Vous analyserez les cas d'inversion du sujet.

CORRECTION

Le poème offre plusieurs exemples où le sujet suit le verbe. Il ne faudrait surtout pas les mettre au compte du langage de la poésie ou d'effets stylistiques. Non que ces effets n'existent pas, mais la poésie n'a pas le pouvoir de changer les règles de la langue et le style ne consiste pas à violer la grammaire, mais à exploiter ses moindres possibilités, y compris les plus rares. Dans ce texte, Apollinaire n'utilise que des règles inscrites dans la langue, même s'il le fait d'une façon particulière, et ce sont ces règles qu'il faut mettre en évidence.

Deux grandes catégories peuvent être distinguées. Dans la première, c'est la position du verbe dans une proposition sans modalité de phrase qui est en jeu, qu'il s'agisse d'une proposition assertive ou d'une proposition subordonnée, dont on sait qu'elle ne peut porter la modalité. Dans la deuxième, au contraire, l'ordre modifié est la conséquence d'une modalité.

a. Impossibilité pour le verbe d'être en tête d'une proposition soustraite aux modalités.

– La proposition assertive

L'ordre ordinaire dans la proposition dite canonique, c'est-à-dire sans modalité ni mise en relief particulières, interdit que le verbe y occupe la première place. C'est généralement le sujet qui remplit cette position, mais si un autre élément l'occupe, alors le sujet, moyennant certaines conditions, peut suivre le verbe qui, de toute façon, reste ainsi au centre de la proposition. L'élément qui apparaît en tête est généralement un circonstant ou un adverbe. C'est le cas de *Sous le pont Mirabeau coule la Seine*. Tandis que sans complément de phrase en tête, **coule la Seine* ne serait pas possible, la présence du complément rend acceptable la postposition du sujet *la Seine*.

Tous les verbes cependant n'acceptent pas l'inversion du sujet. Il faut qu'ils soient intransitifs. **Sous le pont Mirabeau envahit les berges la Seine* est impossible, tout comme **Sous le pont Mirabeau envahit la Seine les berges* ou **Sous le pont Mirabeau les berges envahit la Seine*. Il faut également noter que l'inversion n'est pas possible avec pour sujet un pronom personnel (particule préverbale) : **Sous le pont Mirabeau coule-t-elle.*

Sans élément en tête de phrase, l'ordre *verbe + sujet* n'est acceptable que dans certains types d'énoncés, par exemple dans les didascalies d'un texte de théâtre : *Entre la princesse*. Si on analyse comme un indicatif le verbe *passent (Passent les jours et passent les semaines)*, on se trouve en présence d'une de ces inversions du sujet rares en l'absence d'éléments en tête de phrase. Elle est rendue tolérable par le sémantisme du verbe qui affirme une façon d'être : cela fait partie du mode d'existence d'un fleuve que de passer. On a ainsi des inversions avec les verbes *arriver, survenir, rester (Survint alors un événement extraordinaire)*. On préférera pourtant analyser *passent* comme un subjonctif (voir b).

– Propositions subordonnées

On sait que les subordonnées échappent aux modalités de la phrase, si bien que leur cas n'est pas très différent du cas précédent. *Le Pont Mirabeau* offre un exemple de proposition subordonnée conjonctive circonstancielle *Tandis que sous le pont de nos bras passe des éternels regards l'onde si lasse (= tandis que sous le pont de nos bras passe l'onde si lasse des éternels regards)*. Le sujet *des éternels regards l'onde si lasse*, qui comprend lui-même une modification de l'ordre des mots (à partir de *l'onde si lasse des éternels regards*) est postposé au verbe en raison de la présence en tête de la proposition de la locution conjonctive de subordination. On pourrait attribuer la postposition au complément *sous le pont de nos bras*, mais sa suppression ne changerait rien à l'ordre des mots : *tandis que passe l'onde*, ce qui indique que l'inversion est bien liée à la conjonction. Le verbe, comme dans les propositions non subordonnées, doit être intransitif. L'inversion du sujet est également possible dans les relatives, dont le texte ne présente pas d'exemple : *l'enfant que berce sa mère*. En pareil cas, le verbe aura évidemment un pronom relatif complément. Enfin, quel que soit le type de la subordonnée, et comme précédemment, l'inversion n'est pas possible pour un sujet pronom personnel : **J'ai rencontré l'enfant qu'élève-t-elle*.

b. Présence de modalités

L'ordre des mots peut être modifié pour peu qu'interviennent dans la proposition des modalités.

– Modalités de la phrase

On se souvient que les modalités peuvent se marquer par la construction de la phrase (voir p. 34). L'interrogation est une de ces modalités, et elle peut entraîner l'inversion du sujet comme dans *Faut-il qu'il m'en souvienne ?* On a affaire à une proposition interrogative totale où l'inversion de la particule préverbale est normale (voir p. 40). On se souviendra que si le sujet avait été un GN, l'inversion n'aurait pas été possible, et que l'on aurait dû recourir à l'inversion dite complexe : *Jean doit-il s'en souvenir ?*

– Modalité de l'éventualité ou de la volonté

Les modalités peuvent également se traduire par le mode, essentiellement par le subjonctif marquant éventualité ou volonté. C'est le cas dans le refrain : *Vienne la nuit sonne l'heure*, où le parallélisme de construction conduit à voir dans *sonne* un subjonctif comme dans *vienne*. L'inversion, rendue possible par la modalité, et en l'absence de ce que certains appellent la «béquille» du subjonctif, *que*, attendu avec le subjonctif, *que vienne la nuit*, renforce le mode, que l'on peut interpréter ici comme marquant l'éventualité *(la nuit peut bien venir)* ou le souhait *(la nuit puisse-t-elle venir)*. C'est de la même façon qu'on choisira d'interpréter *Passent les jours et passent les semaines*, étant donné la similitude de construction et de sens avec le cas précédent : le temps peut passer, il ne revient pas, de même que l'heure peut sonner, les jours s'en vont.

On ajoutera pour conclure que les inversions sont particulièrement nombreuses dans ce texte d'Apollinaire parce qu'il s'agit d'un poème où aux contraintes de la langue s'ajoutent des contraintes de rythme, de nombre de syllabes et de sonorités. Ainsi l'inversion du premier vers permet-elle tout à la fois le nombre de syllabes (10) et la rime avec *peine*. Mais ces contraintes n'ont pas le pouvoir de modifier la grammaire.

23. QUELQUES COMPLÉMENTS DIRECTS DU VERBE

But de l'exercice : manier les tests; faire apparaître des différenciations; réfléchir sur la notion de prototype.

Soit le corpus :

1. Jean respire la santé.
2. Elle sent le musc.
3. Il dort son dernier sommeil.
4. Elle vit sa vie.
5. Il mesure deux mètres.
6. Ce colis pèse trois kilos.
7. Il a la pépie.
8. J'ai la dent.
9. Jean est médecin.
10. Marie adore le chocolat.
11. Marie adore Jean.
12. Marie crie sa douleur.
13. La tempête dévaste la côte.
14. Jean devient un enfant de plus en plus capricieux.

a. Les GN à droite du verbe sont-ils déplaçables ?
b. Peuvent-ils être supprimés ?
c. Peuvent-ils être pronominalisés, et par quoi ?
d. Peuvent-ils répondre à une question introduite par *qu'est-ce que* ou *qui est-ce que*, selon le cas ?
e. Peuvent-ils commuter avec un adjectif ?
f. Peut-on donner à ces phrases un équivalent passif ?

CORRECTION

a. Aucun GN à la droite du verbe dans ce corpus ne peut être déplacé, et de ce point de vue, ils sont tous distributionnellement équivalents.

b. Ne peuvent être supprimés que les GN des phrases 3, 4 et 12 :

> Il dort ; Elle vit ; Marie crie.

Ailleurs, la suppression est impossible (ou très difficile) :

> *La tempête dévaste.

ou alors, le verbe change complètement de sens :

> Jean respire.

Les compléments des phrases 3, 4 et 12 sont donc moins indispensables à la syntaxe de la phrase que les autres.

c. La majorité des GN du corpus peuvent être pronominalisés, surtout si, pour rendre la pronominalisation plus naturelle, on la précise par un contexte :

> Deux mètres ? il les mesure bien.
> Sa vie, elle la vit (pleinement).

Elle est cependant difficile en 1, 2, 7 et 8.

d. Les questions sont possibles seulement en 2, 7, 8, 9, 10, 11 et 13 :

> Qu'est-ce qu'elle sent ? Elle sent le musc.

En 5 et 6, on peut bien poser une question, mais c'est *combien* qui apparaît :

> Combien mesure-t-il ?

En 9, la question est possible, mais serait meilleure avec le verbe *faire* :

> Qu'est-ce que fait Jean ? Il est médecin.

En 14, la question serait meilleure avec *comment* :

> Comment devient Jean ? Il devient un enfant de plus en plus capricieux.

e. Enfin, la commutation avec l'adjectif n'est possible qu'en 9 et 14.

f. Moyennant les restrictions sur le passif étudiées dans l'exercice n° 2, il est naturel en 11 et 13, possible en 10, et impossible partout ailleurs.

Sur la base de ces observations, on peut distinguer plusieurs catégories de SN à droite du verbe. L'une d'entre elles correspond à la définition du prototype du COD, en 10, 11 et 13.

On note ensuite les attributs, après les verbes attributifs *être* et *devenir* en 9 et 13. Ils se séparent des COD en ce qui concerne la mise au passif, qui n'est jamais possible, et la commutation, toujours possible, avec un adjectif. Quant aux questions, elles sont possibles, mais spécifiques.

En 1 et 2, on a affaire à des emplois particuliers des verbes *respirer* et *sentir*, qui, dans d'autres cas, fonctionneraient comme les verbes de 10 ou 13 *(respirer l'air des cimes*, *sentir une rose*). Certains tests sont du coup difficiles à manipuler, comme la pronominalisation.

Dans 3, 4 ou 12, il s'agit cette fois de verbes qui sont ordinairement intransitifs. Là encore, certains tests sont difficiles à apprécier, comme la pronominalisation qui nécessite des contextes particuliers :

? Son dernier sommeil, il le dort.

vs

Son dernier sommeil, il le dort dans un cimetière de campagne.

On parle parfois pour ces compléments de **compléments (d'objet) internes**. En effet, ils ne font que reprendre un trait sémantique du verbe, avec lequel, comme pour *vivre* et *vie*, ils sont parfois en relation morphologique. Pour ne pas être entièrement redondants par rapport à lui, ils doivent être accompagnés d'une détermination ou d'une spécification (*son dernier sommeil*, *une vie de chien*, etc.).

En 7 et 8, on a affaire à des locutions verbales stéréotypées, où le complément fait corps avec le verbe.

Enfin, en 4 et 5, il s'agit de compléments dont on fait parfois des compléments circonstanciels de mesure. En fait, il s'agit bel et bien de CV et non de CP, comme le montrent les deux premiers tests, mais de CV d'un type spécifique, puisqu'ils correspondent à une question particulière et n'admettent pas le passif.

Pour un même type de compléments, des CV, on voit donc apparaître dans cet exercice toute une gamme de comportements plus ou moins éloignés du prototype du COD, représenté dans les phrases 10, 11 et 13, avec lequel ils partagent pourtant certaines caractéristiques. C'est la situation la plus répandue en syntaxe où il est difficile de définir des classes regroupant des éléments qui partageraient exactement les mêmes propriétés. Il faut plutôt concevoir qu'autour du prototype gravitent des éléments plus ou moins ressemblants avec ce modèle et entre eux.

24. LES COD QUI PEUVENT ÊTRE SUPPRIMÉS

But de l'exercice : réfléchir sur les relations entre constructions d'un même verbe, et sur la notion d'élément obligatoire, facultatif ou aléatoire.

1. Soit le corpus :

1. Je mange un gâteau.
2. Je chante une rengaine.
3. L'huile de foie de morue fortifie les enfants.
4. Cette politique fortifie son prestige.

5. Marie lave le linge.
6. Marie lave la voiture.
7. Le riz nourrit les Chinois.
8. Ces arguments nourrissent la polémique.

Vous essaierez de supprimer les CV. Vous préciserez dans quelles conditions peut se produire cette suppression.

2. Soit le corpus :

1. Marie casse la branche.
2. La branche casse.
3. Jean fume une cigarette.
4. Jean fume.
5. La cigarette fume.
6. Jean coupe le gâteau.
7. Le couteau coupe.
8. Marie cuit le gigot.
9. Marie fait cuire le gigot.
10. Le gigot cuit.
11. Marie épaissit la sauce.
12. Marie fait épaissir la sauce.
13. La sauce épaissit.

Pour chaque verbe, vous étudierez les relations syntaxiques et sémantiques entre les constructions avec et sans complément et vous mettrez en évidence ce qui caractérise chacune d'elles.

CORRECTION

1. Les compléments peuvent être supprimés sauf dans les phrases 4, 6 et 8 alors que des verbes identiques sont en cause.

On notera en premier lieu que les compléments qui peuvent être supprimés :

Je mange un gâteau. / Je mange.

ne peuvent pas être déplacés. D'autres considérations font qu'on ne peut en faire des CP : les CP peuvent être supprimés quel que soit leur sens, or, les compléments auxquels on a affaire ici, qui, d'autre part, obéissent aux tests qui définissent les compléments d'objet (voir exercice n° 23) ne sont susceptibles d'être supprimés que si certaines conditions sont remplies.

En 1 et 2, on peut supprimer le complément parce qu'il est prévisible. On ne peut manger que quelque chose de mangeable, et même s'il y a perte d'une information spécifique (manger un gâteau au lieu d'un bout de pain ou d'un fruit), le sens de la phrase reste compréhensible. On peut dire que l'objet ici peut être supprimé car il renvoie à un élément quelconque de l'ensemble de tous les objets possibles du verbe, qu'ils constituent un paradigme très large, comme pour *manger*, ou plus restreint, comme pour *chanter*.

En 3 et 7, seuls les compléments qui renvoient à des personnes peuvent être supprimés :

> L'huile de foie de morue fortifie.
> Le riz nourrit.

alors qu'en 4 et 8, où ils renvoient à des choses, ils ne le peuvent pas :

> *Ces arguments nourrissent.

Cela va de pair avec le fait que les verbes présentent alors un sens métaphorique, et l'on constate une fois de plus le fonctionnement particulier du sens figuré.

Enfin, la confrontation de 5 et 6 fait apparaître que, pour certains verbes, seuls un petit nombre de compléments, renvoyant à des inanimés, peuvent être supprimés (*linge* mais non *voiture*).

On voit ce qui distingue ces constructions intransitives d'emplois comme *agiter avant usage*, ou *ne pas exposer à la chaleur*, figurant sur tel ou tel produit dans lesquels c'est la situation qui permet de comprendre quel est l'objet impliqué. On voit aussi ce qui distingue ces compléments facultatifs des CP. La suppression du complément ne se produit que s'il peut être reconstruit. La notion de prévisibilité est donc fondamentale. Au contraire, les CP, qu'il s'agisse de compléments de lieu, de temps, de manière, ne peuvent pas être reconstitués. Les CP ne sont pas facultatifs, mais aléatoires, alors que certains CV, selon le verbe, sont, eux, facultatifs.

2. Cette fois-ci, la présence ou l'absence du complément est liée au sujet. Pour les verbes tels que *fumer*, *couper*, *cuire* ou *épaissir*, si le sujet est animé, on a une construction transitive avec COD, éventuellement facultatif dans les conditions que l'on vient d'examiner :

> *Marie casse.

mais :

> Jean fume.

Lorsque le sujet est inanimé, c'est, cette fois, la construction intransitive qui est de règle :

> Le couteau coupe.
> La cheminée fume.

et le changement de sujet a pour conséquence un léger changement de sens du verbe qui, au lieu d'exprimer une action, exprime un état.

Les verbes *cuire* ou *épaissir* ont la caractéristique de pouvoir s'employer avec *faire*. L'objet dans la construction avec COD peut devenir sujet dans la construction sans complément, qui exprime, elle, l'état ou le processus, d'où le nom de **verbes réversibles**.

On constate donc, une fois de plus, la complexité des processus mis en jeu et l'interférence entre les propriétés syntaxiques et sémantiques.

25. ARTICLES INDÉFINIS ET PARTITIFS

But de l'exercice : soumettre à un examen précis des notions traditionnelles critiquables et aménageables sans bouleversement.

Soit le corpus :

1. J'ai acheté un vin de qualité supérieure.
2. J'ai acheté du vin de qualité supérieure.
3. J'ai acheté trois vins de qualité supérieure.
4. Je bois une bière brune chaque après-midi.
5. Je bois de la bière brune chaque après-midi.
6. Je bois trois bières brunes chaque après-midi.

a. Vous mettrez au pluriel les compléments qui sont au singulier dans chacune de ces phrases.

b. Vous les pronominaliserez ainsi que ceux que vous venez de faire apparaître.

c. Vous leur appliquerez l'opération de détachement.

Sur la base de ces observations, peut-on vraiment dire que *des* est le pluriel de *un* ? Comment pourrait-on présenter le système des articles, *un*, *une*, *du*, *de la*, *des* ?

CORRECTION

a. Les compléments 1 et 2, de même que 4 et 5, ont le même pluriel :

7. J'ai acheté des vins de qualité supérieure.
8. Je bois des bières brunes chaque après-midi.

b. Dans la pronominalisation, on voit partout apparaître le pronom *en*, mais il est seul en 2 et 5 ainsi que dans les phrases avec *des*, alors que *un* est conservé en 1 et 4 tout comme le déterminant cardinal *trois* :

1. J'en ai acheté un.
3. J'en ai acheté trois.

vs

2. J'en ai acheté.
5. J'en bois chaque après-midi.

On constate donc que *du (de la)* fonctionne comme *des*, mais que *un* a un fonctionnement différent.

c. C'est encore ce que l'on remarque dans le détachement pour lequel la forme du pronom est identique à celle qui apparaît dans la pronominalisation :

4. J'en bois une, de bière brune, chaque après-midi.
5. J'en bois, de la bière brune, chaque après-midi.
6. J'en bois trois, de bières brunes, chaque après-midi.

Avec *des*, on a :

J'en bois, des bières brunes, chaque après-midi.

De surcroît, avec le partitif comme avec *des*, le GN est détaché sans aucune modification, *de la bière brune*, *des bières brunes*, alors qu'avec *un* ou *trois*, le SN est modifié, *une (trois)*, ***de*** *bière(s) brune(s)*. Dans tous les cas, on constate que *des* semble avoir plus d'affinité avec *du (de la)* qu'avec *un (une)* et que *un* se rapproche des cardinaux. Il est de fait que, formellement, *des* appartient à la même série que le partitif, puisque c'est la contraction de *de* suivi de l'article défini *les*. Dans ces conditions, il est difficile de voir dans *des* le pluriel de *un*. Il est donc permis de penser que *un*, comme les déterminants cardinaux, dont il partage les propriétés, pose l'existence d'un élément et en indique la quantité précise. Il n'a pas de pluriel autre que les cardinaux, qui indiquent eux aussi la quantité déterminée. *Du*, *de la* et *des* indiquent au contraire la quantité indéterminée et, de ce point de vue, sont proches des indéfinis, bien qu'ils n'en aient pas les propriétés distributionnelles. Par conséquent, l'étiquette d'article partitif paraît contestable, car avec *du*, *de la* ou *des*, on n'indique pas qu'on découpe une partie dans un ensemble, ce que font des expressions comme *la moitié*, *une partie*, *un quart*, etc. :

J'ai bu la moitié d'une bière.
J'ai bu la plus grande partie de la bière.

mais seulement qu'on renvoie à une quantité indéterminée. Si l'on réformait la terminologie, on pourrait convenir d'appeler *un* et les cardinaux **déterminants de la quantité précise** et *du*, *de la* et *des*, **déterminants de la quantité imprécise**.

26. LES DÉTERMINANTS POSSESSIFS

But de l'exercice : s'entraîner au relevé et au classement de faits à partir d'un texte ; compléter les informations succinctes données dans l'exposé.

Soit le texte suivant :

Elle me dit : « Je suis l'impassible théâtre
Que ne peut remuer le pied de ses acteurs ;
Mes marches d'émeraude et mes parvis d'albâtre,
Mes colonnes de marbre ont les dieux pour sculpteurs.
Je n'entends ni vos cris ni vos soupirs ; à peine
Je sens passer sur moi la comédie humaine
Qui cherche en vain au ciel ses muets spectateurs.

Je roule avec dédain, sans voir et sans entendre,
À côté des fourmis les populations ;
Je ne distingue pas leur terrier de leur cendre,
J'ignore en les portant les noms des nations.
On me dit une mère, et je suis une tombe.
Mon hiver prend vos morts comme son hécatombe,
Mon printemps ne sent pas vos adorations.

Avant vous, j'étais belle et toujours parfumée,
J'abandonnais au vent mes cheveux tout entiers,
Je suivais dans les cieux ma route accoutumée,
Sur l'axe harmonieux des divins balanciers.
Après vous, traversant l'espace où tout s'élance,
J'irai seule et sereine, en un chaste silence
Je fendrai l'air du front et de mes seins altiers. »

C'est là ce que me dit sa voix triste et superbe,
Et dans mon cœur alors je la hais, et je vois
Notre sang dans son onde et nos morts sous son herbe
Nourrissant de leurs sucs la racine des bois.
Et je dis à mes yeux qui lui trouvaient des charmes :
« Ailleurs tous vos regards, ailleurs toutes vos larmes,
Aimez ce que jamais on ne verra deux fois. »

(Alfred de Vigny, *La Maison du berger*)

Vous ferez une étude morphologique et syntaxique des déterminants possessifs.

CORRECTION

Le texte n'offre aucune forme de déterminant employé comme adjectif attribut, si bien qu'on ne rencontre aucune forme en *mien* :

Elle est mienne.

a. La répartition des formes s'explique comme celle de tous les déterminants selon le genre et le nombre du substantif qui les suit :

ma route accoutumée *vs* mon printemps
mes cheveux

mais également selon le rang de la personne qui possède, comme les pronoms personnels :

1. ma route
4. notre sang
6. leurs sucs, etc.

Il s'agit donc d'un système morphologiquement complexe. Ajoutons qu'il n'y a à ce système aucune nécessité et qu'une langue comme l'anglais, par exemple, ne marque pas le genre du substantif qui suit, mais, à la personne 3, celui du possesseur :

his book, son livre (à lui) *vs her book*, son livre (à elle).

Aux rangs 1, 2 et 3, les formes sont de même type, *mon*, *ton*, *son*, et la répartition des formes (cf. p. 160) est identique. Aux rangs 4 et 5, on a deux séries de formes de même type, *notre* et *votre*, qui ne portent pas l'indication de genre, mais seulement de nombre, et dont la répartition est la suivante :

singulier : notre, votre [nɔtr], [vɔtr]
pluriel : nos, vos : forme longue [noz], [voz]
forme brève [no], [vo] :
vos cris, vos soupirs, vos larmes.

Quant au déterminant de rang 6, qui ne porte pas non plus l'opposition de genre, il ne marque même pas toujours dans l'oral celle de nombre, puisque les formes sont au singulier *leur* et au pluriel *leurs*, soit à l'oral au singulier [lœr] et au pluriel [lœrz] ou [lœr] selon qu'il y a ou non liaison.

b. Emplois : on ne reviendra pas sur les questions d'accord, déjà évoquées à propos de la répartition des formes, sinon pour souligner le problème que posent les formes de rang 4, 5 ou 6 lorsque, en dehors des cas où *nous* est un pluriel de modestie ou de majesté, et où *vous* est celui de politesse, elles renvoient à plusieurs possesseurs. L'objet possédé peut évidemment être unique :

Ils vivent à trois dans une chambre : leur chambre

mais le fait qu'il y a plusieurs possesseurs implique souvent une pluralité d'objets possédés. On peut alors soit considérer la distribution des objets, un par personne, et on emploie le singulier :

leur terrier

soit l'ensemble, et on emploie le pluriel :

leurs sucs.

En réalité, la majorité des emplois sont ambigus, car le singulier peut renvoyer soit à un objet unique possédé par tous les possesseurs ensemble (ils ont une chambre à trois) soit à un objet unique possédé par chacun des possesseurs (ils ont chacun une chambre) ; le pluriel, lui, peut renvoyer à une pluralité d'objets possédés par possesseur, ou à la somme des objets uniques possédés par chacun des possesseurs. Ainsi, dans le texte, la connaissance du monde permet de penser qu'il y a au total plusieurs terriers, mais un par groupe de fourmis, et *leur terrier* représente donc un emploi distributif. Il est déjà plus difficile de se prononcer pour *leur cendre* : la cendre de chacun, ou la cendre en général ? De même dans *leurs sucs*, s'agit-il des sucs de chacun, ou de la somme des sucs individuels ?

c. En ce qui concerne **la valeur**, les déterminants possessifs indiquent l'appartenance, en donnant à ce mot un sens très large (voir pour la préposition *de* l'exercice nº 32). Ils sont donc tous paraphrasables par *avoir*, *faire*, *produire*, ou par un verbe en relation avec le substantif qui suit. Dans ce cas, ils peuvent avoir une valeur dite **subjective**, lorsque le possesseur est en même temps l'agent : *vos cris*, *vos soupirs* = *vous criez*, *vous soupirez*, ou une valeur **objective**, lorsqu'il est au contraire l'objet de l'action : *ses muets spectateurs : ils la contemplent.*

L'emploi des déterminants possessifs pose un dernier problème, c'est celui de l'alternance avec un article défini. On rappellera que l'article peut suffire lorsque le rapport de possession est clairement indiqué par la phrase :

> Je prends la voiture.
> Je perds la mémoire.

en particulier lorsqu'il existe des relations lexicales particulières, telles que le rapport de partie à tout (méronymie), surtout pour les parties du corps (voir t. 1, exercice nº 39 et exercice nº 40). Le texte offre un exemple intéressant :

> Je fendrai l'air du front et de mes seins altiers.

puisqu'il réunit un emploi avec article et un emploi avec déterminant possessif. C'est que le fait que *front* renvoie à une partie du corps suffit à indiquer l'appartenance, mais qu'avec *seins*, qui est accompagné d'un adjectif, bien que la relation soit toujours aussi claire, apparaît une contrainte syntaxique, qui rend le possessif indispensable. On a ainsi la distribution complémentaire suivante :

des seins	de **mes** seins altiers.
	de **mes** seins de marbre.
	de **mes** seins que rien n'émeut.

27. LE DÉTERMINANT *TOUT*

But de l'exercice : montrer la diversité de fonctionnement d'un même déterminant.

Soit le corpus :

1. Tout étudiant passera l'examen final.
2. Toute l'assemblée se leva.
3. Je passe tout l'été à la mer.
4. Cette toute mignonne fillette est adorable.
5. Ce tout petit bébé est adorable.
6. Tout ce travail est bon à mettre au feu.

7. Il a déclassé tous mes papiers.
8. Il enregistre toute l'émission.

a. Vous étudierez la distribution de *tout* et vous essaierez de supprimer l'élément qui le suit immédiatement.

b. Vous essaierez de faire varier *tout* en genre.

c. Vous essaierez de faire varier *tout* en nombre.

d. Vous ferez commuter *tout* avec *chaque*.

e. Vous paraphraserez *tout* par *entier*.

f. Vous pronominaliserez le GN comprenant *tout*.

Sur la base de ces observations, vous mettrez en évidence les différents fonctionnements de *tout*.

CORRECTION

a. En ce qui concerne la distribution de *tout*, on observe qu'il peut être directement suivi d'un substantif (1), combiné avec un autre déterminant qu'il précède (2, 3, 6, 7, 8) ou qui le précède (4 et 5), et suivi d'un adjectif (4 et 5). Si l'on essaie de supprimer l'élément qui suit directement *tout*, on obtient des phrases inacceptables sauf lorsque cet élément est un déterminant (2, 3, 6 et 8) à condition qu'il ne soit pas pluriel :

Il enregistre toute émission.
vs
*Il a déclassé tous papiers.

En particulier, on remarque que l'adjectif des phrases 4 et 5, contrairement à ce qui se passe dans une phrase ordinaire, ne peut pas être supprimé :

Cette petite fille est adorable. Cette fille est adorable.
vs
*Cette toute fillette est adorable.

ce qui montre que *tout* porte alors sur l'adjectif.

b. La variation en genre (à supposer bien sûr que, lorsque le substantif ne subit pas la flexion en genre, on en change), qui est parfois donnée par le corpus lui-même, est possible partout.

c. La variation en nombre, contrairement à ce que l'on pourrait attendre, puisque dans la flexion nominale genre et nombre s'appliquent aux mêmes éléments, n'est pas possible dans la phrase 1 où *tout* est le seul déterminant :

*Tous étudiants passeront l'examen final.

et c'est ce qui explique que dans la phrase 7 on ne puisse supprimer le déterminant. La variation est possible en 4 mais ne l'est bizarrement pas en 5.

d. La paraphrase de *tout* par *chaque* est possible seulement en 1 :

Chaque étudiant passera l'examen final.

vs

*Chaque ce bruit me gêne.

e. Celle de *tout* par *entier* (avec un changement de place) est possible en 2, 3, 6 et 8 :

Je passe l'été entier à la mer.

vs

*Il a déclassé mes papiers entiers.

c'est-à-dire partout où *tout* est suivi d'un déterminant, sauf au pluriel comme en 7.

f. Bien que *tout* ait des emplois pronominaux, la pronominalisation ne fait pas apparaître de cas où *tout* soit seul employé. Une phrase comme :

Tout est à jeter au feu.

ne correspond en effet pas à :

Tout ce travail est à jeter au feu.

mais plutôt à *tout ce qui est dans ce travail*, *toutes les choses qui sont dans ce travail*, c'est-à-dire à un élément indéterminé.

En 1, la pronominalisation se fait par *chacun* :

Chacun passera l'examen final.

En 2, 3, 6, 7 et 8, elle se fait par le pronom personnel, mais *tout* est conservé :

Elle se leva toute.

En 4 et 5, le pronom personnel reprend l'ensemble du groupe :

Elle est adorable.

On peut récapituler toutes ces observations dans le tableau suivant (ppv = particule préverbale = pronom personnel) :

distribution			dét. +	+ adj.	genre	nbre	chaque	entier	pron.
	+ subs.	+ dét.							
1.	+	–	–	–	+	–	+	–	chacun
2.	–	+	–	–	+	+	–	+	ppv + tout
3.	–	+	–	–	+	+	–	+	ppv + tout
4.	–	–	+	+	+	+	–	–	ppv
5.	–	–	+	+	+	–	–	–	ppv
6.	–	+	–	–	+	+	–	+	ppv + tout
7.	–	+	–	–	+	+	–	–	ppv + tout
8.	–	+	–	–	+	+	–	+	ppv + tout

On peut ainsi distinguer trois types d'emplois. Le premier est celui de la phrase 1.

Tout est suivi directement d'un substantif (on rencontrerait en dehors du corpus des groupes comprenant un adjectif et un substantif : *tout nouvel étudiant*, mais l'adjectif peut alors être supprimé, à la différence de ce qui se passe en 4 et 5). Il est variable en genre, mais ne l'est pas en nombre, en dehors de cas très limités et figés (*à tous égards*). *Tout* signifie *chaque* et envisage un par un la totalité des éléments d'un groupe qui n'est pas nécessairement explicité : *tout étudiant* (*de ce groupe*). Il est pronominalisé par *chacun*, qui est en fait le pronom qui correspond à *chaque*. En d'autres termes, ne lui correspond pas de pronom spécifique.

Le deuxième emploi est celui que l'on observe dans les phrases 2, 3, 7 et 8. *Tout* précède les déterminants, *le*, *ce*, *mon* qui ne sont par ailleurs jamais précédés d'autres éléments. Il est alors variable en genre et en nombre. *Tout* a un sens légèrement différent au singulier et au pluriel. Au singulier, où il est paraphrasable par (*en*) *entier*, il indique l'intégralité d'un élément. Au pluriel, où il ne l'est pas, il marque plutôt la totalité d'un ensemble. La pronominalisation porte sur le GN qui suit *tout*, et celui-ci est conservé :

Il l'enregistre toute.

C'est ce qui se produit d'ailleurs pour l'ensemble des indéfinis :

J'ai vu plusieurs films.
J'en ai vu plusieurs.

Dans certains cas, l'ensemble du groupe est pronominalisé par *tout* :

Il a lu tous les livres.
Il a tout lu.

mais un grand nombre de restrictions pèsent sur cette pronominalisation. Enfin, dans les phrases 4 et 5, *tout* est en fait un adverbe d'un type particulier. Il porte sur un adjectif, et n'est donc pas un déterminant, mais, alors que les adverbes sont invariables, *tout* ne l'est pas totalement. Il l'est lorsque l'adjectif est masculin : *de tout petits enfants*, et devant adjectif féminin commençant par voyelle : *une tout aimable fillette*, mais s'accorde avec un adjectif féminin commençant par consonne : *une toute petite fille*. Un arrêté de 1976 autorise cet accord même devant voyelle : *une toute aimable fillette*.

On constate donc qu'il faut poser plusieurs formes homonymes *tout*, qu'on ne saurait ramener à l'unité de la catégorie *indéfini*.

28. CERTAIN, AUTRE, MÊME

But de l'exercice : repérer les différences de fonctionnement, comme déterminants et comme adjectifs, d'éléments réunis par la grammaire traditionnelle sous l'étiquette d'indéfinis.

Soit les éléments généralement classés comme indéfinis *certain*, *autre*, *même*.

a. Vous essaierez de les employer comme déterminants.

b. Vous essaierez de les combiner avec un déterminant article.

c. Vous étudierez leur place par rapport au substantif dans les emplois posés précédemment comme possibles.

d. Vous essaierez de les combiner entre eux.

e. Sont-ils susceptibles d'un emploi pronominal ?

f. Vous ferez la synthèse de ces diverses observations.

CORRECTION

a. Seul *certain* peut s'employer comme déterminant :

Certain enfant que je ne nommerai pas a dérobé des confitures.

Autre et *même* ne le peuvent pas (ou ne le peuvent plus, car ils constituaient bien des déterminants au XVIIe siècle) :

*Même enfant a encore dérobé des confitures.
*Autre enfant a également dérobé des confitures.

b. Les trois peuvent s'employer avec un déterminant article :

Un certain comportement
Un même comportement
Un autre comportement } n'est pas admissible.

Cependant *certain* n'est pas compatible avec *le*, alors que *même* et *autre* le sont :

**le certain comportement* vs *le même (l'autre) comportement*

c. Employés avec un déterminant, *certain*, *même* et *autre* sont susceptibles de précéder ou de suivre le substantif. On observe alors des différences de sens selon la place :

un certain dédain (une sorte de dédain) *vs* un dédain certain (un dédain clair).
le même comportement (identique) *vs* le comportement même (précis).

Seul *autre*, qui d'ailleurs s'emploie beaucoup plus souvent devant le substantif (c'est la seule place possible avec *le*), ne change pas de sens.

d. *Autre* et *même*, qui sont antonymes, sont ordinairement incompatibles, à moins qu'on n'adopte des points de repère différents pour la comparaison qu'ils impliquent. Ils sont l'un et l'autre compatibles avec *certain*, employé seul ou avec un article :

certains mêmes comportements
certains autres comportements
un certain autre comportement
un certain même comportement.

C'est alors *certain* qui précède.

e. *Certain* peut s'employer seul comme pronom, mais uniquement au pluriel :

Certains sont venus ; certaines sont venues.

Il n'admet pas de se combiner avec un article dans cet emploi :

*Un certain est venu.

Au contraire, *autre* et *même*, qui ne peuvent pas s'employer seuls, s'utilisent avec article :

Le même est encore revenu.
L'autre n'a pas réussi.

f. Sur la base de ces observations, il est clair que *autre* et *même* sont différents de *certain*. Celui-ci connaît deux formes homonymes, dont l'une est un déterminant susceptible d'un emploi pronominal et l'autre est un adjectif dont la place peut varier et qui est soumis à des restrictions de combinatoire avec les articles. Quant à *autre* et *même*, ce ne sont pas des déterminants, mais des adjectifs qui se pronominalisent, comme tous les adjectifs, par l'utilisation d'un article qui en somme leur donne statut de substantif. L'étiquette d'indéfini souvent employée pour ces trois unités se révèle ainsi trompeuse, puisque leur fonctionnement syntaxique n'est pas identique.

29. CRITÈRES DE DÉFINITION DE L'ADJECTIF

But de l'exercice : réfléchir sur la spécificité de l'adjectif par rapport aux participes, qui constituent la catégorie adjective du verbe.

Soit le texte suivant :

> Un prie-Dieu était disposé à côté du lit ; une flamme bleuâtre voltigeant sur une patère de bronze jetait par toute la chambre un jour faible et douteux, et çà et là faisait papilloter dans l'ombre quelque arête saillante de meuble ou de corniche. Sur la table, dans une urne ciselée, trempait une rose blanche fanée dont les feuilles, à l'exception d'une seule qui tenait encore, étaient toutes tombées au pied du vase comme des larmes odorantes ; un masque noir brisé, un éventail, des déguisements de toute espèce, traînaient sur les fauteuils et faisaient voir que la mort était arrivée dans cette somptueuse demeure à l'improviste et sans se faire annoncer. [...] Au lieu de l'air fétide et cadavéreux que j'étais accoutumé à respirer en ces veilles funèbres, une langoureuse fumée d'essences orientales, je ne sais quelle amoureuse odeur de femme, nageait doucement dans l'air attiédi. (Théophile Gautier, *La morte amoureuse*)

Parmi les mots soulignés, relevez les adjectifs. Précisez les critères que vous avez utilisés.

CORRECTION

Le problème posé par cet exercice est celui de la distinction entre les adjectifs et les participes. On sait en effet que les participes constituent avec l'infinitif un des modes non personnels du verbe (voir exercice n° 16), et que si l'infinitif est le mode nominal, le participe est le mode adjectival. Sur le plan syntaxique, les participes ont en effet une construction adjectivale et peuvent par exemple s'employer comme épithètes : *les élèves admis en classe supérieure*, *les élèves acceptant le redoublement*. Sur le plan morphologique, si le participe présent est invariable, le participe passé admet la flexion en genre et en nombre. Cependant, les participes ne sont pas tout à fait des adjectifs puisqu'ils continuent de se construire comme le verbe auquel ils se rattachent, ainsi qu'on le voit dans les deux exemples cités.

a. Les adjectifs.

Un certain nombre d'unités soulignées ne posent pas de problème et sont clairement des adjectifs. Ce sont soit des adjectifs qui expriment des propriétés intrinsèques : *bleuâtre*, *faible*, *douteux*, *blanche*, *noir*, *somptueux*, *langoureuse*, *amoureuse*, soit des adjectifs relationnels paraphrasables par un complément déterminatif : *cadavéreux* (= de cadavre), *funèbres* (= de funérailles), *orientales* (= d'orient). Dans un autre contexte, *funèbre* pourrait tout simplement être un adjectif descriptif et signifier *triste*, mais ici, c'est bien la chambre d'une morte qui est évoquée et l'adjectif a son sens propre.

b. Participes ou adjectifs ?

– Adjectifs et participes présents : ici, la distinction est aisée, puisque le participe présent est invariable. Aussi *voltigeant* qui ne s'accorde pas avec *flamme*, et qui, de surcroît, est construit comme le verbe *voltiger*, est-il clairement un participe. En revanche, *saillante*, qui suit l'accord avec le substantif *arête* dont il est épithète est réellement un adjectif, même si l'on continue à parler pour ce type de formes d'adjectifs verbaux. L'analyse est la même pour *odorante*, encore que, le verbe *odorer* ayant disparu, le lien avec un verbe ne soit plus sensible.

Remarque : quelques mots d'histoire de la langue sont ici intéressants. Le participe présent et l'adjectif verbal en moyen français et en français classique étaient l'un et l'autre variables, et la distinction ne se faisait que par la construction, seul le participe se construisant comme le verbe :

Gens difficiles et factieux affectants une vertu austère (La Rochefoucauld).

Vaugelas proposait une série de règles d'accord très difficiles à appliquer. En juin 1679, l'Académie décida qu'on n'accorderait plus les participes. La décision ne fut pas tout de suite suivie d'effets, mais elle simplifia peu à peu la situation.

– Adjectifs et participes passés. Les choses sont ici plus difficiles à trancher. Le participe passé et l'adjectif s'accordent l'un comme l'autre, ils ont la même fonction, et des compléments souvent identiques. En d'autres termes, une construction comme *j'étais accoutumé* est-elle une forme de passif, ou l'emploi après le verbe attributif *être*, de l'adjectif attribut *accoutumé* ?

Dans le texte, les formes épithètes sont toujours à valeur adjectivale et pourraient commuter avec des adjectifs descriptifs : *une urne ciselée / une urne délicate*. Sans complément, elles expriment purement et simplement l'état. La juxtaposition de *blanche* et de *fanée*, comme de *noir* et de *brisé*, montre bien que dans tous les cas, il s'agit de caractériser les objets.

Ce sont les formes employées avec le verbe *être* qui peuvent poser problème. Ce n'est pas le cas de *la mort était arrivée*, où il s'agit du plus-que-parfait du verbe *arriver*, et où le verbe *être* est un simple auxiliaire de forme composée marquant l'accompli. On pourrait faire commuter la forme avec un passé simple : *la mort arriva*. De la même façon, *étaient tombées* est le plus-que-parfait de *tomber*. L'interprétation de *étais accoutumé* est plus difficile. Le fait qu'il soit accompagné d'un complément *(à respirer...)* pourrait inciter à y voir un emploi verbal (construction passive du verbe *accoutumer*) mais un adjectif admettant également des compléments, le critère syntaxique n'est pas décisif. On peut alors recourir à deux tests. Le premier est d'essayer de paraphraser la construction par une construction active du même temps : *?on m'accoutumait, ?les circonstances m'accoutumaient*. La paraphrase n'est ici guère possible. Le second est de faire varier en degré la forme en *-é* : *j'étais tout à fait accoutumé*. La variation est possible, alors qu'*accoutumer* n'admet pas la locution adverbiale : **accoutumer tout à fait*. Il est donc clair que dans le texte, la construction *j'étais accoutumé* doit s'interpréter comme la séquence *verbe être + attribut*, et non comme une construction passive. *Accoutumé* sera retenu comme adjectif exprimant l'état.

Au total, les critères utilisés sont de trois ordres : morphologiques (accord), syntaxiques (construction de l'unité envisagée, équivalence avec d'autres constructions) et sémantiques (valeur de l'adjectif, état, caractéristique...).

30. LA PLACE DE L'ADJECTIF

But de l'exercice : réfléchir sur la façon dont un écrivain peut jouer des règles syntaxiques.

Vous analyserez la place de l'adjectif dans le poème suivant de Rimbaud :

Quand le front de l'enfant, plein de rouges tourmentes,
Implore l'essaim blanc des rêves indistincts,
Il vient près de son lit deux grandes sœurs charmantes
Avec de frêles doigts aux ongles argentins.

Elles assoient l'enfant devant une croisée
Grande ouverte où l'air bleu baigne un fouillis de fleurs,
Et dans ses lourds cheveux où tombe la rosée
Promènent leurs doigts fins, terribles et charmeurs.

Il écoute chanter leurs haleines craintives
Qui fleurent de longs miels végétaux et rosés,
Et qu'interrompt parfois un sifflement, salives
Reprises sur la lèvre ou désirs de baisers.

Il entend leurs cils noirs battant sous les silences
Parfumés ; et leurs doigts électriques et doux
Font crépiter parmi ses grises indolences
Sous leurs ongles royaux la mort des petits poux.

Voilà que monte en lui le vin de la Paresse,
Soupir d'harmonica qui pourrait délirer ;
L'enfant se sent, selon la lenteur des caresses,
Sourdre et mourir sans cesse un désir de pleurer.

(*Les Chercheuses de poux*)

CORRECTION

On envisagera d'abord le cas où **l'adjectif est seul**. On note alors 5 adjectifs antéposés et 7 postposés :

rouges tourmentes
frêles doigts
lourds cheveux
grises indolences
petits poux

vs

essaim blanc
rêves indistincts
ongles argentins
air bleu
haleines craintives
cils noirs
ongles royaux.

La proportion d'adjectifs antéposés est plus forte que celle qui existe dans la langue ordinaire.

On relève parmi les adjectifs **antéposés** deux adjectifs de couleur, ce qui n'est pas conforme aux habitudes. On peut noter que, dans les deux cas, il s'agit d'emplois en fin de vers, où la postposition de l'adjectif n'aurait pas fourni la rime attendue. On constate également que l'adjectif de couleur n'y est pas appliqué à un objet matériel, mais à un terme psychologique, et qu'il est donc employé métaphoriquement. L'antéposition, qui, mettant l'adjectif dans une position où il n'est pas accentué, atténue son contour sémantique, se prête particulièrement à cet emploi figuré. À l'inverse, dans tous les cas où les adjectifs de couleur sont postposés, ils sont appliqués à des termes renvoyant à des objets. Les adjectifs *frêle*, *lourd* et *petit* font partie des adjectifs à place indifférente. Antéposés, les deux premiers sont moins descriptifs qu'expressifs et traduisent une impression. Quant au dernier, il fait partie de ces adjectifs de dimension qui perdent leur sens lorsqu'ils sont antéposés et font corps avec le substantif. Puisque tous les poux sont petits, le mot ne décrit pas mais constitue avec le substantif une association stéréotypée, une sorte d'épithète de nature.

Quant aux adjectifs **postposés**, en dehors des adjectifs de couleur, ce sont tous des dérivés. Le premier est un dérivé préfixé par *in-*. Les trois autres sont des dérivés nominaux *(argent/argentin, crainte/craintif, roi/ royal*). Il semble que ce soit en langue un facteur de postposition. Quant à *royal*, c'est de surcroît un adjectif relationnel, dont la postposition est naturelle.

Lorsque **plusieurs adjectifs** sont utilisés, plusieurs cas sont à distinguer. Dans *leurs doigts fins, terribles et charmeurs*, comme dans *leurs doigts électriques et doux*, les adjectifs sont coordonnés. En pareil cas, l'ordre des adjectifs est réglé par les mêmes facteurs que précédemment, bien que la postposition soit la plus fréquente. Lorsque les adjectifs sont hiérarchisés, c'est-à-dire lorsque l'un d'entre eux porte sur le groupe constitué par le substantif et l'autre, les deux adjectifs peuvent précéder le substantif : *le dernier petit verre*, ou le suivre : *des conseillers pédagogiques efficaces*. Ou encore, l'un peut précéder et l'autre suivre : *d'efficaces conseillers pédagogiques*. Mais l'ordre de chacun suit les règles qu'il suivrait s'il était seul : **de pédagogiques conseillers efficaces*. L'exemple de Rimbaud : *de longs miels végétaux et rosés* combine les deux types de groupements.

31. LES PRONOMS PERSONNELS

But de l'exercice : montrer la diversité des fonctionnements des pronoms personnels et les limites de l'explication en syntaxe.

Soit le corpus :

1. Elle m'a fait une veste.
2. Elle m'a encore fait une otite.
3. Avec ce temps, tu t'attrapes un rhume comme rien.
4. Je vous le donne, prenez-en grand soin.
5. Qu'est-ce que vous me dites ! Je n'en reviens pas.
6. Es-tu passé à la banque ? J'en reviens.
7. Il se la coule douce.
8. Il nous en impose.
9. Il me les casse.
10. Je me prends une orange et je me la mange.

Vous proposerez des critères qui mettent en évidence les différences de fonctionnement entre les pronoms compléments de ces phrases.

CORRECTION

On peut s'appuyer principalement sur trois critères : la relation entre le pronom complément et le pronom sujet, la commutation avec un GN pour les pronoms de rang 3 et 6, ce qui permettra de faire apparaître si ce sont des anaphoriques ou non, la commutation avec un pronom de rang 3 pour les pronoms de rang 1 et 2 qui ne sont jamais des représentants, ce qui permettra d'apprécier leur degré d'autonomie dans la proposition.

On peut ainsi en premier lieu opposer **constructions pronominales** et **non pronominales**. Les premières apparaissent dans les phrases 3, 7 et 10 :

> Tu t'attrapes un rhume.
> Je m'attrape un rhume.
> *Je lui attrape un rhume.

Aucun des verbes qui apparaissent dans ces constructions ne se caractérise par ailleurs par une construction pronominale. D'ordinaire, ils présentent une construction transitive directe :

> J'attrape une grappe de raisin.
> Je mange une orange.

et les compléments prépositionnels, parfois possibles :

> J'attrape une grappe de raisin pour Jean.

ne font pas partie de la construction fondamentale du verbe. On peut en outre faire commuter ces expressions avec des expressions non pronominales :

> Avec ce temps, tu attrapes un rhume comme rien.
> Je prends une orange et je la mange.

sans que le sens soit changé. C'est dire que les pronoms réfléchis en pareil cas sont plus des indices sémantiques que grammaticaux : ils marquent simplement que le sujet est vraiment concerné par l'action. Il s'agit d'une valeur affective.

Dans les constructions **non pronominales**, on peut distinguer les cas où les pronoms sont anaphoriques :

> 5. Je vous le donne / je vous donne ce livre.

C'est le cas de *le* et *en* en 4, de *en* en 6. Les personnes de rang 1, 2, 4 et 5 ne peuvent évidemment commuter avec un GN, mais, dans les phrases 1, 4, 5, 8 et 9, elles pourraient commuter avec un représentant. La forme du pronom est partout déterminée par la construction du verbe.

Dans les autres emplois, le pronom ne peut pas être mis en relation avec un GN :

> 2. ?Elle a encore fait une otite à sa mère.

Il semble bien que seul un pronom soit possible. Comme dans le cas des pronominaux, il marque l'intérêt que prend à l'action celui qui est désigné par le pronom, ce qui explique que ces formes soient surtout utilisées avec *je* :

Elle m'a encore fait une otite.

M' fonctionne ici comme une sorte de modalisateur traduisant les réactions du locuteur face à l'événement.

En 7, comme en 9, *la* ne renvoie à rien de précis. C'est une simple marque lexicale très fréquente en français populaire. La comparaison de 5 avec 6 et 8 montre que *en* peut également fonctionner comme un tel indicateur. Si en 6, en effet, il peut être mis en relation avec *banque*, il ne renvoie à rien en 5, ni en 8.

Un cas particulier est offert par la phrase 9. L'existence de la locution de sens voisin :

Il me casse les pieds.

pourrait faire penser que *les* est un substitut de *pieds*. Pourtant on ne saurait avoir :

?Il les casse à son frère toute la journée.

alors qu'on a :

Il casse les pieds à son frère toute la journée.

La construction avec *les* semble donc figée, si bien qu'il vaut mieux considérer que *les* n'est pas un représentant, pas plus qu'il n'en est un dans :

Il se les roule, etc.

L'exercice fait donc apparaître toute une série d'emplois où les pronoms ne sont guère que des affixes qui donnent au verbe une valeur sémantique particulière et surtout une charge affective.

32. LA PRÉPOSITION *DE*

But de l'exercice : identifier et classer les différents emplois d'une des prépositions qui en a le plus.

Soit le texte suivant :

« Elle n'a jamais vu », se dit Antonio.

La nuit était beaucoup plus vaste que le jour.

Sur la terre, tout était effacé, des collines, des bosquets et des ondulations des champs. C'était seulement plat et noir et au-dessus des arbres éteints le monde entier s'ouvrait. Au fond, le lait de la vierge ; des chariots de feu, des barques de feu, des chevaux de lumière, une large éteule d'étoiles tenaient tout le ciel. « Elle n'a jamais vu. »

Ça n'était plus cette vie furieuse et hâtive de la terre, ces chênes crispés, ces animaux tout pantelants de leur sang rapide, ce bruit de bonds, de pas, de courses, de galops et de flots, ces hurlements et ces cris, ce ronflement de fleuve, ce gémissement que de temps en temps la montagne pousse dans le vent, ces appels, ces villages pleins de meules de blé et de meules à noix, les grands chemins couverts de silex que les chariots broient sous leurs roues de fer, ce long ruissellement de bêtes qui troue les halliers, les haies, les prairies, les bois épais dans les vallons et les collines et fait fumer la poussière rousse des labours, toute cette bataille éperdue de vie mangeuse sous l'opaque ciel bleu cimenté de soleil. Non, c'était le silence et le froid de la nuit.

« Elle n'a jamais vu cette nuit gonflée de sang froid comme le fleuve avec ses poissons. Elle n'a jamais vu et moi je lui ai dit que la nuit c'est ce qu'elle voit d'habitude dans sa tête noire. » (Giono, *Le chant du monde*)

Vous classerez et étudierez les emplois de la préposition *de*.

CORRECTION

On commencera par rappeler la définition de la préposition. Une préposition est un élément invariable (une locution prépositionnelle comme *en face de* est un composé lui aussi invariable). À la différence des adverbes (*voir* p. 174), c'est un mot qui sert à construire un SN, soit qu'elle le mette en relation avec un autre élément de l'unité grammaticale :

Complément de nom : le livre de mon ami
Complément indirect de verbe : je pense à mon ami

soit que, sans servir vraiment à construire un SN, comme c'est le cas pour les compléments de phrase qui ne se rattachent syntaxiquement à rien (*voir* p. 140), elle ait un rôle sémantique important dans le groupe :

Après le coucher du soleil, il fait froid.
Avant le coucher du soleil, il fait encore doux.

Les premières sont liées aux éléments qu'elles réunissent et sont en petit nombre, essentiellement *à* et *de*, comme on le voit en particulier avec les verbes (voir p. 143) : *penser à*, *rêver de*… La liste des secondes est très longue. Elles indiquent le lieu, le temps, la cause, la manière, etc.

La première tâche à entreprendre est de séparer la préposition *de* de l'article de même forme, et de distinguer les cas où elle est contractée avec l'article défini, *de + les*, de ceux où il s'agit de l'article *des*. En ce qui concerne *de*, c'est dans tous les cas dans le texte la préposition, exigée soit par la construction du complément d'un verbe (*cette nuit gonflée de sang froid*), d'un complément d'adjectif (ces *villages pleins de meules*) ou d'un complément déterminatif de nom (*leurs roues de fer*). Il n'y a donc pas d'article *de*. Quant à *des*, il s'agit de l'article dans *des chariots de feu*, *des barques de feu*, *des chevaux de lumière*, comme le fait apparaître la commutation avec l'article défini : *Au fond, le lait de la vierge* ; *les chariots de feu*, etc. Partout ailleurs, il s'agit de la préposition suivie de l'article défini, comme le montre la commutation avec un singulier : *tout était effacé, de la colline* ; *au-dessus de l'arbre*, etc. On distinguera deux grands types d'emplois, selon que la préposition introduit un complément de verbe ou d'adjectif et selon qu'elle introduit un complément déterminatif de nom :

a. *de* introduisant un complément de verbe ou d'adjectif :

ces animaux tout pantelants de leur sang rapide
ces villages pleins de meules de blé
les grands chemins couverts de silex
l'opaque ciel bleu cimenté de soleil
cette nuit gonflée de sang froid.

On a affaire ici à des compléments d'adjectifs (*pleins*, *couverts* ; *pantelants* à cause de l'accord, est un adjectif et non un participe) ou de participes passés (*cimenté*, *gonflée*). Dans ce dernier cas, *de* alterne avec *par* (voir p. 115) et on peut y voir la trace de son sens premier qui est de marquer l'origine, puis la cause. Dans les autres cas, il est vain de vouloir lui attribuer un sens. De toute façon, les adjectifs ne se construisent jamais directement, mais toujours avec *de* ou *à*, qui sont de purs outils syntaxiques.

Il en irait de même après des verbes actifs (cas qui n'est pas représenté dans le texte), comme dans *rêver de*, *parler de*. Pourquoi a-t-on *rêver de* et *rêver à*, et *aimer faire quelque chose*, mais aussi, quoique plus rarement, *aimer à* ou *aimer de faire quelque chose ?* Ce n'est que dans quelques rares cas, où on peut l'opposer à d'autres prépositions, par exemple avec un verbe de mouvement, que la préposition présente un sens précis : *je pars à Paris* vs *je pars de Paris*.

b. *de* introduisant un complément déterminatif de nom :

Là encore, il est difficile d'attribuer un sens à *de*. En fait, les différences sémantiques qui opposent les compléments sont le résultat de facteurs morphosyntaxiques et des variables lexicales.

En premier lieu, les groupes *GN1 de GN2* ainsi constitués peuvent être parallèles à des propositions dont GN2 serait le sujet et dont le verbe serait morphologiquement apparenté à GN1 : ce *ronflement de fleuve / le fleuve ronfle* (voir la construction qui suit dans le texte *ce gémissement que* [...] *la montagne pousse*). La préposition n'a ici absolument aucun sens, comme le montre le fait que la construction verbale n'en comporte pas. Elle est simplement la marque du fait qu'un GN ne peut être directement construit avec un autre GN. On classera ici *cette vie furieuse de la terre*, ce *long ruissel-*

lement de bêtes. Rappelons que le passage de la construction verbale à la construction nominale s'appelle une nominalisation.

Dans un second type d'emplois, *de* peut être paraphrasé par un **possessif** : *la nuit, son silence*. On peut également lui faire correspondre une phrase avec les verbes *avoir, comporter, produire*, etc. : on peut dans ces cas-là parler d'appartenance, si l'on y regroupe des notions aussi différentes que la possession, la propriété, la relation, la caractéristique, la partie, qui sont d'ailleurs celles-là même que peut aussi présenter *avoir* : *le lait* de *la vierge, le silence et le froid de la nuit, une large éteule d'étoiles*, ce *bruit de bonds, de pas..., la poussière rousse des labours, cette bataille éperdue de vie mangeuse*.

Dans ces deux groupes d'emplois, GN2 peut ou non comprendre un déterminant, selon que la relation est présentée comme virtuelle ou actualisée.

Dans un troisième groupe, GN2 ne comprend obligatoirement pas de déterminant : il s'agit des compléments de **matière** dans lesquels N2 est un terme non comptable désignant une matière, et où *de* est paraphrasable par *en* : *des roues de fer / des roues en fer*. C'est ce que l'on a encore, avec un sens figuré, dans *des chariots de feu*, des *barques de feu, des chevaux de lumière*.

Enfin, deux emplois ne sont pas représentés dans le texte, c'est ceux où *de* peut être paraphrasé par *être* : *le métier des armes / les armes sont un métier, mon niais de voisin / mon voisin est un niais*.

On remarque une fois de plus, sur ces exemples, qu'il n'y a pas de concordance entre la forme et le sens, puisque, sur le plan de la syntaxe, c'est *de GN2* qui dépend de *GN1*, alors que sur celui du sens, sauf pour les compléments de matière, c'est GN1 qui détermine GN2, comme le montrent les paraphrases verbales.

c. Il faut signaler **un dernier emploi**, c'est celui de *tout était effacé, des collines, des bosquets et des ondulations des champs*.

Il s'agit d'un emploi fréquent avec les déterminants de la quantité, *quelques-uns de mes amis, plusieurs de mes amis*, où la préposition *de* marque le prélèvement, et a un sens véritablement partitif. Avec *tout*, il s'agit d'un cas limite qui consiste à prélever la totalité de la quantité visée. La préposition est ici suivie de l'article défini pluriel avec lequel elle se contracte.

Ajoutons enfin que *de* entre dans un grand nombre de locutions prépositives : *au-dessus de*, par exemple, dans le texte, et que *de* est pour les prépositions l'analogue de *que* pour les conjonctions.

À retenir

▲ La distinction de la nature et de la fonction.

▲ Les principales fonctions nominales définies à partir du verbe dans le cadre de la proposition minimale : sujet, compléments de verbe, directs et indirects.

Les éléments hors proposition (insertions) : compléments de phrase, apostrophes et appositions.

▲ La composition des GN : déterminant(s) + substantif + éventuellement adjectif ou relative ou complément déterminatif de nom.

▲ La distinction fondamentale entre les déterminants qui permettent au substantif de fonctionner comme sujet et les adjectifs.

▲ Les différents types de déterminants : articles, démonstratifs, possessifs, quantité définie, quantité indéfinie.

▲ Les adjectifs : construction par rapport au substantif ; problème de la place de l'épithète.

▲ Les adverbes : adverbes de phrase et adverbes d'élément.

CHAPITRE 5
VERS LE TEXTE

OBJECTIFS DE CONNAISSANCE

Après l'étude de ce chapitre, l'étudiant doit pouvoir :

▲ comprendre la façon dont les signes renvoient au monde et se renvoient les uns aux autres, selon le double mode de la référence, exophorique (référence à ce qui est hors du texte) et endophorique (référence interne au texte).

▲ connaître la façon dont s'établit la référence exophorique et les différents moyens utilisés pour passer de la référence virtuelle à une référence actualisée.

▲ connaître la façon dont se fait la reprise d'une unité par une autre dans le texte, par anaphore et cataphore.

▲ apprécier le rôle que joue l'ordre des mots dans la construction du texte.

Dans ce dernier chapitre, il s'agit de montrer comment les phrases et les unités grammaticales envisagées dans les précédents s'enchaînent pour construire le texte. Ni la cohésion (voir *La Stylistique*, chapitre 1) ni le mode de progression logico-sémantique du texte ne seront envisagés, et on s'en tiendra au mode de liaison syntaxique des phrases entre elles, essentiellement assuré par les liens anaphoriques mais aussi par l'ordre des mots, dont le rôle est loin d'être négligeable dans cette continuité (voir *La construction du texte*). Contrairement aux chapitres précédents, la plupart des exemples, puisqu'il s'agit de texte, seront empruntés à des écrits littéraires.

1. LA RÉFÉRENCE

1. 1. EXOPHORE ET ENDOPHORE

Si le grammairien s'intéresse avant tout au mode de formation des énoncés, il ne peut ignorer que le langage est utilisé pour renvoyer au monde ou pour construire des mondes. Bien que la fonction référentielle, essentielle dans le circuit de la communication, soit loin d'être la seule (sur les fonctions du langage, voir *La Stylistique*, p. 98), ni peut-être même la plus importante, les signes sont effectivement pris dans un réseau de renvois, parmi lesquels un renvoi à de l'extralinguistique, à ce qu'on peut appeler du mondain, ou une ontologie. Mais les signes peuvent aussi se renvoyer les uns aux autres, sur le mode paradigmatique, par des liens formels : *ombre / nombre* aussi bien que sémantiques : *ombre / soleil*, ou sur le mode syntagmatique, en contexte. Les fonctions nominales sont un exemple de ce dernier type de renvois, tout comme les liens anaphoriques qui seront analysés plus loin :

> Jacques est venu ce matin. Il (le malheureux, le pauvre garçon…) était bouleversé.

Le signe peut aussi renvoyer à lui-même dans l'autonymie, lorsqu'il est pris en mention (voir t. 1, chap. 3) :

Cheval est un substantif masculin.

Il est cependant le plus souvent en usage et s'articule sur un objet, individu, notion, etc. du monde :

Le cheval de Jacques est très calme.

De surcroît, il est émis dans certaines circonstances d'énonciation, dans des situations particulières. Il est donc évident que les signes ne sont pas refermés sur eux-mêmes, mais s'ouvrent sur un extérieur.

On peut ainsi opposer la **référence exophorique**, qui constitue cette opération par laquelle le locuteur renvoie à des éléments extérieurs au matériau linguistique (*le cheval de Jacques* désigne un cheval bien particulier du monde, qui est son **référent**), et la **référence endophorique**, qui désigne le lien qu'une unité du texte entretient avec une autre unité, sans laquelle elle ne peut être comprise et qu'elle reprend plus ou moins complètement. Ainsi, dans :

À mesure qu'augmentait leur ivresse, ils se rappelaient de plus en plus l'injustice de Carthage. En effet, la République, épuisée par la guerre, avait laissé s'accumuler [...] toutes les bandes qui revenaient. (Flaubert, *Salammbô*)

le *ils* de la première phrase ne peut être identifié. Seul le contexte antérieur (il s'agit de mercenaires mentionnés beaucoup plus haut dans le texte) permet de le faire. Le nom propre de *Carthage*, lui, renvoie à une ville particulière du monde, qui constitue sa référence exophorique, immédiatement identifiable. Il est repris dans la phrase suivante par *la République*. Ce GN, dans d'autres contextes, pourrait désigner d'autres villes, ici, c'est une façon de décrire Carthage en précisant son mode de constitution politique. Le GN *la République* ne renvoie pas directement à la ville, mais indirectement, en renvoyant d'abord au nom propre de la phrase précédente. Sa référence ne se fait pas avec le monde, elle n'est pas exophorique mais endophorique, et plus précisément **anaphorique**, puisque le renvoi se fait au contexte antérieur. En revanche, dans cet exemple :

Quand elle a tort, Jeanne ne le reconnaît jamais.

le *elle* annonce *Jeanne*, la référence endophorique est cette fois **cataphorique**.

Bien que la référence au monde extérieur au texte ne soit qu'un des modes permettant l'identification de ce dont on parle, on a coutume de réserver le terme de référence à la référence exophorique, parlant d'anaphore pour la référence endophorique. C'est ce qui sera fait dans la suite de l'analyse. Quant au mot **référent**, il désigne les entités extralinguistiques que visent les signes dans l'opération de référence, que ces entités préexistent à l'énoncé, ou que l'énoncé les construise, comme le plus souvent dans les textes littéraires.

1. 2. SENS ET RÉFÉRENCE

On sait qu'un signe est fait d'un signifiant et d'un signifié et qu'il est mis en relation avec un objet, individu, notion, etc. (voir t. 1, chapitre 3). On parlera d'entité pour résumer. C'est l'ensemble du signe, signifiant et signifié, qui est mis en relation avec cette entité, son référent, qu'il désigne. On dit souvent « dénote » :

désigne
→
« Enveloppe » 
←
s'appelle

Le signe dénote une entité, l'entité s'appelle de tel ou tel signe.

Le signifié ne peut évidemment pas reproduire toutes les propriétés de l'entité en question. Signifié (sens) et référent doivent donc être distingués. C'est ce que l'on constate également quand on observe les différentes façons de désigner un même référent. On cite généralement l'exemple de Napoléon, qui peut être désigné aussi bien par *le vainqueur d'Iéna* que par *le vaincu de Waterloo*, périphrases qui constituent des descriptions définies (voir p. 151). C'est un phénomène qui s'observe très banalement dans tout texte, où il est rare qu'un même individu, pour s'en tenir à la désignation des humains, ne reçoive qu'une appellation. Ainsi, dans le roman de Flaubert, Salammbô est-elle désignée par son prénom, désignateur rigide, qui l'identifie, mais aussi par des périphrases descriptives : *la fille d'Hamilcar* ou *la jeune fille*. C'est naturellement le même référent qui est pointé (on parle de **coréférence**) mais le sens des expressions n'est pas le même. Le présentatif en *c'est* est précisément utilisé pour identifier deux référents que l'on croyait distincts :

> Le fiancé de Jeanne, c'est le frère de Marie. Tu ne le savais pas?

Il peut ainsi exister des dénominations différentes pour un même référent, soit parce qu'on ignore qu'elles renvoient à une même entité, soit parce que le locuteur, engagé dans une situation particulière, avec sa subjectivité, ne souhaite pas nommer directement, par le terme le plus précis, l'entité à laquelle il se réfère, mais préfère évoquer certaines de ses caractéristiques.

On peut ainsi désigner un même référent par un nom propre, s'il s'agit d'un individu :

> Jacques est rentré de l'école.

par un GN comprenant un substantif commun précédé d'un déterminant qui va le cerner avec précision :

> Son fils est rentré de l'école

mais aussi par un moyen indirect comme celui que la rhétorique appelle « **périphrase** » et les linguistes, on l'a dit, « descriptions définies » :

> La prunelle de ses yeux (son sale mioche, son seul centre d'intérêt...) est rentrée de l'école.

Ces descriptions en disent plus que la simple désignation. Désigner les Italiens par *les mangeurs de pâtes* et les Français par *les mangeurs de steak frites*, c'est les identifier par la caractéristique que l'on considère comme la meilleure. Le sens d'une expression déborde ainsi largement sa fonction de désignation. Il traduit en particulier la façon dont le locuteur se représente les entités dont il parle.

Mais, du même coup, peuvent se produire des erreurs d'identification. Le réel n'est pas donné tout découpé (voir t. 1, chap. 3), c'est le langage et l'énonciation qui y introduisent des catégories : la langue n'est pas une nomenclature, mais on lit à travers son organisation les représentations que nous avons du monde. Il est probable que d'un locuteur à l'autre, elles diffèrent et que les référents n'ont pas les mêmes limites. Chez un seul locuteur, ces limites peuvent d'ailleurs aussi être difficiles à établir. John Lyons dans sa *Linguistique générale* donne l'exemple de la distinction entre *colline* et *montagne*, ou entre *vert* et *bleu* : où placer exactement la frontière? Il existe ainsi une inévitable « imprécision référentielle », dit Lyons, qui se révèle utile dans la communication, puisqu'elle nous permet de nous entendre approximativement, sans avoir besoin à chaque fois de demander à notre interlocuteur quels sont exactement les référents qu'il vise par telle ou telle expression.

Ces difficultés sont encore plus grandes lorsque les référents ne sont pas des entités physiques. Lyons fait observer que la référence suppose l'existence d'objets. Des objets du monde physique, nous avons une expérience directe, mais nous croyons aussi à l'existence de notions abstraites, même si leur existence réelle n'a jamais été prouvée, ou que, comme celle de Dieu, elle est l'objet de discussions philosophiques. Il ne faut donc pas avoir une vision strictement réaliste des référents. L'acte de référence vise des objets tangibles ou non et il n'y a aucune raison d'opposer, comme on le fait trop souvent, le réel et la fiction. C'est un problème qui peut intéresser le logicien que des mots comme *chimère* ou *fée* n'aient pas de référent sensible à la façon de *table* ou de *pain*, mais il ne devrait pas troubler le linguiste. Le langage est indifférent à la distinction entre le réel et l'imaginaire et il n'existe aucune différence linguistique entre deux phrases comme :

> Le cheval galope dans le pré.
> La licorne galope dans le pré.

Dans les deux cas, un même acte de référence, au cheval comme à la licorne, ouvre le langage sur un monde qui lui est extérieur. Les quasi-mondes, selon l'expression que l'on utilise souvent, que constituent les univers romanesques, ont autant de consistance que le monde de notre expérience quotidienne : les référents peuvent préexister aux énoncés tout comme ils peuvent être construits par eux dans le même type d'acte de référence.

1. 3. LES MODES DE LA RÉFÉRENCE

Même si, très souvent, les grammaires considèrent que la référence s'établit par le biais des substantifs, qui peuvent désigner des individus, des objets ou des notions, il faut en avoir une vue plus large : elle peut également se faire à des procès, c'est-à-dire à des événements, par le biais des verbes, ou à une situation globale par le biais de la phrase tout entière. Il faut cependant noter que toutes les unités de la langue ne peuvent servir à référer. Les prépositions et les conjonctions, par exemple, qui expriment des relations, ne le peuvent pas. De même, les adjectifs caractérisent un référent visé par le substantif auquel ils sont liés mais ne visent pas en eux-mêmes un référent. Dans cet exemple :

> La balle bleue a roulé

L'adjectif *bleue* exprime une propriété du référent de balle, mais ne saurait viser un référent. C'est en réalité tout le GN, *la balle bleue*, qui renvoie à un objet particulier, distinct d'une balle verte ou d'un ballon rouge.

Tous les substantifs ne renvoient pas à des référents. L'opération de référence dépend de la construction syntaxique. C'est ainsi qu'une apposition sans déterminant :

> La mer, surprise lumineuse, surgit au tournant de la route

ne fait pas se succéder deux référents, la mer et la surprise lumineuse, en définitive coréférents. Seul le premier GN vise un référent, que le second ne fait que caractériser, comme si l'on avait :

> La mer, surprenante, lumineuse, surgit au tournant de la route.

C'est en cela que la référence est une opération construite par le texte et l'agencement des signes.

On le voit en particulier lors du passage du virtuel à l'actuel, de la **référence virtuelle** à la **référence actuelle**. Un substantif sans déterminant, hors contexte, vise abstraitement un objet, mais ne peut le spécifier. La référence reste virtuelle, on dit parfois aussi lexicale, ce qui signifie qu'elle est seulement portée par le terme lexical lui-même. L'actualisation permet en revanche de renvoyer à un objet particulier, et non plus simplement à un objet susceptible d'être désigné par le terme. Dans le cas des substantifs, cette actualisation se fait par les déterminants, dont c'est précisément un trait définitoire (voir p. 152). Dans un proverbe comme *Pierre qui roule n'amasse pas mousse*, l'absence de déterminant devant les substantifs communs *pierre* et *mousse* permet de renvoyer à n'importe quelle pierre, n'importe quelle mousse, ce qui est attendu dans un énoncé qui est censé exprimer une vérité atemporelle. Mais ce type d'emploi est rare. D'une façon générale, on sait que les substantifs (en tout cas, les sujets) doivent s'employer en français moderne et contemporain avec un déterminant, et que le passage à l'actualisation est donc inévitable.

On distingue alors la référence **générique** et la référence **spécifique** ou particulière. Avec la première, la référenciation se fait à la catégorie dans son ensemble, à la notion, et non à tel ou tel cas particulier :

> L'homme est un loup pour l'homme.

Au sens strict, la référence générique suppose l'emploi de l'article défini singulier, comme dans cet exemple. La référence, sans être à proprement parler générique, est souvent générale, lorsqu'elle s'établit avec tous les membres de la catégorie :

> Les hommes sont des loups pour les hommes.

L'emploi du pluriel suppose néanmoins une actualisation plus forte que le singulier : aucun cas particulier n'est spécifié, mais ce sont les membres de la classe des hommes qui sont visés et non la classe elle-même. Le pluriel peut être renforcé par l'emploi de t*ous* :

> Tous les hommes sont des loups pour les hommes.

La référence à l'ensemble des éléments de la catégorie peut également se faire avec *tout* ou *chaque*, dans un emploi dit **distributif**, où chaque élément est successivement envisagé :

> Chaque homme est un loup pour l'homme.
> Tout homme est un loup pour l'homme.

Le déterminant article *un*, enfin, peut être utilisé :

> Un homme est un loup pour l'homme.

Il signale que ce qui est vrai d'un exemplaire particulier de la classe, pris au hasard, vaut pour l'ensemble.

La référence spécifique, à un élément isolé, bien déterminé, se fait d'abord par le jeu des déterminants, mais aussi par l'emploi d'expansions du nom, *mon fils*, *le fils de la voisine*, *le chien noir*, *le chien qui aboie dans la cour*... Selon les cas, la référence spécifique sera plus ou moins claire à identifier :

> Il y a un chien qui aboie dans la cour.
> Le chien de la voisine a mordu le facteur.

Dans tous les cas, un ou plusieurs référents sont visés précisément, et non pas l'ensemble de la catégorie.

Dans le cas du verbe, l'actualisation se fait par les marques flexionnelles. L'infinitif, qui ne porte aucune marque de personne ou de temps, renvoie à l'idée du procès, indépendamment de sa réalisation :

Mentir, c'est l'absolu du mal.

Dans cette phrase de Victor Hugo (*Les Misérables*), *mentir* renvoie à n'importe quel mensonge, indépendamment des circonstances dans lesquelles il peut être proféré. Mais lorsque le verbe comporte des marques flexionnelles de personne ou de temps, il s'articule sur des situations et des époques spécifiques :

Le 15 septembre 1840, vers six heures du matin, la Ville-de-Montereau, près de partir, fumait à gros tourbillons devant le quai Saint-Bernard.

Dans ce début de *L'Éducation sentimentale* de Flaubert, si l'infinitif *partir* indique une action à venir et donc non encore actualisée, l'imparfait *fumait* situe le procès dans un passé d'ailleurs précisément daté. Les noms propres, celui du bateau, celui du quai, l'ancrent encore davantage dans une situation particulière, aux coordonnés spatio-temporelles clairement indiquées. Au bout du compte, c'est la phrase tout entière qui réfère à cette situation.

2. L'ANAPHORE

2. 1. ANAPHORE ET CORÉFÉRENCE

On l'a dit, l'anaphore (et la cataphore) sont des renvois à des segments linguistiques, ce sont des cas de référence endophorique et non exophorique. Il est vrai que dans un exemple comme :

J'ai rencontré Jacques. Mon vieil ami avait des soucis.

Jacques et *mon vieil ami*, qui est une description, renvoient au même individu et sont donc coréférents. Mais c'est loin d'être la situation générale. Dans une phrase aussi banale que :

J'ai acheté des gâteaux pour le dessert. Jacques en avait aussi apporté.

la reprise de *gâteaux* par *en*... ne saurait constituer une coréférence, puisque le locuteur et Jacques ont apporté des gâteaux différents, chacun de leur côté.

De surcroît, la référence du second groupe ne s'établit qu'indirectement, par le renvoi au premier qui, seul, peut référer directement à un objet du monde. De fait, il existe le plus souvent dans l'anaphore des unités qui sont spécifiquement des unités de reprise, comme les pronoms ou certains déterminants. On observe ainsi une dissymétrie entre les groupes mis en relation. Le premier, le représenté (on peut aussi l'appeler l'interprétant ou l'antécédent, en utilisant le terme employé d'ordinaire pour le groupe anaphorisé par un pronom relatif), est compris directement, il est autonome, tandis que le second a besoin du premier : dans le premier exemple, le nom propre *Jacques* renvoie directement à un individu du monde. Qu'il soit ou non connu de l'interlocuteur constitue un autre problème, mais il est net qu'un individu spécifié est visé, qui porte le nom de *Jacques*.

En revanche, le GN *mon vieil ami* ne peut à lui seul renvoyer à un individu identifiable si bien qu'on ne pourrait interpréter comme renvoyant au même individu la séquence :

J'ai rencontré mon vieil ami. Jacques avait des soucis.

Il existe un ordre de succession entre l'interprétant, immédiatement interprétable, et l'anaphorique, non autonome référentiellement, que l'on ne peut modifier. Le texte est orienté. En revanche, si l'on considère l'exemple suivant :

Salammbô est la fille d'Hamilcar.

les deux appellations, par le nom propre, et par la description définie, identifiante, sont sur le même plan, ce que confirme la possibilité de les permuter :

La fille d'Hamilcar est Salammbô.

C'est que, dans ce cadre syntaxique, il n'y a pas anaphore mais bel et bien coréférence.

On n'assimilera donc pas l'anaphore et la coréférence, même si l'anaphore peut parfois établir une coréférence, qui n'est qu'une conséquence de certaines configurations, mais ne constitue absolument pas un trait général et définitoire.

2. 2. NATURE DES UNITÉS ANAPHORIQUES

2. 2. 1. L'ANAPHORE NOMINALE

S'il existe des éléments qui ont vocation à être des anaphoriques (et cataphoriques) comme les pronoms personnels des troisième et sixième personnes (même si ce n'est pas le seul de leurs emplois, voir p. 173), on ne peut en dresser la liste exhaustive, car les moyens syntaxiques et lexicaux sont variés.

Pour ne citer que les cas principaux, on peut dire qu'il existe ainsi des anaphores qui utilisent des pronoms, personnels ou démonstratifs, mais aussi relatifs :

Cependant Mâtho se ralentissait; **il** s'arrêta devant les trois marches d'ébène **qui** conduisaient à la seconde enceinte. (Flaubert, *Salammbô*).

[...] il se battait rageusement avec les roues, qu'il ne pouvait, malgré des efforts exagérés, remettre en place.
– Attends donc, reprit la jeune fille. Si tu te fâches, jamais **ça** ne marchera. (Zola, *Germinal*)

D'autres utilisent des GN où un déterminant particulier assure la liaison, article défini, déterminant démonstratif ou possessif :

– Oh ! Pourquoi as-tu pris **cette** peine, s'écria la Pierronne, lorsque la Maheude lui eut rendu son café. (Zola, *Germinal*)

Le *cette* du GN *cette peine* est ici cataphorique, il renvoie à la restitution du café par la Maheude évoquée dans la suite de la phrase.

– Tu ne manges pas ? demanda-t-elle, **la** bouche pleine, **son** briquet à la main. (*Ibid.*)

Dans cet autre exemple, la possession, c'est-à-dire le renvoi à *elle* (pronom lui-même anaphorique de *Catherine*, mentionnée plus haut dans le texte) est marquée par l'article défini, devant *bouche* qui désigne une partie du corps (voir t. 1, chap. 3), et par le possessif *son* devant *briquet.*

On rencontre également des adverbes :

> Il y avait au milieu une grosse pierre noire à demi sphérique, comme un tambourin ; des flammes brûlaient dessus ; (Flaubert, *Salammbô*)

des adjectifs, en particulier ceux qui marquent une identification ou une comparaison :

> Nous en étions, Mme Tim et moi, à une pelisse d'enfant aux soutaches et broderies ; [...] On n'avait jamais entrepris un tel travail chez une ouvrière de campagne. (Giono, *Un roi sans divertissement*)

2. 2. 2. ANAPHORE VERBALE

Le verbe *faire*, associé à un pronom, peut également être anaphorique d'un procès précédemment évoqué :

> As-tu écrit à ton père? – Je n'ai pas eu le temps de **le faire**.

Les relations anaphoriques, dans le cas du verbe, sont également liées au jeu des tiroirs verbaux. On se souvient qu'on a distingué deux types de chronologie (voir p. 104) : la chronologie déictique, qui se met en place par rapport à la situation de parole et au présent du locuteur, et la chronologie anaphorique, qui se définit par rapport à un repère du texte indiqué par un autre verbe. Tous les linguistes ne sont pas d'accord sur l'existence de cette notion, considérant qu'une analyse en termes d'aspect suffit. On considérera ici que les deux ne sont pas incompatibles et, sans se prononcer sur le fait de savoir quel phénomène, de l'aspect ou de l'anaphore, est premier, on notera qu'ils sont souvent associés. On peut ainsi dire que dans l'exemple suivant :

> Quand il venait, Paul apportait des fleurs.

les deux événements sont simultanés, que le second se situe dans l'intervalle de temps indiqué par le premier, qu'il renvoie donc au premier, parce que la valeur aspectuelle de l'imparfait, on le sait, ne lui permet pas d'indiquer les bornes de l'action. En revanche, dans :

> Il sortait quand il avait fini.

le participe passé du plus-que-parfait, qui marque l'accompli, peut du même coup indiquer l'antériorité par rapport au verbe à l'imparfait. Dans :

Quand il avait fini, il sortait.

le plus-que-parfait qui se définit par rapport à l'imparfait qui suit est cette fois cataphorique.

Dans ces conditions, le passé composé, qui est la forme marquant l'accompli correspondant au présent, installe lui aussi une chronologie anaphorique, à la différence du passé simple, qui a une stricte valeur chronologique de passé. Cependant, l'évolution de la langue fait que le passé simple devenant plus rare, le passé composé se charge de ses valeurs strictement temporelles et perd ainsi de sa valeur aspectuelle et de son fonctionnement anaphorique.

2. 2. 3. LE CAS DES CONJONCTIONS DE COORDINATION

Il faut enfin ajouter que les conjonctions de coordination sont aussi des anaphoriques, car elles établissent un lien entre les deux propositions qu'elles coordonnent. Elles reprennent la première pour lui ajouter, lui opposer ou lui proposer comme explication la seconde :

J'ai offert une cigarette au concierge et nous avons fumé. (Camus, *L'Étranger*)

Dans cet exemple, le fait de fumer est la conséquence de l'offre de la cigarette, à laquelle renvoie la conjonction *et*.

Si l'on fait le bilan de tous ces cas d'anaphore, nominale, verbale, conjonctive, on constate ainsi que l'unité représentée peut être un GN, un verbe, mais aussi toute une proposition et même un acte d'énonciation :

Je vous ai promis que je vous aiderai. Et vous voteriez pour mon concurrent?

Dans cet exemple *et* renvoie à l'acte de promettre précédemment évoqué : on pourrait gloser par *après ce que je vous ai promis, après ce que je vous ai dit.*

2. 3. LES LIENS LEXICAUX ENTRE L'INTERPRÉTANT ET L'ANAPHORIQUE

Lorsque l'unité anaphorique est un GN, le mécanisme de l'anaphore se met en place grâce à deux paramètres, les déterminants, on l'a déjà dit, mais aussi la relation lexicale qui joue entre interprétant et anaphorique. Le tome 1 a pris l'exemple de la relation de partie à tout (méronymie/holonymie). Dans :

J'ai coincé mon parapluie dans la porte. Le manche s'est cassé.

c'est parce que *manche* désigne une partie de parapluie qu'on comprend qu'il s'agit du manche du parapluie et non d'une canne ou de tout autre objet.

Ce sont ces relations que l'on va évoquer.

Le GN anaphorique peut comprendre un substantif qui répète le substantif du groupe interprétant. On parle en pareil cas d'anaphore **fidèle** :

Il y a des traces de pas sur le sol. **Ces traces** sont nettes.

Dans les autres cas, l'anaphore est **infidèle** et s'établit grâce à des relations lexicales et sémantiques. Le GN anaphorique peut comporter un terme synonymique. Cette synonymie prend différentes formes. Elle peut être lexicale :

Il y a des traces de pas sur le sol. **Ces empreintes** sont nettes.

ou liée à des figures, comme la métaphore :

> C'étaient des injures atroces, immondes, avec des encouragements ironiques et des imprécations. [...] **Ce vaste aboiement** emplissait Carthage, avec une continuité stupide. (Flaubert, *Salammbô*)

La métaphore de l'aboiement permet d'ajouter au simple renvoi, indiqué par le déterminant *ce*, un jugement de valeur, puisque les Barbares qui lancent les injures sont ainsi transformés en bêtes. De même, une périphrase descriptive permet d'informer ou d'apprécier, en particulier quand elle contient des termes de qualité. Dans cette succession d'anaphores, dans cette **chaîne anaphorique** relevée dans un conte d'Alphonse Allais, qui décrit la querelle d'un voyageur et d'un contrôleur, les périphrases synonymiques sont autant de critiques que le voyageur (celui qui dit *je*) formule :

> Devant cette tête de brute, cette voix éraillée et ce ton goujateux, je résolus de garder un silence de sépulcre.
>
> — Voyageur descendu de l'impériale? rogomma de nouveau **le bas fonctionnaire**.
>
> [...]
>
> Ce fut surtout le lendemain que je m'amusai beaucoup. Passant devant le bureau de l'omnibus où s'était perpétré ce conflit, j'interpellai **la brute avinée**. (*Deux et deux font cinq*)

Le susbstantif du groupe anaphorique peut également être un terme hyperonyme comme *homme*, *personne*, *chose*, *être*... ou un terme classificateur, tel qu'un mot désignant une nationalité, une profession, un titre :

> Un Gaulois [...] courut droit à Giscon, qu'il menaçait en gesticulant avec deux épées nues.
>
> Le **général**, sans s'interrompre, le frappa sur la tête de son lourd bâton d'ivoire : le **Barbare** tomba. (Flaubert, *Salammbô*)

On parle d'anaphore **résomptive** lorsque le terme général utilisé reprend tout un passage antérieur, ou de cataphore résomptive, lorsqu'il sert d'annonce à une série d'événements :

> C'est à ce même Axelsens qu'arriva la douloureuse **aventure** que je narrai naguère.

> Axelsen avait offert à sa fiancée une aquarelle peinte à l'eau de mer, laquelle était, de par sa composition, sujette aux influences de la lune. Une nuit, par une terrible marée d'équinoxe, où il ventait très fort, l'aquarelle déborda du cadre, et noya la jeune fille dans son lit. (A. Allais, *Pas de bile !*)

Enfin, le lien entre les groupes peut être celui de l'holonymie/méronymie (on parle alors d'anaphore **associative**). Les exemples les plus connus sont ceux des parties du corps ou de l'objet, mais bien d'autres peuvent se rencontrer :

> Sa fille [...] s'était mariée sur le tard avec Pierron, un veuf encore qui avait une gamine de huit ans. Cependant **le ménage** vivait très heureux. (Zola, *Germinal*)

Un ménage est un couple constitué de deux personnes. Le terme est donc un holonyme qui reprend *fille mariée* et *Pierron*.

Dans certains cas, en particulier dans une énumération, des termes hyponymes ou méronymes détaillent ce à quoi s'applique un terme qui fonctionne comme hyperonyme ou holonyme :

> Maintenant, le coron entier était dehors. La curiosité des **femmes** montait, les **groupe**s se rapprochaient, se fondaient en une foule ; tandis que des **bandes de marmaille** mal mouchée traînaient sur les trottoirs. (Zola, *Germinal*)

2. 4. LES LIENS RÉFÉRENTIELS

Les cas se répartissent entre deux extrêmes : d'une part le groupe anaphorique peut reprendre l'intégralité de l'antécédent, si bien que les deux références, exophorique et endophorique, se recouvrent. C'est dans ce cas seulement que l'on peut parler de coréférence : *L'arbre est tombé, il était mort.* À l'autre extrême, d'autre part, elles sont totalement différentes : *Lorsque je sors de ma maison, je vois celle de mon voisin.* Entre les deux, on rencontre des superpositions partielles : *Les enfants sont sortis. Certains avaient oublié leur bonnet.*

On distingue ainsi trois types d'anaphore : totale, partielle, conceptuelle.

Avec l'anaphore **totale**, un seul référent est visé. C'est ce qui se passe en particulier avec le pronom relatif. Dans cet exemple :

> Les troupes qu'il commandait, on en faisait le sacrifice. (Flaubert, *Salammbô*)

le *qu'* reprend très exactement *les troupes*. De même, le pronom personnel *en* reprend l'intégralité du GN *les troupes qu'il commandait*. Le référent est à chaque fois identique.

Avec l'anaphore **partielle**, l'élément anaphorique ne vise qu'un sous-ensemble de celui qui est désigné par l'interprétant :

> Les Barbares presque aussitôt parurent ; mais ils s'arrêtèrent au milieu de l'isthme, sur le bord du lac.

> D'abord ils n'annoncèrent rien d'hostile. Plusieurs s'approchèrent avec des palmes à la main. (*Ibid.*)

Si les pronoms *ils* reprennent d'abord l'ensemble des Barbares (anaphore totale), le pronom indéfini *plusieurs* n'en vise qu'une partie : l'anaphore est partielle.

Ce type d'anaphore se rencontre particulièrement avec des expressions comme *l'un* (*les uns*), *l'autre* (*les autres*) :

> [...] tout à coup parut une longue file de croix supportant des lions. Les uns étaient morts depuis si longtemps qu'il ne restait plus contre le bois que les débris de leurs squelettes ; d'autres à moitié rongés tordaient la gueule en faisant une horrible grimace. (*Ibid.*)

Enfin, l'anaphore **conceptuelle** ne reprend que la notion désignée par le substantif du groupe interprétant et l'actualise à sa façon, pour instaurer une autre référence :

> Lorsqu'il était au bout d'une rue, une autre apparaissait. (*Ibid.*)

La rue visée par **une autre** est nécessairement différente de celle qui est visée par *une rue*. De même dans l'exemple suivant :

> Un camarade [...] racontait qu'une affiche était collée chez le caissier. [...] Un second entra, puis un troisième. (Zola, *Germinal*)

les trois camarades sont-ils différents. Seule la notion (le concept) de « camarade » est identique.

On voit donc la diversité des types d'anaphore : loin de reprendre simplement un segment, l'anaphore est capable d'apporter des informations, des caractérisations. Si elle assure la liaison d'une unité à une autre, elle participe également à la construction sémantique du texte.

3. L'ORDRE DES MOTS

La question de l'ordre des mots mériterait un exposé plus long que celui qui va être proposé (voir J. Gardes Tamine, *Pour une grammaire de l'écrit*, p. 195 *sq.*), mais il s'agit simplement ici de souligner le rôle qu'il joue dans la construction du texte et dans les phénomènes d'enchaînement. On se limitera à la question de la place du sujet par rapport au verbe, sans envisager tous les problèmes liés à l'ordre des mots, comme la place de l'adjectif, au demeurant déjà évoquée dans le chapitre sur le GN.

3. 1. L'ORDRE CANONIQUE

C'est dans l'unité grammaticale minimale, dans l'assertion, que l'ordre des mots est défini. En français, il s'agit d'un ordre strict, où le sujet précède le verbe, suivi, le cas échéant, de ses compléments. Cette structure minimale apparaît rarement dans les textes, sauf dans ce que l'on appelle « écriture blanche ». C'est elle que pratiquent certains écrivains comme Camus :

> Le soleil avait fait éclater le goudron. (*L'Étranger*)
>
> Je respirais l'odeur de la terre fraîche et je n'avais plus sommeil. (*Ibid.*)

Mais le plus souvent, l'ordre est modifié par la présence dans l'unité textuelle d'autres éléments que ceux qui concourent à la définition de la proposition minimale.

On laissera de côté les modifications de cet ordre qui servent à indiquer une modalité, comme l'inversion dans la question :

> Quand donc arrive votre fils?

On ne prendra en considération que celles qui apparaissent dans l'assertion.

En dehors de l'impératif, qui n'est d'ailleurs pas un contre-exemple, puisqu'il est lui aussi une modalité particulière de la phrase (voir p. 41), le verbe ne peut se trouver en tête de phrase. Il faut distinguer la zone postverbale, qui peut rester vide (*L'enfant court*) et la zone préverbale qui, elle, doit absolument être remplie. Dans l'unité grammaticale minimale, réduite au verbe, à son sujet et à ses éventuels compléments, c'est le sujet qui remplit obligatoirement cette zone. Les insertions (satellites, constituants flottants, voir p. 145) qui ne sont pas rattachées syntaxiquement à l'unité et qui, du coup, se placent indifféremment à la frontière des groupes, peuvent évidemment, s'ils sont en tête de phrase, occuper la zone préverbale. Ils vont donc permettre au sujet de passer derrière le verbe :

> Une voiture passe.
> Au loin passe une voiture.

On parle parfois en pareil cas d'inversion stylistique du sujet, mais en réalité, elle dépend de conditions grammaticales bien précises (voir exercice n° 22). La première est que le sujet ne doit pas être un pronom personnel :

> *Au loin passe-t-elle.

la seconde que le verbe n'ait pas de complément :

> *Au loin franchit une voiture un passage à niveau.

À ces conditions syntaxiques s'ajoutent des conditions lexicales. On peut dire que le verbe antéposé à son sujet doit indiquer un mouvement, une apparition :

> On invoquait tout haut la faveur de Melkarth et tout bas sa malédiction.
> Puis **vint** la cohue des bagages, des bêtes de somme et des traînards. (Flaubert, *Salammbô*)
>
> De temps à autre, une rivière apparaissait dans la verdure des tamaris, pour se perdre au tournant des collines. Parfois, **se dressait** un énorme rocher. (*Ibid.*)

La postposition du sujet ne peut avoir lieu que si toutes ces conditions sont remplies.

3. 2. RÔLE DES MODIFICATIONS DE L'ORDRE CANONIQUE

L'inversion du sujet, si elle est improprement appelée stylistique, et constitue un fait de langue, peut néanmoins jouer un rôle stylistique. Elle répond par exemple à des soucis de rythme et permet d'éviter de terminer une phrase sur un groupe bref, succédant à des groupes plus longs, puisque la tendance du français est à la cadence majeure, où le volume des groupes est croissant :

> Dans des gamelles en bois de Tamrapanni flottaient, au milieu du safran, de grands morceaux de graisse. (*Ibid.*)

Elle permet la construction de figures, comme le chiasme, en plaçant dans des positions particulières de la phrase des groupes qui se répondent :

> Un champ de roses s'épanouissait sous des platanes ; de place en place, sur des gazons, se balançaient des lis. (*Ibid.*)

Elle peut être liée à la focalisation et aux phénomènes de saillance, par exemple quand elle met en position finale une information nouvelle ou un détail que l'on veut faire ressortir :

> L'on voyait de grands feux clairs où rôtissaient des bœufs. (*Ibid.*)

Mais, dans le cadre de la construction du texte, l'ordre des mots, en liaison avec l'anaphore, contribue à l'enchaînement des unités et à la cohésion d'ensemble. C'est ce que le linguiste Blinkenberg appelait le « rattachement » (*L'ordre des mots*, Copenhague, Levin & Munksgaard, 1933). Selon leur place, les groupes, par la proximité qu'ils entretiennent avec le contexte antérieur ou postérieur, lient plus fortement des unités déjà reliées :

> Ce sont les tronçons divisés du serpent qui entoure la terre… Séparés par le fer, ils se rejoignent dans un hideux baiser cimenté par le sang des hommes.
>
> Telles furent les images qui se montrèrent tour à tour devant mes yeux. (Nerval, *Aurélia*)

Placé en tête, l'adjectif anaphorique *telles* renforce les liens avec les phrases précédentes. Dans cet autre exemple, c'est la liaison avec la suite qui est marquée, le terme *gageures* lançant l'énumération des actes sordides des Barbares :

> Ils imitaient le cri des bêtes féroces, leurs bonds. Puis vinrent les immondes gageures ; ils s'enfonçaient la tête dans des amphores, et restaient à boire, sans s'interrompre, comme des dromadaires altérés. (Flaubert, *Salammbô*)

Il faut ainsi prendre conscience que la construction du texte est le résultat d'une multiplicité de paramètres complexes.

ENTRAÎNEZ-VOUS

33. LES DÉSIGNATIONS

But de l'exercice : étudier les différentes façons dont un même référent (ici individu) est désigné et apprécier l'intérêt de chacune de ces désignations.

Soit le texte suivant :

> ALBINE
> Dans quel emportement la douleur vous engage,
> Madame ! L'empereur puisse-t-il l'ignorer !
>
> AGRIPPINE
> Ah ! Lui-même à mes yeux puisse-t-il se montrer !
>
> ALBINE
> Madame, au nom des dieux, cachez votre colère.
> Quoi ? pour les intérêts de la sœur ou du frère,
> Faut-il sacrifier le repos de vos jours ?
> Contraindrez-vous César jusque dans ses amours ?
>
> AGRIPPINE
> Quoi ? tu ne vois donc pas jusqu'où l'on me ravale,
> Albine ? C'est à moi qu'on donne une rivale.
> Bientôt, si je ne romps ce funeste lien,
> Ma place est occupée et je ne suis plus rien.
> Jusqu'ici d'un vain titre Octavie honorée,
> Inutile à la cour, en était ignorée.
> Les grâces, les honneurs, par moi seule versés,
> M'attiraient des mortels les vœux intéressés.
> Une autre de César a surpris la tendresse :
> Elle aura le pouvoir d'épouse et de maîtresse,
> Le fruit de tant de soins, la pompe des Césars,
> Tout deviendra le prix d'un seul de ses regards.
> Que dis-je ? L'on m'évite, et déjà délaissée…
> Ah ! je ne puis, Albine, en souffrir la pensée.
> Quand je devrais du ciel hâter l'arrêt fatal,
> Néron, l'ingrat Néron… Mais voici son rival.
>
> (Racine, *Britannicus*, acte III, scène 5)

Relevez et classez les différentes façons dont sont désignés les personnages d'Agrippine, Albine et Néron. Analysez la valeur de chacune. Appréciez la continuité de la grammaire et de la stylistique.

CORRECTION

Dans ce texte de théâtre, les deux femmes en présence s'adressent l'une à l'autre et désignent aussi, chacune à leur façon, Néron, qui est le sujet de leur conversation. On analysera successivement la façon dont sont présentées les personnes du dialogue, en présence l'une de l'autre, puis la manière dont elles parlent de l'empereur.

a. Les personnes du dialogue.

Elles ne se définissent pas dans le texte, mais uniquement par la situation de parole. Ce sont des déictiques qui les désignent. Le pronom personnel (voir p. 172) *je* désigne chaque personne qui prend la parole : la référence n'est donc pas stable, elle constitue l'origine de chaque parole successive. Dans le texte, on constate que seule Agrippine utilise abondamment le pronom, sous cette forme ou sous une autre (*me*, *moi*), ce qui, sur le plan de l'interprétation, a évidemment un intérêt : ainsi est marqué son statut social, face à sa suivante qui n'ose se mettre en avant. On rencontre également les déterminants possessifs de la première personne (*mes yeux*). L'individu auquel s'adresse celui qui dit *je* est également désigné par un déictique. On constate qu'Agrippine s'adresse à Albine par le déictique *tu* (*tu ne vois donc pas*), tandis qu'Albine la vouvoie (*contraindrez-vous*) : par cette différence également se révèlent les relations de hiérarchie entre les deux femmes.

Les apostrophes constituent un autre moyen par lequel se désignent les deux locutrices. La même différence de statut s'y manifeste. Agrippine désigne sa suivante par son prénom (*je ne puis, Albine, en souffrir la pensée*), tandis qu'Albine s'adresse à elle par une appellation respectueuse, *Madame*.

Les différents moyens de se désigner (ou de ne pas le faire) et de s'adresser à l'autre ont un rôle important et sont révélateurs des relations que les référents entretiennent.

b. Celui dont on parle.

Le circuit de la communication n'implique que le *je* et le *tu*, mais leur échange porte souvent sur d'autres personnes ou des objets, auxquels ils réfèrent par différents moyens, par des désignations directes ou indirectes. Dans le texte, c'est Néron (et ceux qui gravitent autour de lui, comme Octavie, désignée par un nom propre) qui constitue le sujet de la conversation. Les anaphoriques sont naturellement utiles pour lier les phrases et même les répliques : *L'empereur puisse-t-il l'ignorer! / Ah! lui-même à mes yeux puisse-t-il se montrer!* Mais le renvoi direct à Néron par des désignations coréférentielles est également présent, et révélateur de la façon dont chacune des deux femmes le voit.

Albine, vu son statut, le désigne par son titre *l'empereur*, puis par *César*, qui certes est un nom propre, mais constitue surtout un titre, synonyme d'empereur, et inscrit la fonction, qu'elle respecte, dans une lignée de pouvoir. Albine n'évoque pas les liens familiaux qui unissent Néron et Agrippine, elle ne veut voir que la puissance que confère l'appartenance à la suite des Césars. Dans la première scène de la pièce, d'ailleurs, elle désigne indirectement Agrippine par la périphrase *la mère de César*. Elle donne ainsi un statut tout à fait particulier aux liens de parenté entre Agrippine et son fils : ce qui importe, c'est que ce fils est empereur.

Agrippine, elle, commence par refuser – ou être incapable – de le nommer. Par la figure que la rhétorique appelle «énallage» (un temps pour un autre ou une personne pour une autre, ce qui est le cas ici), elle le désigne par le pronom *on* : *tu ne vois donc pas jusqu'où l'on me ravale*. Cet emploi du *on* est associé à l'évocation de relations personnelles douloureuses (*rivale*, *délaissée*, *épouse*, *maîtresse*). Comme Albine, Agrippine désigne son fils par son titre de *César* et, par le pluriel (*la pompe des Césars*), reconnaît son autorité souveraine, à laquelle elle voudrait participer. Ce n'est qu'à la fin de la tirade qu'elle le désigne par son prénom, *Néron*, dans une exclamation de douleur ou de colère, puisque le prénom est repris dans une description grâce à l'épithète *ingrat*, qui résume tous les griefs, personnels et politiques, qu'elle a développés.

Il est ainsi intéressant de voir que pour désigner un même référent, plusieurs moyens sont utilisés dans la scène : le prénom, les titres, le pronom *on*. Cette chaîne coréférentielle n'est pas neutre, elle révèle le statut des deux personnages, déjà visible dans les déictiques du dialogue, et accompagne la progression de la tirade d'Agrippine.

On peut ainsi constater comment la construction du texte, et du style, prend appui sur la grammaire.

34. L'ANAPHORE 1

But de l'exercice : analyser la diversité des anaphores dans un texte.

Soit le texte suivant :

> Enfin le septième jour, après avoir suivi pendant longtemps la base d'une montagne, on tourna brusquement à droite ; alors apparut une ligne de murailles posée sur des roches blanches et se confondant avec elles. Soudain la ville entière se dressa ; des voiles bleus, jaunes et blancs s'agitaient sur les murs, dans la rougeur du soir. C'étaient les prêtresses de Tanit, accourues pour recevoir les hommes. Elles se tenaient rangées sur le long du rempart, en frappant des tambourins, en pinçant des lyres, en secouant des crotales, et les rayons du soleil, qui se couchait par-derrière, dans les montagnes de la Numidie, passaient entre les cordes des harpes où s'allongeaient leurs bras nus. Les instruments, par intervalles, se taisaient tout à coup, et un cri strident éclatait, précipité, furieux, continu, sorte d'aboiement qu'elles faisaient en se frappant avec la langue les deux coins de la bouche. D'autres restaient accoudées, le menton dans la main, et plus immobiles que des sphinx, elles dardaient leurs grands yeux noirs sur l'armée qui montait. (Flaubert, *Salammbô*)

Relevez les unités anaphoriques et classez-les en fonction de leur nature et des liens qu'elles entretiennent avec leur interprétant (antécédent).

CORRECTION

Le texte présente une assez grande variété d'anaphores. On étudiera successivement la nature des unités anaphoriques, avant d'envisager les liens lexicaux et référentiels qui les relient à leur interprétant.

a. Nature des unités anaphoriques.

– On rencontre naturellement des pronoms :

• pronoms personnels de la sixième personne : c'est ainsi que *des roches blanches* est repris par *elles* (*avec elles*) ou que *d'autres* (lui-même anaphorique, on y reviendra) est également repris par *elles* (*elles dardaient leurs grands yeux noirs*).

• pronoms relatifs : on trouve les pronoms relatifs *qui*, *où*, et *que*, selon leur fonction dans la proposition qu'ils introduisent : *les cordes des harpes où s'allongeaient leurs bras nus*.

• pronoms indéfinis : *d'autres* renvoient, par l'intermédiaire d'une chaîne anaphorique de pronoms *elles*, à l'interprétant *les prêtresses de Tanit*.

– On rencontre des groupes nominaux composés d'un substantif et d'un déterminant. Le lien anaphorique est établi à la fois par les liens lexicaux avec l'interprétant (voir plus loin) et par le déterminant. Ce déterminant est soit l'article défini (*les instruments*) soit le possessif (*leurs bras nus*). On remarque ainsi que l'anaphore joue entre propositions, mais aussi à l'intérieur d'une proposition (*elles dardaient leurs grands yeux noirs*). Un problème est posé par la répartition entre les deux types de déterminant lorsque le substantif indique une partie du corps : *le menton dans la main / leurs grands yeux noirs*. Sans entrer dans le détail, on peut dire que, d'une part, le possessif est nécessaire si le substantif est accompagné d'une expansion (*elles dardaient les yeux / elles dardaient leurs grands yeux noirs*) et que, d'autre part, joue la construction de la proposition (voir p. 189 et t. 1, chap. 3).

– Parmi les tiroirs verbaux, l'imparfait a essentiellement sa valeur aspectuelle, en contraste avec le passé simple. L'infinitif passé, lui, a une valeur endophorique (cataphorique) plus claire, puisqu'il indique qu'un événement est accompli (suivre) par rapport à un autre (tourner).

– On trouve enfin un adverbe, *alors*, qui reprend l'ensemble de la proposition précédente : *alors apparut une ligne de murailles*.

b. Liens entre anaphore et interprétant.

Deux types de relations lexicales apparaissent lorsque l'unité anaphorique est un GN. La première est la relation de synonymie entre *ligne de murailles* et *rempart* (*le long du rempart*). La seconde est la relation d'hyperonymie / hyponymie : *instruments* est ainsi utilisé pour reprendre l'énumération précédente, *tambourins*, *lyres*, *crotales*.

Puisque jamais un terme n'est répété exactement, il n'existe pas dans le texte d'anaphore fidèle (on connaît d'ailleurs le précepte qui proscrit de la prose les répétitions au profit de reprises plus variées). Les anaphores infidèles sont tantôt totales, en particulier quand le pronom personnel est utilisé : le groupe *les prêtresses de Tanit* est ainsi repris par *elles* (*Elles se tenaient rangées…*) qui renvoie au même groupe dans son intégralité. On relève une anaphore partielle, établie par *d'autres*, qui ne renvoie qu'à une partie des prêtresses, celles qui ne se frappent pas avec la langue les coins de la bouche, mais restent immobiles. L'adverbe *alors* constitue une anaphore résomptive, puisqu'il résume toute la proposition qui le précède. Enfin, on remarque qu'il n'y a pas dans le texte d'anaphore conceptuelle.

On constate ainsi la diversité des moyens par lesquels une continuité s'établit dans le texte. Il est à noter qu'elle est renforcée par l'ordre des mots. Dans *alors apparut une ligne de murailles*, le mécanisme anaphorique est évidemment marqué par l'adverbe *alors*, mais sa position en tête d'unité textuelle le rattache encore davantage à ce qui précède. On remarque au passage que cette occupation de la zone préverbale permet la postposition du sujet et que, du coup, le surgissement des murailles se trouve souligné.

La construction du texte tient donc à des facteurs multiples, syntaxe, lexique, mais aussi place des mots, laquelle se situe à la frontière de la grammaire et du style.

35. L'ANAPHORE 2

But de l'exercice : analyser la diversité des anaphores dans un texte et, par la comparaison avec le texte précédent, prendre conscience de la façon dont elles participent, comme tout fait grammatical, à la construction du style.

Soit le texte suivant :

> On entrait à l'étude par un assez large corridor dallé, qui formait comme une allée. La maison avait une simple porte bâtarde, de chaque côté de laquelle se voyaient les panonceaux ministériels dorés, au centre desquels on lisait en lettres noires : HUISSIER. Les deux fenêtres de l'étude donnant sur la rue étaient défendues par de forts barreaux de fer. Le cabinet avait vue sur un jardin, où l'huissier, amant de Pomone, cultivait lui-même avec un grand succès les espaliers. La cuisine faisait face à l'étude, et derrière la cuisine se développait l'escalier par lequel on montait à l'étage supérieur. Cette maison se trouvait dans une petite rue, derrière le nouveau Palais de Justice, alors en construction, et qui ne fut fini qu'après 1830. Ces détails ne sont pas inutiles à l'intelligence de ce qui advint à Kolb. L'Alsacien avait inventé de se présenter à l'huissier sous prétexte de lui vendre son maître, afin d'apprendre ainsi quels seraient les pièges qu'on lui tendrait, et de l'en préserver. La cuisinière vint ouvrir, Kolb lui manifesta le désir de parler à M. Doublon pour affaires. Contrariée d'être dérangée pendant qu'elle lavait sa vaisselle, cette femme ouvrit la porte de l'étude en disant à Kolb, qui lui était inconnu, d'y attendre Monsieur, pour le moment en conférence dans son cabinet ; puis, elle alla prévenir son maître qu'un homme voulait lui parler. Cette expression, un homme, signifiait si bien un paysan, que Doublon dit : « Qu'il attende ! » Kolb s'assit auprès de la porte du cabinet. (Balzac, *Illusions perdues*)

Relevez les unités anaphoriques nominales et classez-les en fonction de leur nature et des liens qu'elles entretiennent avec leur interprétant (antécédent).

CORRECTION

a. Nature des unités anaphoriques.

– Pronoms. Comme le précédent, le texte comporte des pronoms. Ce sont des pronoms personnels (*la cuisinière* est repris par *elle*, *un homme* par *il*, *l'étude* par *y*, *cette femme* par *lui*) et des pronoms relatifs (*qui*, *lequel*, *laquelle desquels*, *où*).

– Groupes nominaux. L'utilisation de groupes nominaux est, de loin, le moyen le plus fréquent de reprendre un interprétant. Les déterminants qu'ils comportent sont des articles définis (*la maison*, *le cabinet*), des possessifs, à l'intérieur d'une même proposition (*sa vaisselle*, *son maître*, *son cabinet*), mais, à la différence de l'extrait de *Salammbô*, le texte utilise aussi le déterminant démonstratif (*cette maison*, *ces détails*, *cette femme*).

b. Liens entre anaphore et interprétant.

Cet emploi du démonstratif va de pair avec un emploi spécifique du lexique. On note qu'à la différence de Flaubert, Balzac n'hésite pas à répéter un même substantif : *la maison* / *cette maison*. Les anaphores fidèles, avec ce déterminant ou l'article défini, sont fréquentes, par exemple *l'étude* / *l'étude*, *la cuisine* / *la cuisine*, etc. Il arrive que l'ordre des mots (*La cuisine faisait face à l'étude, et derrière la cuisine se développait l'escalier*) souligne la répétition. L'anaphore dans l'extrait est ainsi souvent totale. Lorsque l'anaphore n'est pas fidèle, son lien avec l'interprétant repose sur la relation d'hyponymie / hyperonymie (*la cuisinière* / *cette femme* ou *Kolb* / *l'Alsacien*) ou d'holonymie / méronymie, par exemple dans l'énumération des parties de la maison (*le cabinet*, *la cuisine*). Dans ce dernier cas, l'anaphore est partielle. Un cas intéressant est offert par la relation entre *l'étude* et *la maison*. Il est difficile de parler d'anaphore partielle, car *la maison* ne renvoie évidemment pas à une partie seulement de l'étude. La relation est ici de méronymie / holonymie, et non l'inverse. Peut-être faudrait-il parler d'anaphore englobante, puisque l'anaphore désigne un tout dont l'interprétant n'est qu'une partie. Signalons enfin un cas d'anaphore résomptive : *ces détails* reprend en effet l'ensemble de la description qui vient d'être donnée de l'étude.

À comparer les extraits de Flaubert et de Balzac, on voit que des outils syntaxiques identiques (pronoms, GN où le déterminant joue un grand rôle) sont utilisés de manière spécifique en liaison avec le lexique. Les reprises fidèles sont plus nombreuses chez Balzac qui souligne ainsi les liens entre les unités. Chez Flaubert, qui répugne aux répétitions, les liens sont plus subtils et la présence du narrateur moins visible que chez Balzac, chez qui elle est en effet soulignée par les démonstratifs. On constate ainsi, une fois de plus, que le style se construit dans la continuité de la grammaire.

À retenir

- ▲ La distinction entre sens et référence.
- ▲ La distinction entre référence exophorique et endophorique.
- ▲ La distinction entre référence virtuelle et actuelle, générique et spécifique.
- ▲ Les mécanismes de l'anaphore.
- ▲ Le rôle joué par l'ordre des mots dans la construction du texte.

TESTEZ VOS CONNAISSANCES

Il est un certain nombre de points sur lesquels se concentrent les erreurs d'identification en grammaire. Assurez-vous que vous savez éviter les pièges.

I. *LE* (*LA*, *LES*) DÉTERMINANT ET *LE* (*LA*, *LES*) PRONOM

1. Relevez et identifiez les formes *le* du texte suivant :

L'homme était parti de Marchiennes vers deux heures. Il marchait d'un pas allongé, grelottant sous le coton aminci de sa veste et de son pantalon de velours. Un petit paquet, noué dans un mouchoir à carreaux, le gênait beaucoup ; et il le serrait contre ses flancs, tantôt d'un coude, tantôt de l'autre, pour glisser au fond de ses poches les deux mains à la fois, des mains gourdes que les lanières du vent d'est faisaient saigner. Une seule idée occupait sa tête vide d'ouvrier sans travail et sans gîte, l'espoir que le froid serait moins vif après le lever du jour. (Zola, *Germinal*)

II. *DE* : ARTICLE, PARTIE D'ARTICLE, OU PRÉPOSITION ?

2. *De* apparaît isolé, ou contracté avec *le (les)* dans les phrases suivantes. Quelle est à chaque fois la nature des éléments soulignés ?

1. On ne vit pas <u>d'</u>amour et <u>d'</u>eau fraîche.
2. Je ne vois pas <u>d'</u>erreur dans ce travail.
3. Elle dit <u>du</u> mal <u>de</u> tous ses voisins.
4. La table se recouvre <u>de</u> poussière.
5. Il a rencontré <u>d'</u>anciens amis.
6. Elle n'y est plus allée depuis <u>des</u> années.
7. <u>Du</u> bout <u>du</u> quai, la foule se presse vers le train.
8. L'atmosphère est pleine <u>de</u> fumée.
9. Je veux <u>du</u> gâteau.
10. Je veux un peu <u>de</u> gâteau.

3. Dans le texte suivant, relevez et classez les différents *de* :

Le village, si plein de Parisiennes naguère, si bruyant et si gai, n'a plus que ses pêcheurs qui passent par groupes, marchant lourdement avec leurs grandes bottes marines, le cou enveloppé de laine, portant d'une main un litre d'eau-de-vie et, de l'autre, la lanterne du bateau. Les nuages viennent du Nord et courent affolés dans un ciel sombre ; le vent souffle. Les vastes filets bruns sont étendus sur le sable, couvert de débris rejetés par la vague. Et la plage semble lamentable, car les fines bottines des femmes n'y laissent plus les trous profonds de leurs hauts talons. La mer, grise et froide, avec une frange d'écume, monte et descend sur cette grève déserte, illimitée et sinistre.

Quand le soir vient, tous les pêcheurs arrivent à la même heure. Longtemps ils tournent autour des grosses barques échouées, pareilles à de lourds poissons morts; ils mettent dedans leurs filets, un pain, un pot de beurre, un verre, puis ils poussent vers l'eau la masse redressée qui bientôt se balance, ouvre ses ailes brunes et disparaît dans la nuit, avec un petit feu au bout du mât. Des groupes de femmes, restées jusqu'au départ du dernier pêcheur, rentrent dans le village assoupi, et leurs voix troublent le lourd silence des rues mornes. (Maupassant, *Épaves*)

4. Dans le texte suivant, relevez et classez les déterminants articles.

Alors on s'assit autour d'une haute soupière d'où sortait un parfum de choux. [...] Le cidre était bon, le ménage Loiseau et les bonnes sœurs en prirent, par économie. Les autres demandèrent du vin; Cornudet réclama de la bière. Il avait une façon particulière de déboucher la bouteille, de faire mousser le liquide, de le considérer en penchant le verre, qu'il élevait ensuite entre la lampe et son œil pour bien apprécier la couleur. (Maupassant, *Boule de suif*)

III. PRÉPOSITION OU ADVERBE ?

5. Identifiez les mots soulignés dans les phrases suivantes :

1. Il habite tout près de chez moi.
2. Avant sa maladie, il faisait tous les jours une promenade.
3. Il y avait un arbre couché en travers de la route.
4. C'est comme cela qu'il agissait avant.
5. On se doute que sa mère doit être tout près.
6. Il y avait un arbre qui barrait la route, couché en travers.
7. Derrière le mur, il y a un grand arbre.
8. Au-dessus, ce sont les nuages.
9. Restez derrière et marchez lentement.
10. Au-dessus de sa lèvre, elle a un grain de beauté.

6. Relevez les prépositions et les adverbes du texte suivant :

Pas une herbe, pas une plante : du granit, rien que du granit. À perte de vue devant nous, un désert de granit étincelant, chauffé comme un four par un furieux soleil qui semble exprès suspendu au-dessus de cette gorge de pierre. Quand on lève les yeux vers les crêtes, on s'arrête ébloui et stupéfait. Elles paraissent rouges et dentelées comme des festons de corail, car tous les sommets sont en porphyre; et le ciel au-dessus semble violet, lilas, décoloré par le voisinage de ces étranges montagnes. Plus bas le granit est gris scintillant, et sous nos pieds il semble râpé, broyé; nous marchons sur de la poudre luisante. À notre droite, dans une longue et tortueuse ornière, un torrent tumultueux gronde et court. Et on chancelle sous cette chaleur, dans cette lumière, dans cette vallée brûlante, aride, sauvage, coupée par ce ravin d'eau turbulente qui semble se hâter de fuir, impuissante à féconder ces rocs, perdue en cette fournaise qui la boit avidement sans en être jamais pénétrée et rafraîchie. (Maupassant, *Un Bandit corse*)

IV. *QUE* CONJONCTION OU PRONOM RELATIF ?

7. Identifiez les *que* des phrases suivantes :

1. Il vit de l'espoir que je t'ai dit.
2. Il vit de l'espoir qu'elle reviendra.
3. Je ne vous cache pas que les choses vont de plus en plus mal.
4. Il a fait à la douane la déclaration de ce qu'il a acheté.
5. Il a fait les déclarations qu'on attendait.
6. Sa déclaration, qu'il donnait sa démission, a été mal accueillie.
7. L'idée qu'elle ne reviendrait plus l'angoissait.
8. L'idée qu'elle défendait était séduisante.
9. Elle parle sans savoir ce qu'elle dit.
10. Elle sait bien que tout est à refaire.

V. IDENTIFICATION DES SUJETS

8. Dans les phrases suivantes, identifiez les sujets des verbes soulignés :

1. Combien naïves et paysannes en comparaison <u>sembleraient</u> les églantines qui, dans quelques semaines, <u>monteraient</u> elles aussi en plein soleil le même chemin rustique, en la soie unie de leur corsage rougissant qu'un souffle <u>défait</u> ! (Proust, *Du côté de chez Swann*)

2. Sans doute ce à quoi <u>aspirait</u> mon imagination et que mes sens ne <u>percevaient</u> qu'incomplètement et sans plaisir dans le présent, je l'<u>avais enfermé</u> dans le refuge des noms. *(Ibid.)*

3. Puis voici la colombe esprit immaculé
Qu'<u>escortent</u> l'oiseau-lyre et le paon ocellé. (Apollinaire, *Zone*)

4. Il <u>coule</u> un faux fleuve de sang
Et sous l'arbre fleuri d'étoiles
un clown <u>est</u> l'unique passant. (Apollinaire, « Ô ma jeunesse abandonnée… »)

5. Ici, l'été plus frais <u>s'épanouit</u> à l'ombre.
Ici <u>durent</u> longtemps les fleurs qui <u>durent</u> peu. (V. Hugo, *Bièvre*)

6. Qui donc <u>a</u> la science ? où <u>est</u> donc la doctrine ?
Oh ! que ne <u>suis</u>-je encore le rêveur d'autrefois,
Qui <u>s'égarait</u> dans l'herbe, et les prés, et les bois. (V. Hugo, *À celle qui est restée en France*)

VI. INDICATIF OU SUBJONCTIF ?

9. Dans les phrases suivantes, les verbes soulignés sont-ils à l'indicatif présent ou au subjonctif présent ?

1. Et pour qui voulez-vous qu'à présent je la brode ? (Apollinaire, *Salomé*)
2. L'amour veut qu'aujourd'hui mon ami André Salmon se marie. (Apollinaire, *Poème lu au mariage d'André Salmon*)
3. [...] la liberté en honneur fait qu'on imite maintenant
Les feuilles ô liberté végétale. *(ibid.)*
4. Il n'y a aucune raison pour qu'il n'existe pas de tels arrangements
5. Rien n'est mort que ce qui n'existe pas encore. (Apollinaire, *Cortège*)
6. Que je m'ennuie entre ces murs tout nus
Et peints de couleurs pâles. (Apollinaire, *À la Santé*, IV)
7. J'étais bien ennuyée, me dit-elle, que Monsieur sonne si tard aujourd'hui. (Proust, *La Prisonnière*)
8. J'avais peur que Monsieur me dispute si je venais l'éveiller. *(ibid.)*

SOLUTION DES EXERCICES

1. DÉTERMINANT OU PRONOM ?

déterminants : l'homme, le coton, l'autre, l'espoir, le froid, le lever.
pronoms : le gênait, le serrait.

2. DE *PRÉPOSITION OU ARTICLE ?*

– Préposition

de est préposition seule : phrases 1, 3 *(de tous ses voisins)*, 4, 8, 10

de est préposition contractée avec un article défini : phrases 7 : *de + le bout de + le quai*

– Article

de est article seul : phrases 2 (après négation), 5 (à la place de *des* devant adjectif)

de entre dans la constitution d'un article indéfini : 6 ou partitif, 3 *(du mal)*, 9.

3. DE *PRÉPOSITION OU ARTICLE ?*

– Préposition

de est préposition seule : plein de Parisiennes, enveloppé de laine, portant d'une main, un litre d'eau-de-vie, de l'autre, couvert de débris, les trous de leurs talons, une frange d'écume, un pot de beurre, groupes de femmes.

de est préposition contractée avec un article défini : la lanterne de + le bateau, viennent de + le Nord, les bottines de + les femmes, autour de + les grosses barques, au bout de + le mât, le départ de + le dernier pêcheur, le silence de + les rues mornes.

– Article

de est article seul : de lourds poissons morts.

de entre dans la constitution de l'article indéfini pluriel : des groupes.

4. LES DÉTERMINANTS ARTICLES

– article défini : le cidre, le ménage, les bonnes sœurs, les autres, la bouteille, le liquide, le verre, la lampe, la couleur ;

– article indéfini : une haute soupière, un parfum, une façon ;

– article partitif : du vin, de la bière.

5. PRÉPOSITION OU ADVERBE ?

– Préposition : 1, 2, 3, 7, 10.

– Adverbe : 4, 5, 6, 8, 9.

6. PRÉPOSITION OU ADVERBE ?

– Prépositions (ou locutions prépositives) : devant nous, de granit, par un furieux soleil, au-dessus de cette gorge, vers les crêtes, en porphyre, par le voisinage, de ces étranges montagnes, sous nos pieds, sur de la poudre, à notre droite, dans une ornière, sous cette chaleur, dans cette lumière, dans cette vallée, par ce ravin d'eau turbulente, de fuir, à féconder, en cette fournaise sans en être pénétrée.

– Adverbes (ou locutions adverbiales) : à perte de vue, exprès, au-dessus, plus bas, avidement, jamais.

7. QUE *CONJONCTION OU PRONOM RELATIF ?*

– *Que* pronom relatif : 1, 4, 5, 8, 9.

– *Que* conjonction : 2, 3, 6, 7, 10.

8. IDENTIFICATION DES SUJETS

1. les églantines qui, dans quelques semaines [...] défait ! ; qui ; un souffle.
2. mon imagination ; mes sens ; je.
3. l'oiseau-lyre et le paon ocellé.
4. il ; un clown.
5. l'été plus frais ; les fleurs qui durent peu ; qui.
6. qui ; la doctrine.
7. je ; qui.

9. INDICATIF OU SUBJONCTIF ?

– indicatifs : imite (3) ; existe (5) ; m'ennuie (6).

– subjonctifs : brode (1) ; se marie (2) ; existe (4) ; sonne (7) ; dispute (8).

GLOSSAIRE

Acceptabilité : Le fait pour une phrase d'être retenue comme possible par les locuteurs. Une phrase peut être grammaticale et cependant être inacceptable. Voir grammaticalité.

Actualisation : Ancrage pragmatique de la proposition qui lui permet de renvoyer à une situation particulière. Ainsi, les désinences temporelles du verbe lui permettent-elles d'évoquer la chronologie, alors que l'infinitif évoque seulement l'idée renfermée par la base de ce verbe. Ainsi encore, les déterminants du nom lui permettent-ils de passer d'une référence lexicale, virtuelle, à une référence spécifiée.

Adjonction : Test qui consiste à placer dans la proposition certains éléments, de manière à vérifier la cohésion des groupes.

Adverbe : Partie du discours invariable qui, à la différence de la préposition ou de la conjonction, ne sert pas à construire une autre catégorie. La catégorie des adverbes est hétérogène sur le plan morphologique comme sur le plan syntaxique, puisqu'ils peuvent porter sur un élément de la phrase, ou l'énonciation.

Anaphore : Opération par laquelle une unité linguistique peut reprendre une unité antérieure *(L'enfant pleure parce qu'il est tombé*). L'anaphore s'oppose à la cataphore, par laquelle un élément en annonce un autre *(Je te le répète, tu vas te faire mal*).

Antécédent : Syntagme que reprend un pronom relatif (*l'homme* qui est venu était grand) et auquel la proposition relative s'adjoint comme un adjectif.

Apostrophe : Groupe nominal, généralement sans déterminant, par lequel le locuteur interpelle l'interlocuteur. Liée directement à l'énonciation, l'apostrophe fait partie des éléments satellites (insertions) dans la phrase.

Apposition : Au sens strict, il s'agit de la mise en relation d'un groupe nominal et d'un autre groupe, sans outil syntaxique. Le groupe dit support et le groupe apposé sont généralement séparés par une pause : *le fils de la voisine, ce garçon si vulgaire*. Par ses possibilités de mobilité, l'apposition constitue un élément satellite dans la phrase, une insertion. On parle parfois d'apposition pour les adjectifs séparés du substantif auquel ils se rapportent par une pause : *Les enfants, malades, sont restés à la maison*.

Aspect : Catégorie de l'énonciation qui désigne la manière dont le locuteur envisage le développement interne du procès verbal (début, fin, durée, etc.).

Assertion : Une des modalités de la phrase par laquelle le locuteur fait une déclaration affirmative ou négative.

Attribut : Fonction que le nom partage avec l'adjectif. L'attribut est un complément particulier de verbe, introduit par un verbe attributif comme *être*, *sembler*, et dans le cas d'un attribut de l'objet, *appeler* ou *déclarer*. Il est lié sémantiquement au sujet (ou au complément), ce qui peut se traduire par un accord en genre et en nombre avec ce terme.

Cataphore : Voir anaphore.

Chronologie : Catégorie verbale. Par ses marques flexionnelles, le verbe peut renvoyer à la distinction en époques par rapport au moment de l'énonciation (chronologie déictique : passé, présent, futur) ou à la situation relative d'un événement par rapport à un autre choisi dans le contexte comme repère (chronologie anaphorique : antériorité, simultanéité, postériorité).

Circonstant : Autre nom donné aux compléments de phrase qui indiquent les circonstances de l'action. Voir complément de phrase.

Clitique : Unité qui ne peut porter d'accent, et qui fait nécessairement partie d'un groupe accentuel. Les clitiques, par exemple les particules préverbales, les déterminants, les prépositions n'ont pas d'autonomie. Un proclitique s'appuie sur ce qui le suit, un enclitique sur ce qui le précède. En français, les clitiques sont généralement proclitiques.

Clivée (construction) : Construction où l'ordre des mots est modifié à des fins d'emphase ou de focalisation et où un syntagme nominal se trouve déplacé en tête de phrase par l'extraction. *C'est l'été que je préfère* ; *ce que je préfère, c'est l'été.*

Commutation : Substitution d'une unité à une autre sur l'axe paradigmatique. Les éléments qui peuvent commuter constituent une classe d'équivalence : *Ce discours / cela / partir / qu'il puisse venir me plaît.*

Complément de phrase : Complément non syntaxiquement nécessaire à la phrase et qui porte non pas sur un élément, mais sur l'ensemble de la proposition. Il est parfois appelé circonstant, car, sur le plan sémantique, il indique les différentes circonstances de l'action. C'est un cas particulièrement d'insertion (de constituant flottant). Voir insertion.

Complément de verbe : Complément syntaxiquement nécessaire à la construction du verbe et donc de la proposition dont il est le pivot. Le complément de verbe fait partie de sa valence. Voir valence.

Complétive : Proposition subordonnée qui exerce la fonction de sujet ou de complément du verbe principal. Elle entre dans la valence du verbe.

Conjonction : Partie du discours invariable. On distingue les conjonctions de coordination qui peuvent lier plusieurs groupes dans une proposition comme plusieurs propositions dans une phrase, et les conjonctions de subordination qui, comme la préposition, servent à construire ce qui les suit. Tandis que la préposition construit un groupe nominal, la conjonction de subordination construit une proposition.

Conjonctive : Proposition subordonnée introduite par une conjonction (locution conjonctive) de subordination. Elles sont soit complétives, soit circonstancielles.

Contexte : Entourage linguistique d'une unité (certains auteurs parlent de cotexte). S'oppose à la situation extralinguistique (que certains appellent contexte).

Coordination : Réunion dans un ensemble, à l'aide d'une conjonction de coordination, de deux unités équivalentes (ou éventuellement plusieurs, si la conjonction est *et*, *ni*, *ou*). Ces unités peuvent être des mots, des groupes de mots, des propositions, des phrases, ou des actes d'énonciation. La coordination implique une relation anaphorique.

Corrélation : Interdépendance entre deux propositions, qui ne peuvent s'employer l'une sans l'autre : *plus il grandit, plus il est bête.* Elle se distingue aussi bien de la juxtaposition que de la subordination, bien que selon les cas, elle en ait la forme.

Déictique : Élément qui s'articule directement sur un référent, et est lié à la situation, et non au contexte. On parle parfois en pareil cas d'embrayeur. Voir *deixis.*

Deixis : Coordonnées pragmatiques de l'énonciation (moi, ici, maintenant, *ego*, *hic*, *nunc*).

Détachement : Opération de mise en relief par laquelle un syntagme nominal est détaché du reste de la proposition par une pause et repris par un pronom. *Le café, je le bois bouillant / Je le bois bouillant, le café.*

Déterminant : Clitique qui précède un substantif, lui permet sur le plan syntaxique de fonctionner comme sujet et fait passer sa référence du virtuel à l'actuel. Il apporte souvent une détermination, en modifiant l'extension du substantif.

Détermination : Opération par laquelle se fait l'identification du référent auquel renvoie le groupe nominal. Le groupe se trouve ainsi spécifié. À la détermination s'oppose la description, la simple qualification. On opposera ainsi *les enfants malades* (détermination : ceux des enfants qui sont malades) à *Pierre, malade* (description). La détermination peut se faire par un adjectif, une relative, un complément de nom, et naturellement par les déterminants.

Distribution : Environnement linguistique et place dans une séquence d'une unité, phonologique, morphologique, syntaxique.

Ellipse : Opération de suppression d'un élément déjà mentionné dans le contexte. L'ellipse suppose que l'élément omis puisse être reconstruit, comme dans les couples question-réponse, certains types de comparaison, de juxtaposition ou de coordination. L'ellipse, qui est une procédure syntaxique, se distingue ainsi du sous-entendu, où, à des fins pragmatiques, l'on n'explicite pas des éléments d'information.

Enclitique : Voir clitique.

Énoncé : Tout fragment de la chaîne parlée avant et après lequel il n'y a que du silence. L'énoncé est le résultat d'un acte particulier d'énonciation.

Énonciation : Acte de production d'un énoncé par un locuteur qui dit *je* dans un moment particulier auquel il renvoie par *maintenant*, et dans un lieu précis auquel il renvoie par *ici*.

Extraction : Opération qui permet de modifier l'ordre des mots de la proposition canonique à des fins d'emphase (mise en relief, opposition) et place en tête de phrase un syntagme nominal. L'élément extrait est encadré par *c'est... qui (que)*. *C'est lui qui me l'a dit*. Voir clivée.

Flexion : Terme employé en morphologie. Désigne l'adjonction régulière et prévisible d'affixes à une base. On distingue en français une flexion verbale et une flexion nominale.

Grammaticalité : Le fait pour une phrase d'être conforme aux règles de bonne formation de la langue.

Impersonnel(verbe) : Voir unipersonnel.

Incise : Voir parenthèse.

Insertion : Opération qui consiste à introduire dans une proposition une unité sans lien syntaxique avec cette proposition. Sont ainsi insérés les apostrophes, les appositions, les compléments de phrase (circonstanciels) et même certaines propositions, appelées parenthèses. (C'est bien vrai, *ajouta-t-elle*, il réagit toujours ainsi.)

Intégration : Opération qui consiste à développer des groupes existant dans la proposition sans changer la structure de la phrase. C'est ainsi qu'un adjectif pourra être intégré dans un GN où il occupera la fonction d'épithète.

Juxtaposition : Réunion sans outil syntaxique de deux ou plusieurs unités équivalentes intégrées dans un ensemble. Dans l'écrit, la juxtaposition est marquée par la ponctuation (virgule ou point-virgule).

Modalité : Catégorie de l'énonciation qui indique la manière dont le locuteur envisage le degré de réalité du procès et les appréciations qu'il porte sur lui.

Mode : Manière dont le verbe marque la modalité.

Nominalisation : Opération morpho-syntaxique qui permet de transformer un élément en substantif, *le boire* et *le manger*, *la charge de la cavalerie (la cavalerie charge)*. *Que* dans les propositions complétives permet de nominaliser une proposition qui peut alors exercer les fonctions du GN.

Nom propre : Substantif d'un type particulier qui se distingue des noms communs par un certain nombre de critères qui ne sont pas toujours présents selon les cas – majuscule, absence de déterminant, etc. –, et qui renvoie chaque fois à un objet ou individu unique. Les prénoms constituent le prototype du nom propre.

Opérateur : Verbe, substantif ou adjectif qui admet pour complément un infinitif et/ou une complétive (*enclin à trahir*, *promettre que*, etc.).

Paradigme : Classe d'éléments, repérables par la commutation, qui fonctionnent de la même façon et constituent donc une classe d'équivalence.

Parenthèse : Insertion d'une proposition à l'intérieur d'une phrase, à la frontière de groupes, sans rattachement syntaxique à cette proposition. Si elle comprend un verbe de parole, on parle d'incise. La parenthèse se traduit par une rupture énonciative, marquée à l'écrit par la typographie (virgules, parenthèses typographiques, tirets).

Passif : Construction d'un verbe, généralement transitif direct, qui consiste à employer le participe avec l'auxiliaire *être*. Quand il est possible, le passif aboutit à mettre en tête de phrase le complément de la construction dite active. Ce qui était sujet est en position de complément (dit d'agent), et peut disparaître. *On critique Jean / Jean est critiqué.*

Permutation : Opération par laquelle, dans un énoncé, deux constituants échangent leur place : *Je donne le livre à Pierre / Je donne à Pierre le livre.*

Phrase : La plus grande unité de l'analyse syntaxique, caractérisée par son autonomie syntaxique et sémantique ainsi que par son intonation.

Prédicat : Terme d'origine logique de maniement difficile. Le sujet représente dans une phrase ce dont on parle et le prédicat ce que l'on en dit. On parle souvent en pareil cas de l'opposition entre le thème et le propos.

Préposition : Partie du discours invariable qui, à la différence de l'adverbe, lui aussi invariable, sert à construire un syntagme nominal.

Présentatif : Construction qui fonctionne comme une proposition, bien que son pivot n'ait pas toutes les caractéristiques du verbe, et qui consiste à présenter un élément *(voici, c'est, il y a)*.

Présupposition : Phénomène par lequel un sens resté implicite se déduit automatiquement du contexte, soit à partir d'une unité lexicale (*veuf* implique ainsi *marié*), soit à partir d'une construction syntaxique (une question comme *Qui est venu aujourd'hui ?* suppose que quelqu'un est effectivement venu).

Procès : L'événement auquel renvoie le verbe, action, état, fait de subir.

Proclitique : Voir clitique.

Pronominal (verbe) : Verbe construit avec un pronom de même rang que le sujet, et dont l'auxiliaire aux temps composés est obligatoirement le verbe *être (se promener, se taire…)*.

Proposition : Phrase minimale formée d'un certain nombre de positions à remplir et qui sont dépendantes d'un verbe à un mode personnel, pivot de cette proposition.

Prosodie : Phénomènes oraux qui se superposent à l'organisation de la phrase. On les appelle aussi suprasegmentaux. Les principaux traits de la prosodie du français comprennent l'accent, le rythme et l'intonation. Ces phénomènes, dont la ponctuation dans l'écrit transcrit une partie, sont souvent liés à la syntaxe.

Référent : Fragment de réalité auquel renvoie (réfère) une unité linguistique.

Restriction : Construction qui sert à marquer l'exception et qui combine un élément négatif, *ne*, à *que*. Elle ne peut porter que sur un groupe situé après le verbe : *Jean n'aime que les gâteaux*.

Situation : Voir contexte.

Subordination : Transformation à l'aide d'une conjonction ou d'un pronom, d'une proposition en SN (ou, pour la majorité des relatives, en adjectif) qui peut alors occuper toutes les fonctions du GN dans une autre proposition, traditionnellement appelée principale.

Sujet : Syntaxe nominal qui précède généralement le verbe dans la proposition canonique et lui impose un accord en personne, nombre et genre selon le cas.

Syntagme : À l'intérieur de la proposition, groupe de mots syntaxiquement liés entre eux, ce que prouve le fait qu'ils peuvent commuter avec une unité simple (*les petits enfants courent / ils courent*).

Transitivité : Propriété de certains verbes qui se construisent avec un ou plusieurs compléments. Un verbe qui n'admet pas de complément est intransitif.

Unipersonnel (verbe) : Verbe ou construction verbale qui n'admet qu'un sujet, *il* (*il pleut, il faut, il arrive une voiture*).

Valence : Mode de construction des verbes. Le nombre d'unités qu'ils exigent, c'est-à-dire obligatoirement en français un sujet, et éventuellement un ou plusieurs compléments, définit leur valence : : valence un (un sujet, pas de complément), valence deux (un sujet, un complément), valence trois (un sujet, deux compléments).

BIBLIOGRAPHIE SOMMAIRE

COMPLÉTEZ VOTRE INFORMATION EN GRAMMAIRE

ARRIVÉ M. *et alii*, *La Grammaire d'aujourd'hui*, Paris, Flammarion 1986.

BONNARD H., *Code du français courant*, Paris, Magnard, 1981.

CHEVALIER J.-Cl. *et alii*, *Grammaire du français contemporain*, Paris, Larousse, 1964.

GARDES TAMINE J., *Pour une grammaire de l'écrit*, Paris, Belin, 2004.

GREVISSE M., *Le Bon Usage : grammaire française*, Duculot, 1936.

LE GOFFIC P., *Grammaire de la phrase française*, Paris, Hachette, 1994.

RIEGEL M. *et alii*, *Grammaire méthodique du français*, Paris, PUF, 1994.

WAGNER R.-L. et PINCHON J., *Grammaire du français classique et moderne*, Paris, Hachette, 1962.

WILMET M., *Grammaire critique du français*, Bruxelles, Duculot, 2003.

POURSUIVEZ LA RÉFLEXION

BLANCHE-BENVENISTE Cl., DEULOFEU J., STÉFANINI J., VAN DEN EYNDE K., *Pronom et syntaxe. L'approche pronominale et son application au français*, Paris, SELAF, 1984.

BORILLO A., SOUBLIN F., TAMINE J., *Exercices de syntaxe transformationnelle du français*, Paris, A. Colin, 1974.

COMBETTES B., *Les Constructions détachées en français*, Gap, Ophrys, 1998.

CREISSELS D., *Éléments de syntaxe générale*, Paris, PUF, 1995.

DELAVEAU A., KERLEROUX F., *Problèmes et exercices de syntaxe française*, Paris, A. Colin, 1985.

GARDES TAMINE J., *Pour une grammaire de l'écrit*, Paris, Belin, 2004.

GARDES TAMINE J., *De la phrase au texte. Enseigner la grammaire du collège au lycée*, Paris, Delagrave, 2005.

GARDES TAMINE J., PELLIZZA M.-A., *La Construction du texte. De la grammaire au style*, Paris, A. Colin, 1998.

GARY-PRIEUR M.-N., *De la grammaire à la linguistique. L'étude de la phrase*, Paris, A. Colin, 1985.

GARY-PRIEUR M.-N., *Grammaire du nom propre*, Paris, PUF, 1994.

GROSS M., *Méthodes en syntaxe*, Paris, Hermann, 1975.

HUOT H., *Enseignement du français et linguistique*, Paris, A. Colin, 1981.

HYBERTIE C., *La Conséquence en français*, Gap, Ophrys, 1996.

LYONS J., *Linguistique générale, introduction à la linguistique théorique*, Paris, Larousse, 1970.

MILNER J.-Cl., *De la syntaxe à l'interprétation*, Paris, Le Seuil, 1978.

MOREL M.-A., *La Concession en français*, Gap, Ophrys, 1996.

MULLER Cl., *La Subordination en français*, Paris, A. Colin, 1996.

ROTHEMBERG M., *Les verbes à la fois transitifs et intransitifs en français contemporain*, The Hague/Paris, Mouton, 1974.

SANDFELD K., *Syntaxe du français contemporain. Les propositions subordonnées*, Genève, Droz, 1936.
SERBAT G., *Cas et fonctions*, Paris, PUF, 1981.
TESNIÈRE L. *Éléments de syntaxe structurale*, Klincksieck, 1959.
TOURATIER, *Le Système verbal français*, Paris, A. Colin, 1996.

CONSULTEZ LES REVUES

DRLAV, Faits de langue, Le Français dans le monde, Le Français moderne, L'Information Grammaticale, Langages, Langue française, La Linguistique, Travaux du cercle de linguistique aixois.

INDEX DES NOTIONS ESSENTIELLES

Les pages indiquées en italiques correspondent aux passages où les notions sont définies plus précisément.

Achevé d'imprimer en France
par Dupli-Print à Domont (95)
en août 2012
www.dupli-print.fr

11021051 - (III) - (0.7) – Amber 90° - BTT
Dépôt légal : septembre 2012
N° d'impression : 208161